全国商业职业教育教学指导委员会推荐教材

工业和信息化高职高专“十二五”规划教材

高等职业教育财经类**名师精品**规划教材

Practice of Financial Accounting

财务会计实务

王碧秀 主编

张敏 赵筠 副主编

丁庭选 主审

人民邮电出版社

北京

图书在版编目（CIP）数据

财务会计实务 / 王碧秀主编. -- 北京 : 人民邮电出版社, 2013.9（2016.1重印）
高等职业教育财经类名师精品规划教材
ISBN 978-7-115-31370-6

Ⅰ. ①财… Ⅱ. ①王… Ⅲ. ①财务会计－高等职业教育－教材 Ⅳ. ①F234.4

中国版本图书馆CIP数据核字(2013)第142618号

内容提要

本书依据教育部《关于全面提高高等职业教育教学质量的若干意见》的要求，以 2006 年财政部颁布的《企业会计准则》和《企业会计准则应用指南》为主要法规依据。针对高职高专学生的培养目标，按照会计工作岗位，选取了出纳岗位会计、往来结算岗位会计、财产物资岗位会计、资金岗位会计、财务成果岗位会计、财务报告岗位会计 6 个项目共 20 项任务，以岗位为导向、任务为载体，将工作内容与理论知识紧密结合。

本书主要作为高职高专、成人高等学校和本科院校二级学院财会类专业学生的教学用书，也可作为各类企业在职会计人员的培训、自学教材，以及各类企业管理人员的参考用书。

◆ 主　　编　王碧秀
副 主 编　张　敏　赵　筠
主　　审　丁庭选
责任编辑　李育民
责任印制　沈　蓉　杨林杰
◆ 人民邮电出版社出版发行　　北京市丰台区成寿寺路 11 号
邮编　100164　　电子邮件　315@ptpress.com.cn
网址　http://www.ptpress.com.cn
北京中新伟业印刷有限公司印刷
◆ 开本：787×1092　1/16
印张：15.75　　　　2013 年 9 月第 1 版
字数：382 千字　　　　2016 年 1 月北京第 4 次印刷

定价：32.00 元

读者服务热线：(010) 81055256　印装质量热线：(010) 81055316
反盗版热线：(010) 81055315
广告经营许可证：京崇工商广字第 0021 号

编委会

序

一个国家经济社会的发展，主要是靠自然资源、物质资源和人力资源，但是我们不能仅依靠对自然资源破坏性的开发和对物质资源的大量消耗、浪费来发展社会经济。由于我国自然资源比较贫乏，物质资源也相对有限，所以我们要实现经济社会的持续发展就要建设人力资源强国。当前，我国处于从一个人力资源大国向人力资源强国转变关键时期，要实现这样的转变就必须大力发展教育。人力资源理论指出教育对于经济的增长有重要作用，以1926－1957年的美国为例，其经济增长中有近三分之一是来自人力资源增长的贡献。所以一个国家经济社会要发展，首先就要发展教育，特别是发展职业教育，因为职业教育是为一线生产、服务、管理等部门培养高素质的劳动者和技术技能型应用人才的，这些人才的素质高低直接关系到一个国家经济社会的发展的规模、速度和效益。因此可以说，国家之间的实力竞争，归根结底是人才的竞争，是一线劳动者和技术技能人才综合素质的竞争，所以抓职业教育发展就是抓经济社会发展。

为了更好地促进职业教育商业类专业的发展，教育部和商务部牵头成立了全国商业职业教育教学指导委员会，其主要职能之一就是“研究商业职业教育的人才培养目标，教学基本要求和人才培养质量的评价方法，对专业设置，教学计划制定，课程开发，教材建设提出建议”，推进职业教育课程衔接体系建设，全面推进现代职业教育体系的建设，推动职业教育商业类人才的培养。

进入21世纪以来，随着中国经济实力的飞速提升，中国商业获得了巨大的发展，发生了深刻的变化。与商业相关的多个行业领域也重获新生且飞速发展，不仅各行业内部的繁荣程度得到不断提升，行业对外开放程度，行业的法制建设、人才建设等各方面都取得了显著成就，上升到了新的水平。我国商业及相关经济行业的飞速发展，既为商科职业教育的发展带来了勃勃生机，也同时带来了新的挑战。以往商科高等职业教育更多借鉴原专科教学经验，教学内容和教学形式多为原专科教学的“翻版”，尤其是教材，很多经典教材都由从事本专科教学的教师编写。实践证明，这些教材越来越难以满足高等职业教育应用性强及以就业为导向的教学需要。正是基于这样的考虑，2012年年初，人民邮电出版社发起了“职业教育财经类名师精品教材建设项目”，这个“聚名师、建精品、促教学”的有益之举甫一出台就得到全国多家知名高职院校的支持和响应。同年仲夏，该项目在北京召开了项目启动仪式及专家委员会组建大会，之后历时一年，该项目的成果终能付梓，也就是现在呈现给各位读者的“高等职业教育财经类名师精品规划教材”。

作为“职业教育财经类名师精品教材建设项目”专家委员会的主任委员，我参与了这套教材的筹备、审稿等多个关键环节，认为这套教材与以往高职高专财经类教材相比，在三个方面做的比较好。首先，编者名师汇集，内容紧扣教改。这套教材的编写者、审阅者都是国内商科类院校的知名专家、教授，他们将自己多年教学实践所得，按照职业教育最新的“五个深度对接”的教学改革要求撰写成册，实现了课程教材内容与职业标准对接，充分体现了“做中学，做中教”、“理论实践一体化”的要求，科学地将专业知识和专业技能的培养结合起来，教材内容在确保学生达到职业资格要求的同时，还能促进学生综合职业素养的发展。其次，体例论证严密，呈现形式有创新性。组建了专门的专家委员会对教材的体例、内容进行审定。其中主任委员负责教材宏观方向和思路的把握；副主任委员负责具体教材规划的制定，包括课程规划、写作思路、教材体例、整体进度规划等，通过多级专家审定和多次会议讨论、商定，最终选择符合课程特色和教学改革新要求的教材编写体例和内容呈现形式。最后，资源丰富实用，打造立体平台。为了寓教于学，充分调动学生学习的积极性和主动性，出版社聘请专人运用最先进的教学资源建设理念和手段，为每本教材配套建设了丰富的多媒体教学资源，这些教学资源都经过精心的教学设计，能够与教材内容紧密结合，有效地促进学与教，从而为教师课堂教学注入新的活力。

相信这套教材被广大职业院校使用之后，可以有效地实现对学生学习能力、职业能力和社会能力的培养，促进学生综合素质的发展和提高。

这套教材从专家团队组建、教材编写定位、教材结构设计、教材大纲审定到教材编写、审校全过程都倾注了高职商科教学一线众多教育专家和教学工作者的心血，在这里我真诚地对参加编审的教授、专家表示衷心的感谢。

全国商业职业教育教学指导委员会 王晋卿

2013年6月26日

前言

Preface

教育部发布的《关于全面提高高等职业教育教学质量的若干意见》（教高[2006]16号）文件提出，高等职业院校要积极与行业企业合作开发课程，根据技术领域和职业岗位（群）的任职要求，参照相关的职业资格标准，改革课程体系和教学内容；积极推行订单培养，探索工学交替、任务驱动、项目导向、顶岗实习等有利于增强学生能力的教学模式；改革教学方法和手段，融"教、学、做"为一体，强化学生能力的培养。为此，我们把工学结合作为高等职业教育人才培养模式改革的切入点，开展了工学结合、能力为本的项目化教材建设的探索与实践，为新型课程设置、教学方法改革和本教材的编写奠定了良好的基础。

遵循高职教育"以就业为导向"的目标，"财务会计"课程教学必须关注两点：一是要有利于学生实际操作能力的提高，尽可能实现教学与岗位需求的零距离对接；二是要服务于学生的职业资格考试需求，有利于学生的可持续发展。因此，本书的设计思路如下。

1. 突破传统的以会计要素为主线的课程体系，依据企业会计工作岗位设计框架，突出每一会计岗位的目标责任和技能要求，强化岗位技能，突出实践教学，使教学内容与岗位需要相适应，组织了出纳岗位、往来结算岗位、财产物资岗位、资金岗位、财务成果岗位和财务报告岗位六个与会计岗位相互对应的教学模块，弥补了传统课程重理论、轻实践的不足，加强学生职业能力的培养。

2. 对相关会计理论知识，以《企业会计准则》为法律依据，以会计职称初、中级考试标准为参考，以知识准备的形式，逐一分解安排到各个会计岗位项目中。同时，注意兼顾本课程与其前导课程"基础会计"、并列课程"出纳实务"、后续课程"高级财务会计"和"税务会计"等课程的内容交叉关系。

3. 通过"技能操作链接"、"知识链接"等形式，处理好与其他课程的衔接关系。

4. 本书配套有《财务会计实务学习指导 习题与实训》一书（书号：978-7-115-31375-1），该书每个项目都有项目综合实训，同时，又以每一任务为单元编写任务训练题，并根据学习层次的不同分为理论知识题、分项能力题、综合实训题和项目综合实训四个类别，以增加训练题量和实现不同的训练目的。

本书由王碧秀任主编，张敏、赵筠任副主编，河南商业高等专科学校丁庭选教授主审。参加编写的人员还有蔡梦颖、曹小林。各项目编写人员及分工如下：项目四、项目六由丽水职业技术学院王碧秀教授编写，项目三由浙江金融职业学院赵筠教授编写，项目二由正德职业技术学院曹小林编写，项目一由中国银行蔡梦颖编写，项目五由大连职业技术学院张敏教授编写。王碧秀负责全书修改总纂和定稿。

在本书的编写过程中，浙江丽水万邦天义会计师事务所有限公司注册会计师应进强、丽水职业技术学院梁伟祥教授，提供了有益的资料和宝贵的建议，在此表示感谢。

由于编者水平有限，书中难免存在错误和不妥之处，敬请广大读者批评指正。

编　者
2013年6月

目 录

Preface

项目一 出纳岗位会计

项目导读

出纳岗位会计认知

一、出纳岗位会计职责

出纳是企事业单位中货币资金、票据、有价证券收付、核算及保管工作的总称，亦指从事此项工作的人员或岗位。从广义上讲，只要是货币资金、票据和有价证券的收付、核算及保管，就属于出纳工作范畴。它既包括会计部门专设出纳机构从事的货币资金、票据及有价证券的收付、核算和保管，也包括业务部门货币资金收付与保管工作。从狭义上讲，出纳工作仅指会计部门专设出纳岗位或人员所负责的各项工作。

出纳岗位会计职责主要有：严格执行库存现金管理制度和银行结算制度；办理现金和银行存款、其他货币资金结算业务；负责现金日记账和银行存款日记账登记；负责保管有关票证、印章和其他贵重物品。

二、出纳岗位会计核算内容

出纳岗位会计核算内容主要是与货币资金相关的业务，包括：营业款项的收支、往来账款的结算、费用的报销、工资的发放，其他与现金、银行存款收支相关的业务处理；现金日记账、银行存款日记账的登记与核对；现金、支票、收付款凭证的管理等。

三、货币资金含义及其内部控制

货币资金是指在企业生产经营过程中以货币形态存在的资产，包括库存现金、银行存款及其他货币资金。它是企业所有资产中流动性最强的资产。企业应建立适合本企业业务特点和管理要求的货币资金内部控制制度。

1．严格岗位分工，执行授权批准制度

企业应当建立货币资金业务岗位责任制，明确相关岗位的职责权限，确保办理货币资金业务的不相容岗位相互分离、制约和监督。例如，出纳人员不得兼管稽核、会计档案保管和收入、支出、费用、债权、债务账目的登记工作；不得由一人办理货币资金业务的全过程；应定期进行岗位轮换；应建立严格的货币资金授权批准制度；审批人应当根据货币资金授权批准制度的规定，在授权范围内进行审批；经办人应当在职责范围内，按审批人的批准意见办理货币资金业务，未经授权的部门和人员一律不得办理货币资金业务。

2．加强现金和银行存款的管理，实行交易分开

例如，企业应加强库存现金限额管理，在规定范围内使用现金；按规定在银行开立账户，办理存款、取款和转账业务；按照申请、审批、复核、支付规定程序办理货币资金支付业务等。

3．加强票据及有关印章的管理

企业应明确各种货币资金票据的购买、保管、领用、注销等环节的职责权限和程序，并专设登记簿进行记录，防止空白票据遗失和盗用；加强银行预留印鉴管理，财务专用章应由专人保管，个人名章必须由本人或授权人员保管，严禁一人保管支付款项的全部印章。

4．实施内部稽核，加强监督检查

企业应当建立对货币资金业务的监督检查制度，设置内部稽核单位和人员，对货币资金实施经常性和突击性检查，确保账实相符。

任务一 库存现金核算

学习目标

知识目标：**了解库存现金管理内容，熟悉库存现金账户设置、清查制度；掌握库存现金业务核算与现金日记账的登记。**

技能目标：**能正确填制与库存现金业务相关的各种原始凭证，并据以编制记账凭证；能登记现金日记账。**

任务导入

任务资料：万达塑料印制有限责任公司核定的库存现金限额为5 000元。2013年5月31日现金日记账余额580元。6月份发生库存现金相关业务如下。

1日，签发现金支票，从银行提取现金4000元备用。

4日，收到出租包装物押金，现金2000元。

4日，填制现金交款单，将2000元现金送存银行。

6日，业务经理张平出差借支差旅费1500元，以现金支付。

7日，以现金支付卫生服务费980元。

11日，张平出差归来报销差旅费1790元，其中，汽车费660元，市内交通费75元，住宿费875元，出差补贴180元。差额以现金补付。

15日，签发现金支票，从银行提取现金3000元备用。

17日，收取李强违章操作罚款100元。

23日，清查库存现金发现短缺100元，原因待查。

24日，23日现金短缺原因查明，为出纳员方萍工作失误，方萍交回现金，开具收款收据。

29日，李笑报销差旅费1267元，余款交回现金90元，开具收款收据。

任务目标：

（1）编制万达塑料印制有限责任公司2013年6月份有关库存现金业务的记账凭证。

（2）建立并登记现金日记账。

知识准备

政策依据：《企业会计准则——基本准则》、《中华人民共和国现金管理暂行条例》及其实施细则。

一、库存现金管理

现金有广义和狭义之分。狭义的现金仅指企业的库存现金，是指企业由出纳人员保管的以备零星开支需要的现金。广义的现金包括库存现金、银行存款和其他符合现金定义的票证。

根据1988年9月8日国务院颁布的《中华人民共和国现金管理暂行条例》（以下简称《条例》），以及1988年9月12日中国人民银行颁布的《现金管理暂行条例实施细则》规定，库存现金管理的主要内容如下。

1．库存现金的使用范围

根据《条例》及其实施细则规定，开户单位可以在下列范围内使用现金：职工工资、津贴；个人劳务报酬；国家规定颁发给个人的科学技术、文化艺术、体育等各种奖金；各种劳保、福利费用以及国家规定的对个人的其他支出；向个人收购农副产品和其他物资的价款；出差人员必须随身携带的差旅费；结算起点（1000元）以下的零星支出；中国人民银行确定需要支付现金的其他支出。

凡不属于上述范围的款项收付，一律通过转账结算。

【知识链接】转账结算。

2．库存现金限额管理

开户银行应当根据实际需要，核定开户单位3～5天的日常零星开支所需的库存现金限额。偏

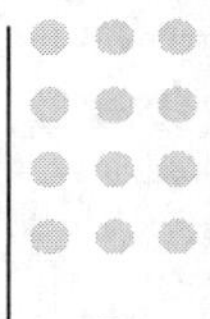

远地区和交通不便地区的开户单位的库存现金限额可以多于5天，但不得超过15天的日常零星开支。一个单位在几家银行开户的，由一家开户银行核定库存现金限额。经核定的库存现金限额，开户单位必须严格遵守，超限额库存现金应于当日送存银行。需要增加或减少库存现金限额的，应当向开户银行提出申请，由开户银行核定。

3．现金收支的其他规定

开户单位现金收入应当于当日送存开户银行，当日送存确有困难的，由开户银行确定送存时间。开户单位支付现金，可以从本单位库存现金限额中支付或从开户银行提取，不得从本单位的现金收入中直接支付（即坐支）。因特殊情况需要坐支现金的，应当事先报经开户银行审查批准，由开户银行核定坐支范围和限额。坐支单位应当定期向开户银行报送坐支金额和使用情况。

按《条例》及其实施细则规定，现金管理应遵守以下“八不准”原则：不准用不符合国家统一会计制度的凭证顶替库存现金，即“白条顶库”；不准单位之间互相借用现金；不准谎报用途套用现金；不准用银行账户代其他单位或个人存入或支取现金；不准用单位收入的现金以个人名义存入储蓄；不准保留账外公款；不准发行变相货币；不准以任何票券代替人民币在市场上流通。银行对于违反上述规定的单位，将按违规金额的一定比例予以处罚。

课外学习

请上网查询《中华人民共和国现金管理暂行条例》、《现金管理暂行条例实施细则》、《企业会计准则——基本准则》及《内部会计控制规范——货币资金》的具体内容，并加以对照学习。

二、库存现金业务工作过程与岗位对照

（1）库存现金提取业务流程岗位对照，如图1–1–1所示。

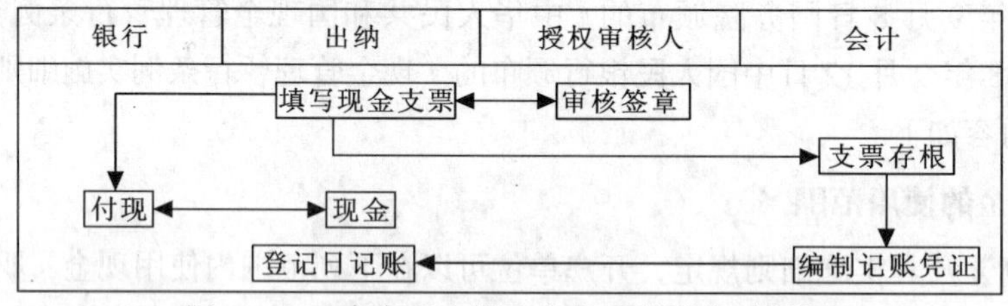

图1–1–1　库存现金提取业务流程岗位对照图

（2）库存现金送存银行业务流程岗位对照，如图1–1–2所示。

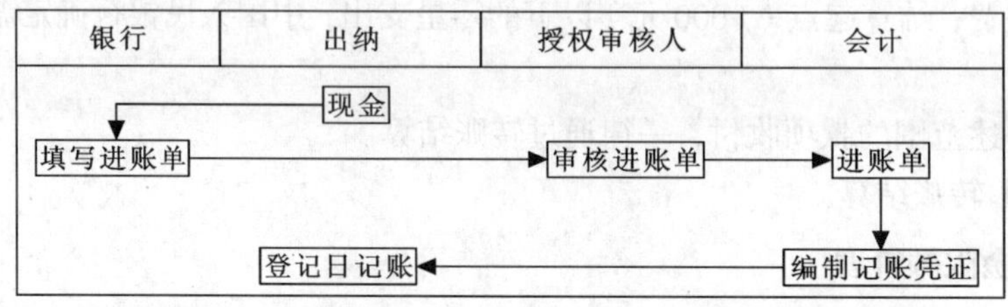

图1–1–2　库存现金送存银行业务流程岗位对照图

(3)库存现金收款业务流程岗位对照，如图 1-1-3 所示。

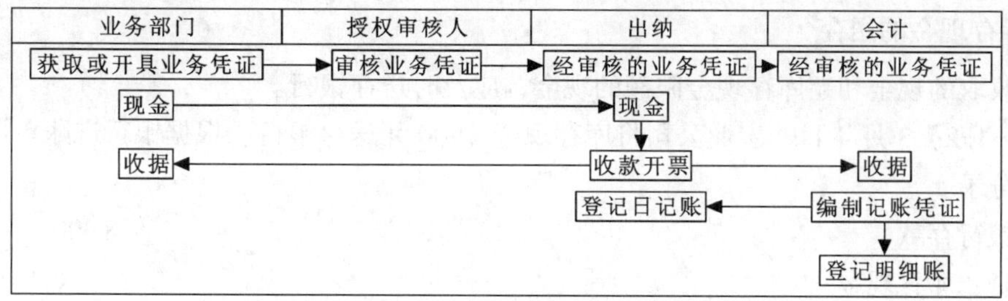

图 1-1-3 库存现金收款业务流程岗位对照图

(4)库存现金支出业务流程岗位对照，如图 1-1-4 所示。

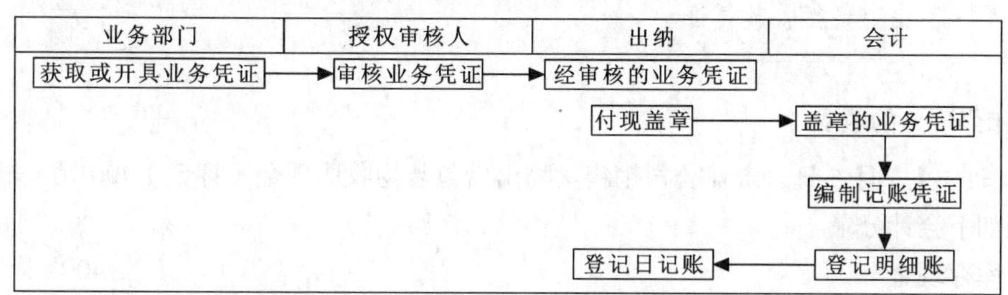

图 1-1-4 库存现金支出业务流程岗位对照图

三、库存现金核算账户设置

为核算库存现金的收支和结余情况，企业应设置“库存现金”账户。该账户属资产类账户，借方登记库存现金的增加额；贷方登记库存现金的减少额；期末借方余额，反映库存现金的结存金额。

提示　企业内部各部门周转使用的备用金，不属于库存现金，不在“库存现金”账户核算，应在“其他应收款”账户核算，或单独设置“备用金”账户核算。

四、库存现金典型业务核算

1. 库存现金的提取

库存现金应由出纳填写现金支票到银行提取。

【例 1-1-1】3 月 1 日，宏业公司开出现金支票一张，从银行提取现金 3 000 元备用。根据现金支票存根，编制如下会计分录。

借：库存现金　　3 000

　　贷：银行存款　　3 000

提示　采用专用记账凭证的企业，对从银行提取现金的业务，只编制银行付款凭证，不编制现金收款凭证。

【技能操作链接】现金支票的填制方法。

2．库存现金的送存

企业收取的现金和超库存现金限额的现金，应及时送存银行。

【例 1-1-2】3 月 4 日，宏业公司将库存现金 8 900 元送存银行。根据银行进账单回单，编制如下会计分录。

借：银行存款　　8 900

　　贷：库存现金　　8 900

提示　采用专用记账凭证的企业，对将现金存入银行的业务，只编制现金付款凭证，不编制银行收款凭证。

3．库存现金的收支

【例 1-1-3】3 月 5 日，宏业公司销售货物出借包装物收取现金（押金）400 元。根据收款收据，编制如下会计分录。

借：库存现金　　400

　　贷：其他应付款——存入保证金　　400

【例 1-1-4】3 月 8 日，宏业公司以现金支付餐费 560 元。根据发票编制如下会计分录。

借：管理费用　　560

　　贷：库存现金　　560

【技能操作链接】办理库存现金的送存。

4．库存现金的清查

库存现金清查包括出纳人员自查（即日清月结）和外部对出纳人员的检查。库存现金清查结果应填制“库存现金清查盘点报告表”（见表 1-1-1）。对有待查明原因的库存现金短缺或溢余，应先通过“待处理财产损溢”账户核算，再按管理权限报批后，分不同情况处理。

（1）清查结果短缺，属于应由责任人赔偿或保险公司赔偿的，记入“其他应收款”账户；属于无法查明的其他原因的，记入“管理费用”账户。

查明原因前，调整账实相符，编制如下会计分录。

借：待处理财产损溢——待处理流动资产损溢

　　贷：库存现金

查明原因，转销待处理财产损溢，编制如下会计分录。

借：其他应收款——××人（应收现金短缺款）

　　　　　　——应收××保险公司赔款

　　管理费用——现金短缺

　　贷：待处理财产损溢——待处理流动资产损溢

（2）清查结果溢余，属于应支付给有关人员或单位的，记入“其他应付款”账户；属于无法查明原因的，记入“营业外收入”账户。

查明原因前，调整账实相符，编制如下会计分录。

借：库存现金

贷：待处理财产损溢——待处理流动资产损溢

查明原因，转销待处理财产损溢，编制如下会计分录。

借：待处理财产损溢——待处理流动资产损溢

贷：其他应付款——××人或单位（应付现金溢余款）

营业外收入——现金溢余

链接

《小企业会计准则》规定，无法查明原因的现金溢余，经批准后，记入“营业外收入”账户；无法查明原因的现金盘亏，批准后记入“营业外支出”账户。

【例 1-1-5】3 月 15 日，宏业公司进行现金清查，发现库存现金短缺 200 元。“库存现金清查盘点报告表”见表 1-1-1。

表 1-1-1 库存现金清查盘点报告表

清查部门：财务部　　20××年 3 月 15 日　　金额单位：元

账存数	实存数	清查结果		原　　因
		溢余	短缺	
3 520	3 320		200	出纳工作差错
处理意见	根据岗位责任制，短缺现金 200 元应由出纳王芳赔偿。 王成　20××年 3 月 18 日			

3 月 15 日，编制如下会计分录。

借：待处理财产损溢——待处理流动资产损溢　　200

贷：库存现金　　200

3 月 18 日，编制如下会计分录。

借：其他应收款——王芳　　200

贷：待处理财产损溢——待处理流动资产损溢　　200

【例 1-1-6】3 月 20 日，宏业公司进行现金清查，发现库存现金溢余 200 元，“库存现金清查盘点报告表”见表 1-1-2。

表 1-1-2 库存现金清查盘点报告表

清查部门：财务部　　20××年 3 月 20 日　　金额单位：元

账存数	实存数	清查结果		原　　因
		溢余	短缺	
3 320	3 520	200		经查少付李军工资 60 元，其余原因不明
处理意见	根据岗位责任制，少付李军工资 60 元应予补付，其余部分做企业收益处理。 王成　20××年 3 月 25 日			

3 月 20 日，编制如下会计分录。

借：库存现金　　200
　　贷：待处理财产损溢——待处理流动资产损溢　　200

3月25日，编制如下会计分录。

借：待处理财产损溢——待处理流动资产损溢　　200
　　贷：其他应付款——李军（应付现金溢余款）　　60
　　　　营业外收入——现金溢余　　140

5．备用金核算

在企业经营过程中，因业务需要经常需要支付一些零星开支。对于这些零星开支需要，企业可以实行定额备用金制度。

定额备用金制度是指企业根据日常开支需要，确定一个备用金定额并预先拨付，交由专人保管，以备日常零星开支需要，日常开支直接从备用金中支付，等实际报销费用时再根据报销凭证开出支票提取现金补足已支付的不足的备用金定额。实行定额备用金制既可减少工作量，又便于管理。

在定额备用金制度下，企业内部各部门周转使用的备用金既可以单独设立“备用金”账户核算，也可在“其他应收款”账户核算。

链接

《小企业会计准则》规定，小企业领用的备用金应在“其他货币资金”账户下或单独设置“备用金”账户核算。

【例1-1-7】3月10日，宏业公司核定销售部门的备用金定额为10000元，当日拨付现金，编制如下会计分录。

借：备用金（或其他应收款）——销售部　　10000
　　贷：库存现金　　10000

【例1-1-8】3月20日，宏业公司销售部报销日常业务开支6000元，以现金补足备用金，编制如下会计分录。

借：销售费用等　　6000
　　贷：库存现金　　6000

定额备用金制度的特点是先核定备用金定额并据以拨付备用金，用后报销补足定额，因此其备用金余额一般保持不变。

提示

备用金除了可以按定额备用金制度进行管理外，还可以采用实报实销的方式管理。在实报实销方式下，借支备用金时，借记“其他应收款”账户，贷记“库存现金”账户；报销费用时，借记“管理费用”等账户，贷记“其他应收款”账户，差额部分借记或贷记“库存现金”账户。

任务实施

任务资料和任务目标见本任务的【任务导入】，具体任务实施过程如下。

第一步，年初建账。

第二步，根据经济业务原始凭证，由制证会计编制记账凭证（以下以会计分录表示），出纳员根据经审核无误的记账凭证逐日逐笔登记现金日记账，见表 1-1-3。

1 日，编制记账凭证，银付 1 号：

借：库存现金　　4 000

　　贷：银行存款　　4 000

4 日，编制记账凭证，现收 1 号：

借：库存现金　　2 000

　　贷：其他应付款——存入保证金　　2 000

4 日，编制记账凭证，现付 1 号：

借：银行存款　　2 000

　　贷：库存现金　　2 000

6 日，编制记账凭证，现付 2 号：

借：其他应收款——张平　　1 500

　　贷：库存现金　　1 500

7 日，编制记账凭证，现付 3 号：

借：管理费用　　980

　　贷：库存现金　　980

11 日，编制记账凭证，现付 4 号：

借：管理费用　　290

　　贷：库存现金　　290

借：管理费用　　1 500

　　贷：其他应收款——张平　　1 500

15 日，编制记账凭证，银付 2 号：

借：库存现金　　3 000

　　贷：银行存款　　3 000

17 日，编制记账凭证，现收 2 号：

借：库存现金　　100

　　贷：营业外收入　　100

23 日，编制记账凭证，现付 5 号：

借：待处理财产损溢——待处理流动资产损溢　　100

　　贷：库存现金　　100

24 日，编制记账凭证，现收 3 号：

借：库存现金　　100

　　贷：待处理财产损溢——待处理流动资产损溢　　100

29 日，编制记账凭证，现收 4 号：

借：库存现金　　90

　　贷：其他应收款——李笑　　90

借：管理费用　　　　　　　　　　　　　　　　　　　　　　　　1 267

　　贷：其他应收款——李笑　　　　　　　　　　　　　　　　　　　1 267

表 1-1-3　　　　　　　　　　　　现金日记账

2013 年		凭证号	对方科目	摘　　要	借方	贷方	借或贷	余额
月	日							
6	1			期初余额			借	580.00
	1	银付 1	银行存款	提现	4 000.00		借	4 580.00
	4	现收 1	其他应付款	包装物押金	2 000.00		借	6 580.00
	4	现付 1	银行存款	零星存款		2 000.00	借	4 580.00
	6	现付 2	其他应收款	预借差旅费		1 500.00	借	3 080.00
	7	现付 3	管理费用	卫生服务费		980.00	借	2 100.00
	11	现付 4	管理费用	报销差旅费		290.00	借	1 810.00
	15	银付 2	银行存款	提现	3 000.00		借	4 810.00
	17	现收 2	营业外收入	违章罚款	100.00		借	4 910.00
	23	现付 5	待处理财产损溢	现金短缺待查		100.00	借	4 810.00
	24	现收 3	待处理财产损溢	赔偿款	100.00		借	4 910.00
	29	现收 4	其他应收款	交剩余差旅费	90.00		借	5 000.00
	30			本月合计	9 290.00	4 870.00	借	5 000.00

第三步，出纳月末结账。

任务二　银行存款核算

学习目标

知识目标：了解银行存款账户管理基本内容；熟悉银行结算业务的原则、规范及结算方式；掌握银行存款业务的核算。

技能目标：能正确填制与银行存款业务相关的各种原始凭证并据以编制记账凭证；能登记银行存款日记账和其他货币资金明细账；能确认未达账项并编制银行存款余额调节表。

任务导入

任务资料：万达塑料印制有限责任公司为增值税一般纳税人，增值税适用税率为 17%，存货日常核算采用实际成本法。2013 年 6 月份发生与银行存款相关业务如下。

2 日，从本市光华工厂购进 A 材料，取得增值税专用发票，注明货款 10 000 元、增值税税额 1 700 元，货款签发转账支票支付，材料验收入库。

3 日，填制银行汇票申请单，申请开具金额为 400 000 元的银行汇票。银行收妥款项并开出银行汇票。

4 日，采购员持银行汇票到外地宏达工厂采购 B 材料，收到增值税专用发票，注明货款 300 000 元、增值税税额 51 000 元。B 材料尚未到达。

5 日，收到银行转来的向宏达工厂购货开出银行汇票的多余款收账通知，收到多余款 49 000 元。

6 日，向外地万丰工厂销售甲产品一批，开具增值税专用发票，注明货款 40 000 元、增值税税额 6 800 元。收到对方交来银行汇票及解讫通知，汇票金额为 50 000 元，根据实际结算金额填制进账单送存银行。

7 日，填制银行本票委托书，申请开具金额为 120 000 元的银行本票。银行收妥款项并开出银行本票。

8 日，从本市光华工厂购进 A 材料，取得增值税专用发票，注明货款 102 000 元、增值税税额 17 340 元。以面值 120 000 元的银行本票结算，差额收到现金，材料验收入库。

9 日，销售给本市利华工厂乙产品，开具增值税专用发票，注明货款 40 000 元、增值税税额 6 800 元。收到对方交来银行本票一张，面值 47 000 元，差额 200 元以库存现金退回。

10 日，向外地胜利工厂购进 C 材料，取得增值税专用发票，注明货款 400 000 元、增值税税额 68 000 元。上述款项以商业承兑汇票结算，材料当日到达验收入库。

11 日，收到外地永安公司交来银行承兑汇票一张，面值 400 000 元，期限 3 个月，以抵前欠本单位货款。

13 日，收到外地兴华公司信汇结算凭证进账通知联，汇来前欠货款 44 000 元。

14 日，收到本市供电公司委托收款结算凭证，共计收取电费 10 000 元（其中，7 000 元为生产车间耗用，其余为管理部门耗用），审核无误，签发转账支票付款。

16 日，向外地永安公司销售乙产品，货款为 200 000 元，增值税税额为 34 000 元，发货时以转账支票代对方垫付运费 3 000 元。填制托收承付结算凭证，连同有关单据一并送交银行。

21 日，上述托收的永安公司货款划回，收到银行转来的托收凭证收账通知联。

22 日，向滨海市工商银行申领牡丹卡（单位卡），填制信用卡申请表及有关资料，将款项 40 000 元从基本存款账户转入信用卡专户，银行开具信用卡。

26 日，单位持卡人划卡结算购买办公用品 3 600 元，办公用品当即交付有关部门使用。

任务目标：根据上述资料编制万达塑料印制有限责任公司 6 月份有关银行存款业务的记账凭证。

知识准备

政策依据：《企业会计准则——基本准则》、《人民币银行结算账户管理办法》。

银行存款是企事业单位存放在银行或其他金融机构中的货币资金。根据有关规定，凡是独立核算的单位，都必须在当地银行开设账户。单位在银行开立账户后，除按核定的限额保留库存现金外，所有现金都必须存入其在银行开立的存款账户。

一、银行存款账户管理

银行存款账户可分为基本存款账户、一般存款账户、临时存款账户和专用存款账户四类。

（1）基本存款账户。基本存款账户是因办理单位日常转账结算和现金收付需要开立的银行结算账户。它是存款人的主办账户，存款人日常经营活动的资金收付及其工资、奖金和现金的支取，必须通过本账户办理。存款人只能选择一家银行的一个营业机构开立一个基本存款账户。

（2）一般存款账户。一般存款账户是因借款或其他结算需要，在基本存款账户开户银行以外的银行营业机构开立的银行结算账户。本账户可以办理转账结算和现金缴存，但不能办理现金支取。

（3）临时存款账户。临时存款账户是存款人因临时需要并在规定期限内使用而开立的银行结算账户。本账户既可以办理转账结算，也可以按国家现金管理规定存取现金。

（4）专用存款账户。专用存款账户是存款人按照法律、行政法规和规章，对有特定用途的资金进行专项管理和使用而开立的银行结算账户。

有外币收付的企业，还应开立外币存款账户，并与人民币存款分别管理与核算。

开户单位要认真贯彻执行国家的政策、法律和法规，遵守银行信贷、结算及现金管理等有关规定，接受信贷审查时必须提供账户使用情况的有关资料。各单位在银行开立的账户，只供本单位业务经营范围内的资金收付使用，存款单位不得出租、出借或转让账户。各种收付款凭证，必须如实填明款项来源或用途，不得巧立名目、弄虚作假；不得套取现金、套购物资；严禁利用账户搞非法活动。各单位在银行的账户都必须有足够的资金保证支付，不准签发空头支票和远期支票。要及时、正确地记录银行往来业务，及时、定期地与银行对账单核对，发现不符及时与银行联系，尽快查对核实。

【技能操作链接】开立银行存款账户流程。

课外学习

请上网查询《人民币银行结算账户管理办法》并加以对照学习。

二、银行结算业务认知

依据中国人民银行颁发的《支付结算办法》规定，各单位之间的经济往来，除符合现金管理使用范围开支外，都必须通过银行办理转账结算。各单位办理收付结算业务时，必须综合考虑结算金额的多少、距离的远近、利息支出和对方的信用等因素，选择适当的支付结算方式，尽量缩短结算时间，减少结算资金占用，加速资金周转。现行可采用的银行结算方式有支票、银行本票、银行汇票、商业汇票、汇兑、委托收款、托收承付、信用卡和信用证。

1. 支票

支票是出票人签发的，委托办理支票存款业务的银行在见票时无条件支付确定金额给收款人或持票人的票据。支票有现金支票（印有“现金”字样，只能支取现金）、转账支票（印有“转账”字样，只能转账）、普通支票（未印“现金”或“转账”字样，既可支取现金，也可转账）和划线支票（在普通支票左上角划两条平行线，只能转账，不得支取现金）四种。单位和个人在同一票据交换区的各种款项结算均可使用支票。支票的提示付款期限为自出票日起 10 日。转账支票可以在票据交换区内背书转让。支票应使用碳素墨水或墨汁书写，各要素填写齐全，并在支票上加盖预留银行印鉴。禁止签发空头支票。如果签发了空头支票或印章与预留印鉴不符，除退票外，还要处以票面金额 5%，但不低于 1 000 元的罚款。

【技能操作链接】签发支票。

2．银行本票

银行本票是银行签发的，承诺自己在见票时无条件支付确定金额给收款人或持票人的票据。银行本票分为不定额本票和定额本票两种。定额银行本票面额有 1 000 元、5 000 元、10 000 元和 50 000 元四种。单位和个人在同一票据交换区域需要支付各种款项，均可使用银行本票。银行本票一般用于转账，但现金银行本票（填明“现金”字样）可以用于支取现金，申请人或收款人为单位的，不得申请签发现金银行本票。银行本票的提示付款期为自出票日起 2 个月。银行本票可以背书转让。

3．银行汇票

银行汇票是出票银行签发的，由其在见票时按实际结算金额无条件支付给收款人或持票人的票据。单位和个人各种款项结算均可使用银行汇票。银行汇票一般用于转账，但现金银行汇票（填明“现金”字样）可以用于支取现金，申请人或收款人为单位的不得申请签发现金银行汇票。银行汇票的提示付款期为自出票日起 1 个月。银行汇票可以背书转让，但未填写实际结算金额或实际结算金额超过出票金额的银行汇票不得背书转让。

4．商业汇票

商业汇票是出票人签发的，委托付款人在指定日期无条件支付确定金额给收款人或持票人的票据。商业汇票按承兑人不同分为商业承兑汇票和银行承兑汇票。商业承兑汇票由银行以外的付款人承兑，银行承兑汇票由银行承兑，承兑银行按票面金额向出票人收取万分之五的手续费。在银行开立存款账户的法人以及其他组织之间，必须具有真实的交易关系或债权债务关系，才能使用商业汇票。商业汇票的付款期由交易双方商定，但最长不得超过 6 个月。定日付款的汇票付款期自出票日起计算；出票后定期付款的汇票付款期自出票日起按月计算；见票后定期付款的汇票付款期自承兑或拒绝承兑日起按月计算。商业汇票的提示付款期自汇票到期日起 10 日。符合条件的商业汇票的持票人可持未到期的商业汇票向银行申请贴现。商业汇票可以背书转让。

5．汇兑

汇兑是汇款人委托银行将其款项支付给收款人的结算方式。汇兑按款项划转方式不同分为信汇和电汇两种。单位和个人各种款项结算均可使用汇兑。汇款人委托银行办理汇兑时，应向汇出银行填写信汇或电汇凭证，需要在汇入银行支取现金的，应在信汇或电汇凭证上填明“现金”字样。给未在银行开立存款账户的收款人汇款，应在汇兑凭证上注明“留行待取”字样。

6．委托收款

委托收款是收款人委托银行向付款人收取款项的结算方式。委托收款结算款项的划回方式分邮寄和电报两种。单位和个人凭已承兑商业汇票、债券、存单等付款人债务证明办理款项结算，均可以使用委托收款结算方式。委托收款的付款期为 3 天，从付款人开户银行发出付款通知的次

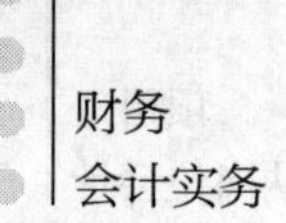

日算起。付款人在付款期内未向银行提出异议的，银行视作同意付款，并在付款期满的次日开始营业时将款项主动划给收款人。付款人需拒付的，应在付款期内向银行办理拒付，银行不负责审查拒付理由。

7．托收承付

托收承付是根据购销合同由收款人发货后委托银行向异地付款人收取款项，由付款人向银行承认付款的结算方式。托收承付结算款项的划回方法分邮寄和电报两种。使用托收承付结算方式的收款单位和付款单位必须是国有企业，供销合作社以及经营管理较好、并经开户银行审查同意的城乡集体所有制工业企业。办理托收承付结算的款项，必须是商品交易以及因商品交易而产生的劳务供应的款项。代销、寄销、赊销商品的款项不得办理托收承付结算。收付双方使用托收承付结算必须签有购销合同，并在合同上订明使用托收承付结算方式。收款人办理托收，必须具有商品确已发出的证件。托收承付结算每笔的金额起点为10 000元，新华书店系统每笔的金额起点为1 000元。验单承付期为3天，从付款人开户银行发出承付通知次日算起；验货承付期限为10天，从运输部门向付款人发出提货通知的次日算起。

8．信用卡

信用卡是指商业银行向个人和单位发行的，凭以向特约单位购物、消费和向银行存取现金，且具有消费信用的特制载体卡片。信用卡按使用对象不同分为单位卡和个人卡；按信誉等级分为金卡和普通卡。凡在中国境内金融机构开立基本存款账户的单位可申领单位卡。单位卡账户的资金一律从基本存款账户转账存入，不得交存现金，不得将销货收入的款项存入单位卡。信用卡仅限于合法持卡人本人使用，持卡人不得出租或转借信用卡。单位卡不得用于10万元以上的商品交易、劳务供应款项的结算，不得支取现金。信用卡在规定的期限和限额内允许善意透支。

9．信用证

信用证是开证银行应申请人的要求并按其指示向第三方开立的载有一定金额的，在一定的期限内凭符合规定的单据付款的书面保证文件。信用证是国际贸易中最主要、最常用的支付方式。

【知识链接】网上银行结算。

三、银行存款核算账户设置

企业办理各种银行存款结算业务需要设置的账户主要有如下几种。

（1）“银行存款”账户，核算企业存入银行或其他金融机构的各种存款。该账户属资产类账户，借方登记银行存款的增加额；贷方登记银行存款的减少额；期末借方余额，反映银行存款的结存金额。有外币存款的企业应分别人民币与外币设置明细账户核算。

（2）“其他货币资金”账户，核算企业的银行本票存款、银行汇票存款、信用卡存款、信用证保证金存款、存出投资款、外埠存款等其他货币资金。该账户属资产类账户，借方登记其他货币资金的增加额；贷方登记其他货币资金的减少额；期末借方余额，反映企业持有的其他货币资金余额。该账户应分别“银行本票”、“银行汇票”、“信用卡”、“信用证保证金”、“存出投资款”、“外埠存款”设置明细账户核算。

四、典型银行结算业务结算流程及核算

1．支票

（1）支票结算流程，以转账支票为例，如图 1-2-1、图 1-2-2、图 1-2-3 所示。

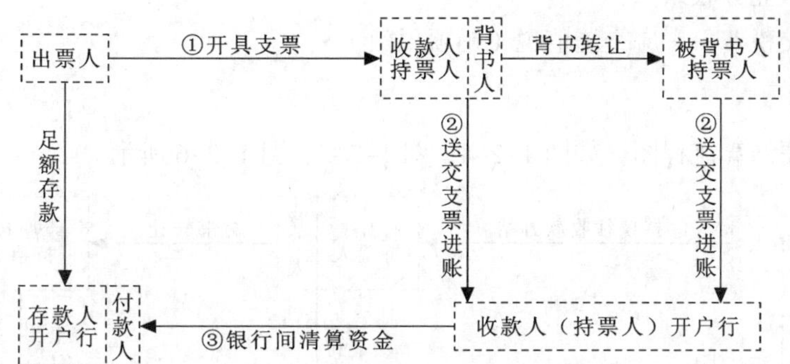

图 1-2-1　转账支票结算流程图

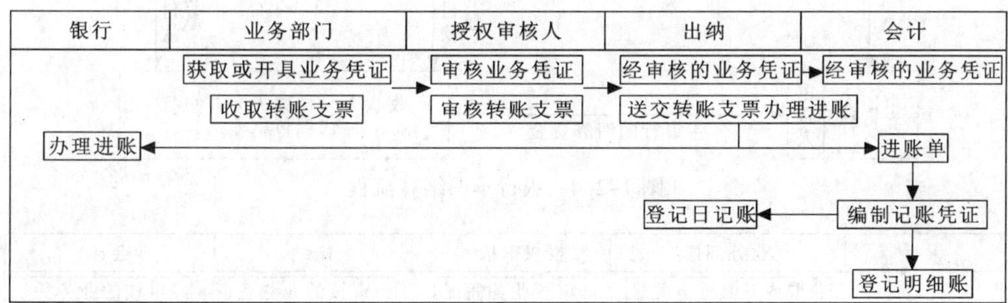

图 1-2-2　转账支票收款业务流程岗位对照图

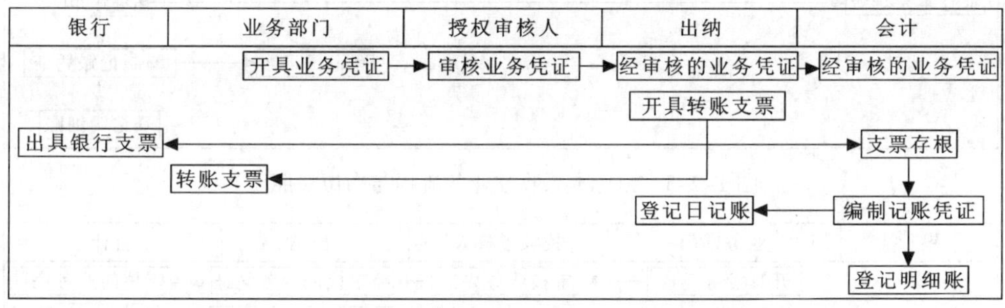

图 1-2-3　转账支票付款业务流程岗位对照图

（2）支票结算典型业务核算。采用支票结算时，付款方应根据支票存根，借记有关账户，贷记“银行存款”账户；收款方应根据银行进账单回单联，借记“银行存款”账户，贷记有关账户。

【例 1-2-1】3 月 2 日，宏业公司向甲企业购入材料一批，取得增值税专用发票，注明货款 3 000 元、增值税税额 510 元，签发转账支票支付全部货款，材料验收入库。

根据支票存根联及购货发票，编制如下会计分录。

借：原材料	3 000	
应交税费——应交增值税（进项税额）	510	
贷：银行存款		3 510

【例 1-2-2】3 月 4 日，宏业公司销售 A 商品一批，开具增值税专用发票，注明货款 10000 元、增值税税额 1700 元，收到转账支票一张已送银行办理进账。

根据进账单回单，编制如下会计分录。

借：银行存款　　11700

　贷：主营业务收入　　10000

　　应交税费——应交增值税（销项税额）　　1700

2．银行本票

（1）银行本票结算流程图，如图 1-2-4、图 1-2-5、图 1-2-6 所示。

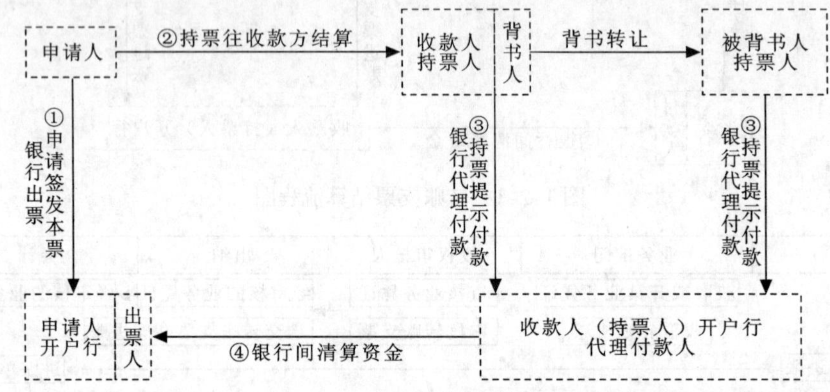

图 1-2-4　银行本票结算流程

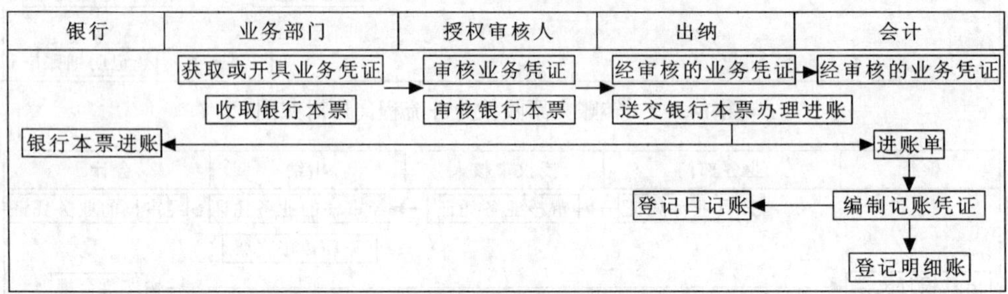

图 1-2-5　银行本票收款业务流程与岗位对照图

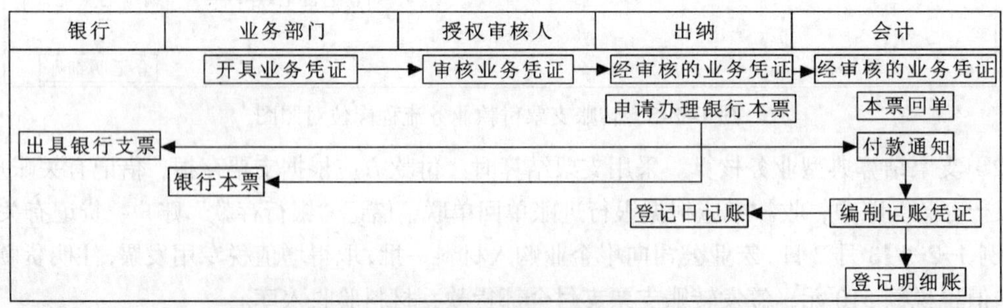

图 1-2-6　银行本票付款业务流程与岗位对照图

（2）银行本票结算典型业务核算。采用银行本票结算时，付款方应设置“其他货币资金——银行本票”明细账户核算。付款方向银行申请签发银行本票时，根据“银行本票申请书”存根联，借记“其他货币资金——银行本票”账户，贷记“银行存款”账户；持票结算货款时，根据发票账单等有关凭证，借记有关账户，贷记“其他货币资金——银行本票”账户。

收款方收到银行本票直接在“银行存款”账户核算。收款方持票向银行提示付款时填制进账单，根据进账单回单等凭证，借记“银行存款”账户，贷记有关账户。

采用银行本票结算时，如果实际结算金额与票面金额不一致，双方应以库存现金或银行存款（如开具支票）多退少补。

【例 1-2-3】3 月 5 日，宏业公司从基本存款账户划出 95 000 元申请办理银行本票。3 月 8 日，宏业公司采购员持银行本票到甲企业购买材料，取得增值税专用发票，注明货款 80 000 元、增值税税额 13 600 元，材料验收入库，多余款 1 400 元收到现金。宏业公司账务处理如下。

3 月 5 日，根据“银行本票申请书”存根联，编制如下会计分录。

借：其他货币资金——银行本票　95 000
　贷：银行存款　95 000

3 月 8 日，根据增值税专用发票发票联、进账单和材料入库单，编制如下会计分录。

借：原材料——×材料　80 000
　应交税费——应交增值税（进项税额）　13 600
　库存现金　1 400
　贷：其他货币资金——银行本票　95 000

【例 1-2-4】3 月 8 日，甲企业销售材料一批给宏业公司，开具增值税专用发票，注明货款 80 000 元、增值税税额 13 600 元，货已发出，收到银行本票一张金额 93 600 元。出纳办理进账，多余款开出转账支票支付。

甲企业根据进账单回单和销货发票，编制如下会计分录。

借：银行存款　93 600
　贷：主营业务收入　80 000
　　应交税费——应交增值税（销项税额）　13 600
　　银行存款　1 400

3．银行汇票

（1）银行汇票结算流程，如图 1-2-7、图 1-2-8、图 1-2-9 所示。

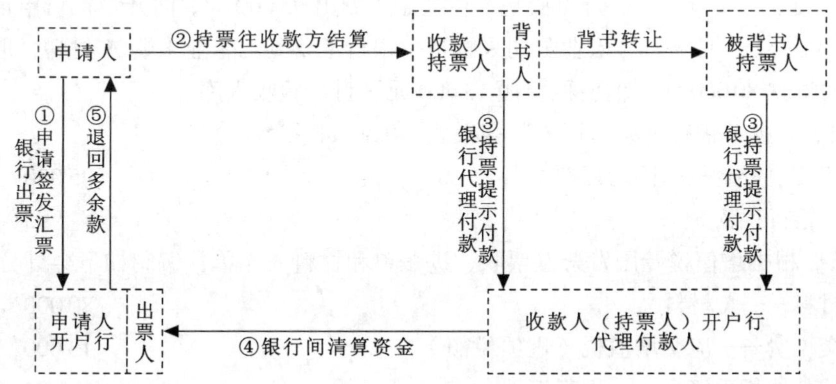

图 1-2-7　银行汇票结算流程

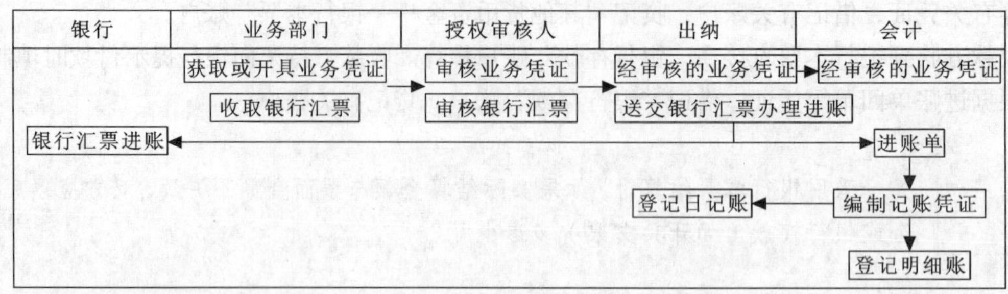

图 1-2-8 银行汇票收款业务岗位对照流程图

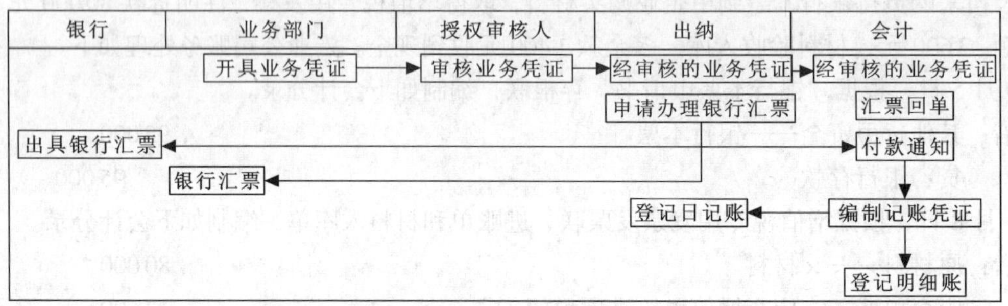

图 1-2-9 银行汇票付款业务岗位对照流程图

（2）银行汇票结算典型业务核算。采用银行汇票结算时，付款方应通过“其他货币资金——银行汇票”账户进行明细核算。向开户银行申请签发银行汇票时，根据“银行汇票申请书”存根联，借记“其他货币资金——银行汇票”账户，贷记“银行存款”账户；持票结算货款时，根据发票账单等有关凭证，借记有关账户，贷记“其他货币资金——银行汇票”账户。

收款方收到银行汇票时，持票向银行提示付款，并填制进账单，根据进账单回单等凭证，借记“银行存款”账户，贷记有关账户。

提示 采用银行汇票结算时，实际结算金额低于出票金额的多余款，应由签发银行退回付款人。付款方根据银行转回款的入账通知单据，借记“银行存款”账户，贷记“其他货币资金——银行汇票”账户。

【例 1-2-5】3 月 7 日，宏业公司从基本存款账户划出 95 000 元，向开户银行申请办理银行汇票，取得银行汇票。3 月 9 日，宏业公司采购员持银行汇票到乙企业采购 A 材料，取得增值税专用发票，注明货款 80 000 元、增值税税额 13 600 元，材料验收入库。

3 月 7 日，根据“银行汇票申请书”存根联，编制如下会计分录。

借：其他货币资金——银行汇票	95 000	
贷：银行存款		95 000

3 月 9 日，根据增值税专用发票发票联、进账单和材料入库单，编制如下会计分录。

借：原材料——A 材料	80 000	
应交税费——应交增值税（进项税额）	13 600	
贷：其他货币资金——银行汇票		93 600

【例 1-2-6】3 月 9 日，宏业公司收到开户银行转来的银行汇票余款 1400 元。根据银行的入账通知单据，编制如下会计分录。

借：银行存款　　1400

　贷：其他货币资金——银行汇票　　1400

4．汇兑

（1）汇兑结算流程，如图 1-2-10、图 1-2-11、图 1-2-12 所示。

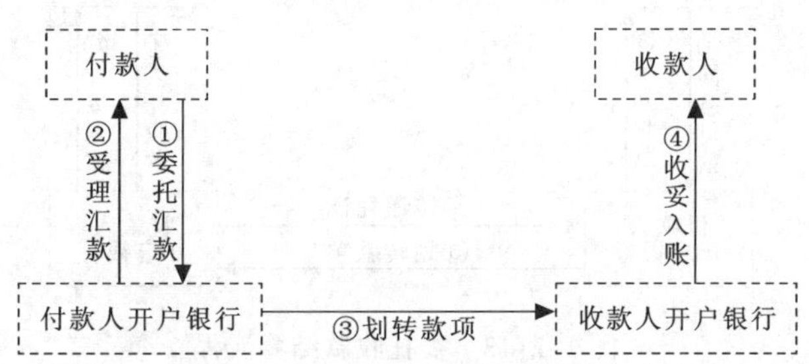

图 1–2–10　汇兑结算总流程图

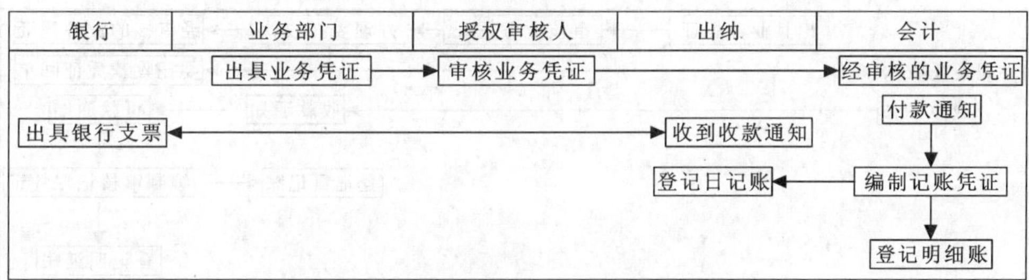

图 1–2–11　汇兑收款业务岗位对照流程图

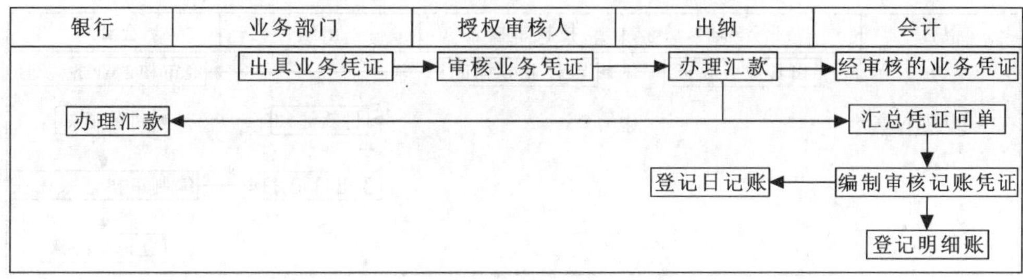

图 1–2–12　汇兑付款业务岗位对照流程图

（2）汇兑结算典型业务核算。采用汇兑方式结算时，付款方根据信（电）汇凭证回单，借记有关账户，贷记“银行存款”账户；收款方根据银行收账通知，借记“银行存款”账户，贷记有关账户。

【例 1-2-7】3 月 10 日，宏业公司前欠甲企业货款 50000 元，已经银行电汇给甲公司。根据电汇凭证回单，编制如下会计分录。

借：应付账款——甲公司　　50000

　贷：银行存款　　50000

【例 1-2-8】3 月 10 日，宏业公司收到银行转来的乙商店电汇凭证收账通知联，系还前欠货款 50000 元。根据电汇凭证收账通知联，编制如下会计分录。

借：银行存款　　　　　　　　　　　　　　　　　　　　50 000

　贷：应收账款——乙商店　　　　　　　　　　　　　　　　50 000

5．委托收款

（1）委托收款结算流程，如图 1-2-13、图 1-2-14、图 1-2-15 所示。

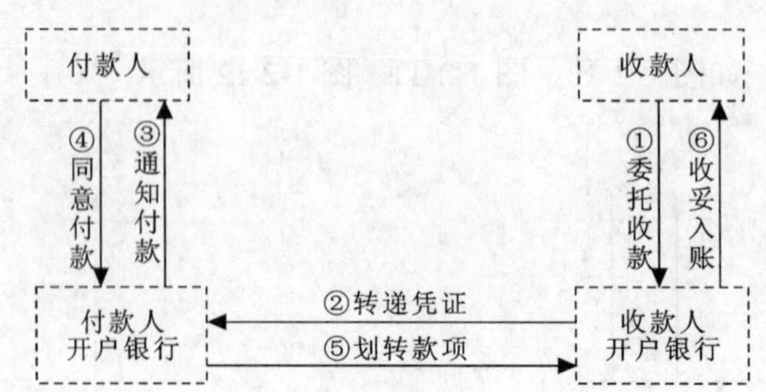

图 1-2-13　委托收款结算流程

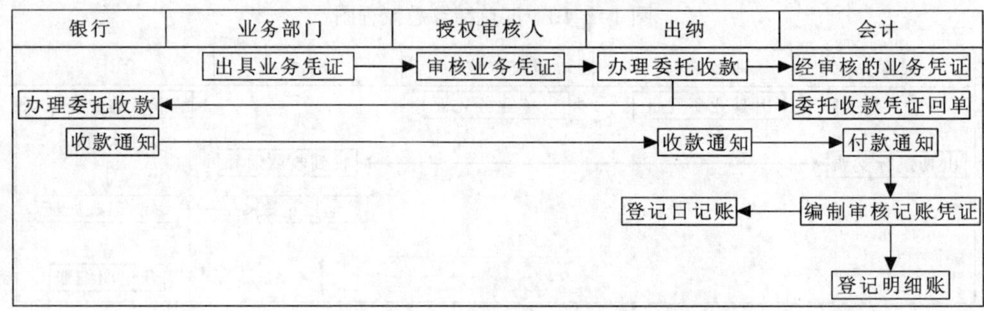

图 1-2-14　委托收款业务岗位对照流程图

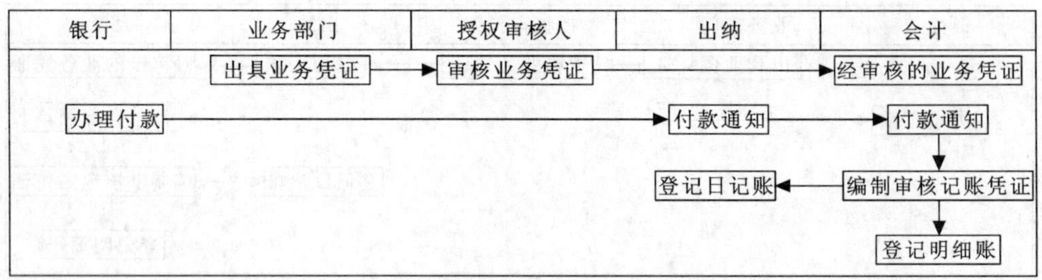

图 1-2-15　委托付款业务岗位对照流程图

（2）委托收款结算典型业务核算。采用委托收款方式结算时，付款方根据银行“委托收款（付款通知）”，借记有关账户，贷记“银行存款”账户；收款方根据银行“委托收款（收款通知）”，借记“银行存款”账户，贷记有关账户。

【例 1-2-9】3 月 20 日，宏业公司根据银行转来的支付自来水公司水费委托收款付款通知，支付水费 1 980 元，编制如下会计分录。

借：管理费用——水费　　　　　　　　　　　　　　　　1 980

　贷：银行存款　　　　　　　　　　　　　　　　　　　　1 980

6．托收承付

（1）托收承付结算流程，如图 1-2-16、图 1-2-17、图 1-2-18 所示。

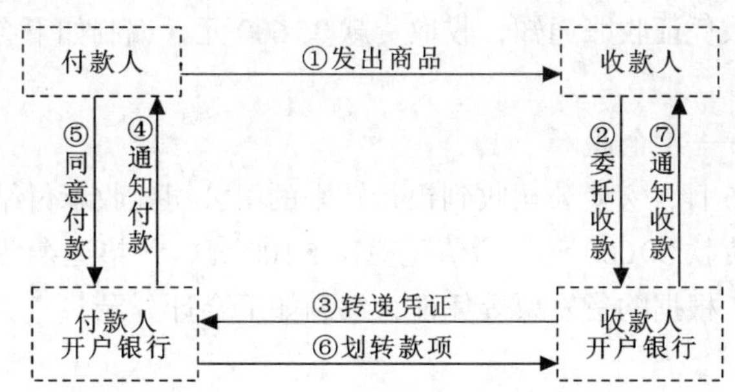

图 1-2-16 托收承付结算流程

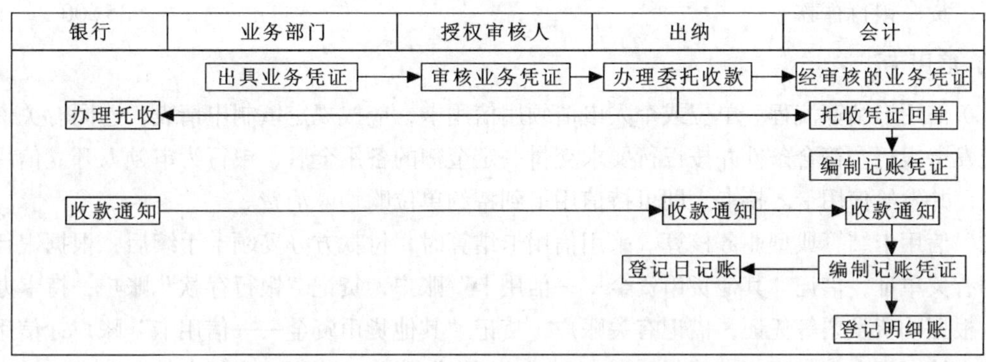

图 1-2-17 托收承付业务岗位对照流程图（托收）

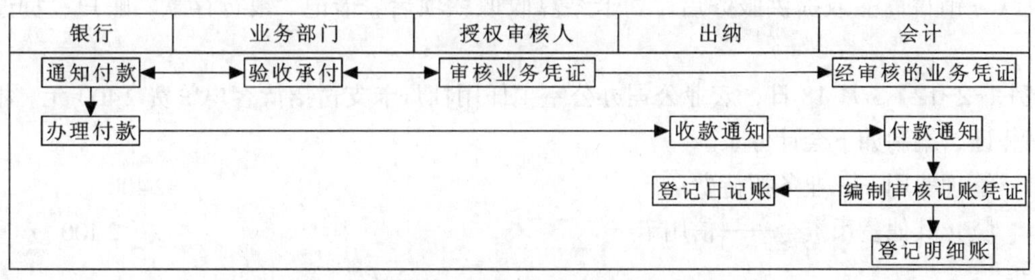

图 1-2-18 托收承付业务岗位对照流程图（承付）

（2）托收承付结算典型业务核算。采用托收承付方式结算时，收款方办妥托收手续后，根据银行盖章退回的托收承付结算凭证的回单等，借记“应收账款”账户，贷记有关账户；承付期满收到银行转来的收账通知，借记“银行存款”账户，贷记“应收账款”账户。

付款方根据审核无误的托收承付“付款通知”凭证等于承付期满次日，借记有关账户，贷记“银行存款”账户。

【例 1-2-10】3 月 15 日，宏业公司根据合同向外地 A 企业发出商品一批，开具增值税专用发票，注明货款 30000 元、增值税税额 5100 元。发货时以转账支票代垫运费 500 元。

根据有关单证填制的托收承付结算凭证向开户银行办妥托收承付手续，编制如下会计分录。

借：应收账款——A 企业　　35600

　　贷：主营业务收入　　30000

　　　　应交税费——应交增值税（销项税额）　　5100

　　　　银行存款　　500

收到银行转来的托收凭证收账通知，收取货款35 600元，编制如下会计分录。

借：银行存款　　35 600

　贷：应收账款——A企业　　35 600

【例1-2-11】3月16日，宏业公司收到银行转来的甲公司托收承付结算凭证付款通知联，增值税专用发票注明材料货款30 000元、增值税税额5 100元，代垫运杂费500元。宏业公司审核无误同意承付期满付款。根据购货发票等凭证，编制如下会计分录。

借：在途物资　　30 465

　应交税费——应交增值税（进项税额）　　5 135

　贷：银行存款　　35 600

7．信用卡

（1）信用卡结算流程。单位或个人申请领用信用卡，应按规定填制申请表，连同有关资料一并送交发卡银行。符合条件并按银行要求交付一定金额的备用金后，银行为申领人开立信用卡存款账户，并发给信用卡。持卡人即可持信用卡到特约单位购物或消费。

（2）信用卡结算典型业务核算。采用信用卡结算时，付款方办妥领卡手续后，根据银行盖章退回的有关单证，借记“其他货币资金——信用卡”账户，贷记“银行存款”账户；持卡办理结算后，根据购货发票等凭证，借记有关账户，贷记“其他货币资金——信用卡”账户；信用卡使用过程中续存资金，借记“其他货币资金——信用卡”账户，贷记“银行存款”账户。

收款方销售商品或提供服务后，划卡结算收取款项后，借记“银行存款”账户，贷记有关账户。

【例1-2-12】3月18日，宏业公司办公室主任用牡丹卡支付招待客户餐费2 400元。根据餐费报销凭证，编制如下会计分录。

借：管理费用——业务招待费　　2 400

　贷：其他货币资金——信用卡　　2 400

五、其他货币资金典型业务核算

其他货币资金是指企业除库存现金、银行存款以外的各种货币资金，主要包括企业的银行本票存款、银行汇票存款、信用卡存款、信用证保证金存款、存出投资款和外埠存款等。银行本票存款、银行汇票存款、信用卡存款的核算已在第四部分讲述，本部分只介绍外埠存款和存出投资款的核算。

1．外埠存款

外埠存款是指企业到外地进行临时或零星采购时，汇往采购地银行开立的采购专户存款。企业到外地采购物资，如果供应单位分散，采购数量零星，时间较长，可委托开户银行将资金汇往采购地银行开立临时采购专户进行结算。该账户只付不收，付完结清，不计利息，除采购人员可以从中提取少量现金外，一律采用转账结算。采购完毕，外地银行应将多余存款退回企业开户银行。

企业汇出款项建立临时采购专户时，借记“其他货币资金——外埠存款”账户，贷记“银行存款”账户；采购员交来发票账单时，借记有关账户，贷记“其他货币资金——外埠存款”账户；

采购任务完成，转回剩余款项，结清专户时，借记“银行存款”账户，贷记“其他货币资金——外埠存款”账户。

【例 1-2-13】3 月 10 日，宏业公司派采购员到上海采购原材料，当日委托开户银行汇款 100 000 元到上海松江区设立采购专户。3 月 20 日，采购员交来从银行采购专户付款购入材料的有关凭证，增值税专用发票上注明货款 80 000 元、增值税税额 13 600 元，材料验收入库。3 月 30 日，收到开户银行收款通知，该采购专户的结余款已转回。宏业公司账务处理如下。

3 月 10 日，根据银行汇款凭证回单联，编制如下会计分录。

借：其他货币资金——外埠存款　　100 000
　　贷：银行存款　　100 000

3 月 20 日，根据购货发票等凭证，编制如下会计分录。

借：原材料　　80 000
　　应交税费——应交增值税（进项税额）　　13 600
　　贷：其他货币资金——外埠存款　　93 600

3 月 30 日，根据收账通知，编制如下会计分录。

借：银行存款　　6 400
　　贷：其他货币资金——外埠存款　　6 400

2．存出投资款

存出投资款是指企业已存入证券公司但尚未用于购买金融商品的存款。企业向证券公司划出资金时，按实际划出金额，借记“其他货币资金——存出投资款”账户，贷记“银行存款”账户；购买股票、债券时，借记“交易性金融资产”等账户，贷记“其他货币资金——存出投资款”账户。

【例 1-2-14】3 月 20 日，宏业公司存入证券公司款项 100 000 元，3 月 23 日买入股票支出 78 000 元，该购入股票按交易性金融资产管理。

3 月 20 日，划出款项存入证券投资账户时，编制如下会计分录。

借：其他货币资金——存出投资款　　100 000
　　贷：银行存款　　100 000

3 月 23 日，购入股票时，编制如下会计分录。

借：交易性金融资产　　78 000
　　贷：其他货币资金——存出投资款　　78 000

六、银行存款清查

银行存款清查是指将企业银行存款日记账的账面记录及余额与开户银行转来的对账单的记录及余额进行核对。实际工作中，企业银行存款日记账余额与银行对账单余额往往不一致，其原因除记账错误外，主要是存在未达账项。

未达账项是指企业与银行之间由于取得有关凭证的时间不同，而发生的一方已入账、另一方由于凭证未达而未入账的款项。未达账项有如下四种情况。

① 企业已收款入账而银行尚未收款入账的事项（简称“企业已收银行未收”）；

② 企业已付款入账而银行尚未付款入账的事项（简称“企业已付银行款付”）；

③ 银行已收款入账而企业尚未收款入账的事项（简称“银行已收企业未收”）；

④ 银行已付款入账而企业尚未付款入账的事项（简称“银行已付企业未付”）。

为了消除各种未达账项对企业和银行双方存款余额的影响，企业应将“银行存款日记账”和“银行对账单”逐笔核对，并通过编制“银行存款余额调节表”来试算平衡。银行存款余额调节表格式如表 1-2-1 所示。

表 1-2-1 银行存款余额调节表

编制单位：宏业公司　　2013 年 5 月 31 日　　金额单位：元（列至角分）

项　目	金　额	项　目	金　额
企业银行存款日记账余额	228 992.00	银行对账单余额	244 816.00
加：银行已收、企业未收款	27 468.00	加：企业已收、银行未收款	28 854.00
减：银行已付、企业未付款	4 000.00	减：企业已付、银行未付款	21 210.00
调节后的存款余额	252 460.00	调节后的存款余额	252 460.00

调节后的存款余额如果相等，表示调节前双方余额不符是由于未达账项造成的，属于正常，一般不需继续核查；如果调节后的存款余额仍不相等，表示调节前双方余额不相等，除了未达账项原因外，还存在错账或其他原因，必须进一步核查。

特别注意：对银行存款余额进行调节只是企业与银行进行账实核对的一种手段，目的是检查账实是否相符，企业不能依据“调节表”调整银行存款日记账记录。

【例 1-2-15】宏业公司 2013 年 5 月 28 至 31 日银行存款日记账和银行对账单记录如表 1-2-2、表 1-2-3 所示。

表 1-2-2 银行存款日记账

2013 年		凭证号	对方科目	票据编号	摘　要	借方	贷方	借或贷	余额
月	日								
5	28				承上页			借	177 640.00
	28	（略）	（略）	转支 65 432	支付材料款		√37 522.00	借	140 118.00
	29	（略）	（略）	托收承付	收到货款	√91 800.00		借	231 918.00
	29	（略）	（略）	转支 79 268	收到货款	√41 720.00		借	273 638.00
	29	（略）	（略）	商业承兑汇票	兑付设备款		√51 420.00	借	222 218.00
	30	（略）	（略）	转支 87 812	收到货款	28 854.00		借	251 072.00
	30	（略）	（略）	转支 65 433	支付材料款		21 210.00	借	229 862.00
	31	（略）	（略）	现支 34 520	提取现金		√870.00	借	228 992.00

表 1-2-3　　银行对账单（简化）

2013年		凭证号	对方科目	票据编号	摘　要	借方	贷方	余额
月	日							
5	28				承上页			177 640.00
	28	（略）	（略）	托收承付	收到货款		√91 800.00	269 440.00
	29	（略）	（略）	转支 65 432	支付材料款	√37 522.00		231 918.00
	29	（略）	（略）	商业承兑汇票	兑付设备款	√51 420.00		180 498.00
	29	（略）	（略）	托收承付	收到货款		27 468.00	207 966.00
	30	（略）	（略）	转支 79 268	收到货款		√41 720.00	249 686.00
	30	（略）	（略）	委托收款	水电费	4 000.00		245 686.00
	31	（略）	（略）	现支 34 520	提取现金	√870.00		244 816.00

根据上述资料逐笔核对银行存款日记账与银行对账单，确定未达账项，并编制“银行存款余额调节表”。

逐笔核对银行存款日记账与银行对账单，确定未达账项共四项：企业已收银行未收货款28 854.00 元；企业已付银行未付材料款 21 210.00 元；银行已收企业未收货款 27 468.00 元；银行已付企业未付水电费 4 000.00 元。

编制“银行存款余额调节表”（如表 1-2-1 所示）。调节后的存款余额相等，表明双方银行存款账户记录正确。

任务实施

任务资料和任务目标见本任务的“任务导入”。根据各业务相关原始凭证，编制会计分录如下。

2 日，根据增值税专用发票、材料入库单及支票存根等凭证，编制如下会计分录。

借：原材料——A 材料　　10 000
　　应交税费——应交增值税（进项税额）　　1 700
　　贷：银行存款　　11 700

3 日，根据银行汇票申请书存根联等凭证，编制如下会计分录。

借：其他货币资金——银行汇票　　400 000
　　贷：银行存款　　400 000

4 日，根据增值税专用发票等凭证，编制如下会计分录。

借：在途物资——B 材料　　300 000
　　应交税费——应交增值税（进项税额）　　51 000
　　贷：其他货币资金——银行汇票　　351 000

5 日，根据银行入账通知等凭证，编制如下会计分录。

借：银行存款　　49 000
　　贷：其他货币资金——银行汇票　　49 000

6 日，根据增值税专用发票、进账单等凭证，编制如下会计分录。

借：银行存款　　46 800
　　贷：主营业务收入——甲产品　　40 000
　　　　应交税费——应交增值税（销项税额）　　6 800

7 日，根据银行本票申请书存根联等凭证，编制如下会计分录。

借：其他货币资金——银行本票　　120 000
　　贷：银行存款　　120 000

8 日，根据增值税专用发票、材料入库单及收款收据等凭证，编制如下会计分录。

借：原材料——A 材料　　102 000
　　应交税费——应交增值税（进项税额）　　17 340
　　库存现金　　660
　　贷：其他货币资金——银行本票　　120 000

9 日，根据增值税专用发票、进账通知及收款收据等凭证，编制如下会计分录。

借：银行存款　　47 000
　　贷：主营业务收入——乙产品　　40 000
　　　　应交税费——应交增值税（销项税额）　　6 800
　　　　库存现金　　200

10 日，根据增值税专用发票、验收入库单等凭证，编制如下会计分录。

借：原材料——C 材料　　400 000
　　应交税费——应交增值税（进项税额）　　68 000
　　贷：应付票据　　468 000

11 日，根据承兑汇票等凭证，编制如下会计分录。

借：应收票据——永安公司　　400 000
　　贷：应收账款——永安公司　　400 000

13 日，根据进账通知，编制如下会计分录。

借：银行存款　　44 000
　　贷：应收账款——兴华公司　　44 000

14 日，根据委托收款结算凭证，编制如下会计分录。

借：管理费用——电费　　3 000
　　制造费用——电费　　7 000
　　贷：银行存款　　10 000

16 日，根据托收承付结算凭证，编制如下会计分录。

借：应收账款——永安公司　　237 000
　　贷：主营业务收入——乙产品　　200 000
　　　　应交税费——应交增值税（销项税额）　　34 000
　　　　银行存款　　3 000

21 日，根据托收凭证收账通知，编制如下会计分录。

借：银行存款　　237 000

贷：应收账款——永安公司　　237 000

22 日，根据办理信用卡相关凭证，编制如下会计分录。

借：其他货币资金——信用卡　　40 000

贷：银行存款　　40 000

26 日，根据购货发票等凭证，编制如下会计分录。

借：管理费用——办公费　　3 600

贷：其他货币资金——信用卡　　3 600

项目二 往来结算岗位会计

项目导读

往来结算岗位会计认知

一、往来结算岗位会计职责

往来结算岗位是企业债权债务会计核算岗位，其主要职责为：

（1）会同有关部门建立健全往来款项结算制度，拟定往来款项管理与核算的具体实施办法。

（2）会同有关部门制定应收及预付款项催收计划和应付款项的偿还计划，严格控制应收及预付款项的机会成本和应付款项的偿还成本。

（3）负责制定切合实际的凭证传递程序，填制或审核往来款项有关原始凭证，办理往来款项的业务核算。

（4）负责应交税费的计算、申报以及上交工作。

二、往来结算岗位会计核算内容

往来结算岗位会计是由经济信用产生的反映企业与其内部、外部不同经济主体间的往来业务核算的专项会计。其核算的主要内容包括两方面，即企业与外部往来业务和企业内部往来业务。

1．企业与外部往来业务

企业与外部往来业务指企业与除银行等金融机构以外的其他经济主体发生往来所形成的业务，它主要包括企业与客户之间因赊销而形成的应收款项、预付款项业务的确认与收回，如应收账款、应收票据、预付账款等核算；企业与供应商之间因赊购而形成的应付款项、预收款项业务的确认与支付，如应付账款、应付票据、预收账款等核算；企业与税务部门之间形成的应交税金的核算。

2．企业内部往来业务

企业内部往来业务指企业与其内部各部门以及职工个人之间所发生的业务，主要包括企业与职工个人之间因劳务供应而发生的工资结算与工资分配业务，如应付职工薪酬核算；企业与内部各部门、职工个人除工资以外因其他原因发生的应付、暂收与应收、暂付款业务，如备用金结算、保证金结算等。

任务一 应收及预付款项核算

学习目标

知识目标：**掌握应收及预付款的核算内容；掌握应收账款、应收票据、预付账款及其他应收款的含义、确认与计量原则、账户设置及典型业务核算方法；掌握坏账的确认、坏账准备的计提及坏账收回的核算；掌握应收票据贴现金额的计算及核算。**

技能目标：**能正确填写托收凭证等业务单据；能根据应收账款、应收票据、预付账款和其他应收款等业务的原始凭证正确编制记账凭证，并根据记账凭证登记相关业务的明细账和总账。**

任务导入

任务资料：甲企业为增值税一般纳税人，增值税税率为17%。2013年12月1日，甲企业“应收账款”账户借方余额500万元，“坏账准备”账户贷方余额25万元，企业通过对应收款项的信用风险分析，确定计提坏账准备的比例为期末应收账款余额的5%。12月份甲企业发生如下相关业务。

5日，向乙企业赊销商品一批，按商品价目表标明价格计算的金额为1 000万元（不含增值税），由于是成批销售，甲企业给予乙企业10%的折扣。

9日，一客户破产，根据清算程序，应收账款40万元不能收回，确认为坏账。

11日，收到乙企业的销货款500万元存入银行。

21日，2011年已确认为坏账的应收账款10万元收回，存入银行。

30日，向丙企业销售商品一批，增值税专用发票，注明价款1 000 000元、增值税税额170 000元。甲企业为及早收回货款，在合同中规定现金折扣条件“2/10，1/20，*n*/30”。假定现金折扣不考虑增值税。

任务目标：

（1）编制甲企业上述业务的相关会计分录。

（2）计算甲企业本期应计提的坏账准备金额，并编制会计分录。

知识准备

政策依据：《企业会计准则第 22 号——金融工具确认与计量》及其应用指南、《中华人民共和国增值税暂行条例》及实施细则等。

一、应收账款核算

1．应收账款的含义

应收账款是指企业因销售商品、提供劳务等经营活动，应向购货单位或接受劳务单位收取的款项。会计上所指的应收账款有其特定的范围。

（1）应收账款只反映销售商品或提供劳务形成的债权，主要包括企业因销售商品或提供劳务等应向债务人收取的款项及代购货单位垫付的运杂费等。

（2）应收账款是流动资产性质的债权，其回收期通常不应超过 1 年或超过 1 年的一个营业周期。

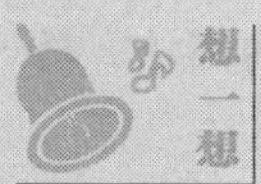

想一想

企业存出保证金或押金、企业与内部各部门或职工之间的各种代垫款项、企业应收的保险赔款等是否属于应收账款？

2．应收账款的确认与计量

应收账款因销售商品或提供劳务而产生，因此，应收账款应与销售收入同步确认。只有当商品销售收入或提供劳务收入的确认条件成立而货款尚未收取时，才能确认为应收账款。

应收账款通常按实际发生额入账，主要包括商品或劳务的售价、增值税税款及因销售商品为购买方垫付的运杂费等。

提示

①商业折扣销售情况下，应收账款入账金额为扣除商业折扣后的实际销售价格；②现金折扣销售情况下，根据《企业会计准则》的规定，应收账款的入账金额为扣除现金折扣前的应收金额，若客户在折扣期内付款，企业因给予现金折扣而少收的金额记入“财务费用”账户。

3．账户设置

为了反映和监督应收账款的增减变动及其结存情况，企业应设置“应收账款”账户。该账户属资产类账户，借方登记应收账款的增加；贷方登记应收账款的收回及确认坏账损失冲减的款项；期末余额在借方，反映企业尚未收回的应收账款，如果期末余额在贷方，反映企业预收的账款。该账户应按应收账款的单位设置明细账核算。

注意

不单独设置“预收账款”账户的企业，预收账款也在本账户核算。

4．应收账款典型业务核算

（1）无折扣条件应收账款的发生与收回核算。

【例 2-1-1】3 月 5 日，宏业公司采用托收承付结算方式向甲公司销售商品一批，开具增值税专用发票，注明价款 500 000 元、增值税税额 85 000 元，同时开具支票代垫运杂费 5 000 元。宏业公司账务处理如下。

3 月 5 日，办妥托收手续时，编制如下会计分录。

借：应收账款——甲公司　　590 000
　　贷：主营业务收入　　500 000
　　　　应交税费——应交增值税（销项税额）　　85 000
　　　　银行存款　　5 000

3 月 10 日，实际收到款项时，编制如下会计分录。

借：银行存款　　590 000
　　贷：应收账款——甲公司　　590 000

（2）现金折扣条件下应收账款的发生与收回核算。存在现金折扣条件应收账款的核算方法有两种，即总价法和净价法。总价法是指将未扣除现金折扣的金额作为应收账款的入账金额。在该方法下，只有客户在折扣期内付款时，企业才确认现金折扣，并把它视为一项企业融资成本计入财务费用。净价法是将扣除现金折扣后的金额作为应收账款的入账金额。在该方法下，把客户为取得现金折扣而在折扣期内付款视为正常现象，将客户由于超过折扣期限付款而使销售方多收回的金额视为提供信贷而获得的收入，列入利息收入。

我国《企业会计准则》规定采用总价法核算。

【例 2-1-2】3 月 7 日，宏业公司向乙公司销售商品一批，开具的增值税专用发票，注明价款 20 000 元、增值税税额 3 400 元，折扣条件为“2/10，1/20，*n*/30”。宏业公司账务处理如下。

3 月 7 日，销售商品时，编制如下会计分录。

借：应收账款——乙公司　　23 400
　　贷：主营业务收入　　20 000
　　应交税费——应交增值税（销项税额）　　3 400

3 月 16 日乙公司支付货款，可享受现金折扣额=20 000×2%=400（元），实际应收金额=23 400−400=23 000（元）

宏业公司实际收到货款时，编制如下会计分录。

借：银行存款　　23 000
　　财务费用　　400
　　贷：应收账款——乙公司　　23 400

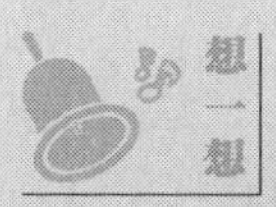

想一想　若乙公司在 3 月 26 日支付货款，宏业公司实收金额为多少？该做怎样的账务处理？

（3）以商业汇票抵付应收账款的核算。

【例 2-1-3】3 月 7 日，宏业公司收到丙公司交来的面值 20 000 元的商业汇票一张，用以偿还其前欠货款。宏业公司收到商业汇票时，编制如下会计分录。

借：应收票据——丙公司　　20 000
　　贷：应收账款——丙公司　　20 000

二、应收票据核算

1．应收票据的含义

应收票据是指企业因销售商品、提供劳务等而收到的商业汇票。商业汇票按承兑人不同分为商业承兑汇票与银行承兑汇票，按是否带息分为带息商业汇票与不带息商业汇票。其中，带息商业汇票标明票面金额和票面利率，到期按票面金额与票面利息合计结算；不带息商业汇票只标明票面金额，到期按票面金额结算。

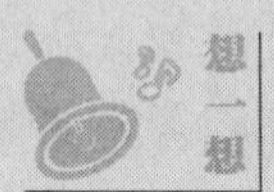

企业销售商品或提供劳务收到银行汇票、银行本票、转账支票，应分别通过什么账户核算?

2．应收票据的确认与计量

企业收到商业汇票时，应按汇票票面金额入账。对于带息应收票据，期末按应收票据的票面价值和票面利率计提利息，也计入应收票据。

3．账户设置

为了反映和监督商业汇票取得、票款收回等情况，企业应设置“应收票据”账户。该账户属资产类账户，借方登记取得的商业汇票的面值和期末计提的利息；贷方登记到期收回票据款或到期前向银行贴现的商业汇票的票面余额；期末借方余额，反映企业尚未收回且未申请贴现的商业汇票的面值和应计利息。

本账户可按开出、承兑商业汇票的单位进行明细核算。同时应设置“应收票据备查簿”，逐笔登记商业汇票的种类，号数和出票日，票面金额，交易合同号，付款人、承兑人、背书人的姓名或单位名称，到期日，背书转让日，贴现日，贴现率和贴现净额以及收款日和收回金额，退票情况等资料。

4．应收票据典型业务核算

（1）不带息应收票据取得与收回的核算。

① 销售商品、提供劳务或抵偿应收账款收到商业汇票的核算。

【例 2-1-4】3 月 11 日，宏业公司向乙公司销售产品一批，开具增值税专用发票，注明价款 300 000 元、增值税税额 51 000 元，收到乙公司一张 3 个月期限的不带息商业承兑汇票，面值为 351 000 元。宏业公司 3 月 11 日收到商业汇票时，编制如下会计分录。

借：应收票据——乙公司　　351 000
　　贷：主营业务收入　　300 000
　　　　应交税费——应交增值税（销项税额）　　51 000

企业收到用于抵偿应收账款的商业汇票该如何处理？

② 商业汇票到期收到票据款的核算。

不带息票据的到期值=面值。

【例 2-1-5】承【例 2-1-4】资料。6 月 11 日，宏业公司的上述商业汇票到期，收回票据款 351 000 元，存入银行。宏业公司收到票据款时，编制如下会计分录。

借：银行存款　　351 000

　　贷：应收票据——乙公司　　351 000

③ 商业汇票到期，出票人无力支付或拒付的核算。商业承兑汇票到期，若承兑人拒付或无力偿还票款，持票企业应将“应收票据”转为“应收账款”；银行承兑汇票到期，承兑银行负有无条件支付责任，持票单位到期一定能收到款项。

【例 2-1-6】承【例 2-1-4】资料，到 6 月 11 日，上述商业承兑汇票到期，乙公司无力支付票据款，宏业公司编制如下会计分录。

借：应收账款——乙公司　　351 000

　　贷：应收票据——乙公司　　351 000

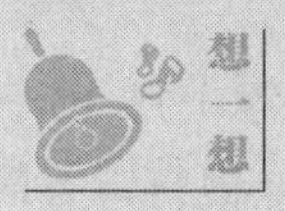

银行承兑汇票到期，持票单位到期该做怎样的账务处理？

（2）带息应收票据取得与收回的核算。

① 销售商品、提供劳务或抵偿应收账款收到商业汇票的核算。

【例 2-1-7】3 月 11 日，宏业公司销售一批商品给甲商贸公司，开具增值税专用发票，注明价款 100 000 元、增值税税额 17 000 元。货已发出，收到甲商贸公司交来的期限 6 个月的商业承兑汇票一张，面值 117 000 元，票面利率 4%。宏业公司收到商业汇票时，编制如下会计分录。

借：应收票据——甲商贸公司　　117 000

　　贷：主营业务收入　　100 000

　　　　应交税费——应交增值税（销项税额）　　17 000

② 带息商业汇票期末按规定计提票据利息的核算。为简化核算，不跨年度的带息商业汇票，可以不计提利息，但跨年度时，必须在年末计提票据利息，并按应计的利息金额，借记“应收票据”账户，贷记“财务费用”账户。

③ 商业汇票到期收回票据款的核算。

带息票据的到期值=面值+票面利息。

【例 2-1-8】承【例 2-1-7】资料。9 月 11 日票据到期应收票据款=117 000×（1+4%×6÷12）=119 340（元），宏业公司编制如下会计分录。

借：银行存款　　119 340
　贷：应收票据——甲商贸公司　　117 000
　　财务费用　　2 340

④ 商业汇票到期，出票人无力支付或拒付的核算。商业承兑汇票到期，出票人无力支付票据款时，应将“应收票据”账户的账面余额转入“应收账款”账户，应收票据利息不再计提，其所包含的利息在有关备查账簿中登记，待实际收到时再冲减收到当期的财务费用。

（3）应收票据贴现的核算。应收票据贴现是指企业将持有的未到期商业汇票转让给银行，银行按票据到期日的金额扣除贴现利息后将余款付给企业的一种融资行为。应收票据贴现相关计算公式如下。

票据到期值=票据面值+票据利息
票据贴现息=票据到期值×贴现率×贴现期
票据贴现净额=票据到期值－票据贴现息

应收票据贴现期一般按贴现日至票据到期日的实际天数采用“算尾不算头或算头不算尾”的方式确定，若承兑方是外埠企业，贴现期要增加 3 天的收款邮程期。

【例 2-1-9】3 月 5 日，宏业公司将一份由外地滨海电器商贸公司开户银行于当年 1 月 16 日签发的 6 个月期带息商业汇票据（面值 30 万元，票据利率 5%）向银行申请贴现，经银行审查同意给予贴现，贴现率为 4.5%。假定该商业汇票银行不具追索权，宏业公司应收贴现净额计算及账务处理如下。

贴现天数=26+30+31+30+16+3=136（天）
汇票到期值=300 000+300 000×5%×6÷12=307 500（元）
汇票贴现息=307 500×4.5%×136÷360=5 227.5（元）
汇票贴现净额=307 500－5 227.5=302 272.5（元）
收到贴现款时，宏业公司编制如下会计分录。

借：银行存款　　302 272.5
　贷：应收票据　　300 000
　　财务费用　　2 272.5

提示

若上例中的商业汇票银行具有追索权，应编制如下会计分录。

借：银行存款　　302 272.5
　贷：短期借款　　300 000
　　财务费用　　2 272.5

（4）应收票据背书转让的核算。

【例 2-1-10】3 月 8 日，宏业公司向某企业购入材料一批，收到销货方开具的增值税专用发票，注明价款 300 000 元、增值税税额 51 000 元。由于资金紧张，宏业公司以面值为 300 000 元的无息商业汇票一份背书，另以银行存款支付 51 000 元，材料验收入库。宏业公司编制如下会计分录。

借：原材料　　300 000
　　应产税费——应交增值税（进项税额）　　51 000
　　贷：应收票据　　300 000
　　　　银行存款　　51 000

三、预付账款及其他应收款核算

1. 预付账款核算

（1）预付账款含义及账户设置。预付账款是指企业按照合同规定预先支付给供货单位或劳务提供单位的款项。预付账款一般按履行合同的实际预付金额计量。

为核算预付账款的增减变动及其结存情况，企业应当设置“预付账款”账户。该账户属资产类账户，借方登记按合同规定预付的购货款和补付的购货款；贷方登记收到货物后按价款结转的金额以及收回的多余款；期末借方余额，反映企业预付的款项；期末贷方余额，反映企业尚未补付的款项。本账户按供货单位设置明细账核算。

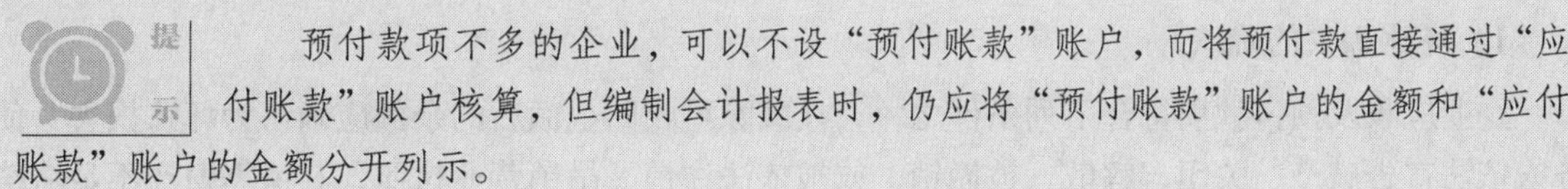

预付款项不多的企业，可以不设“预付账款”账户，而将预付款直接通过“应付账款”账户核算，但编制会计报表时，仍应将“预付账款”账户的金额和“应付账款”账户的金额分开列示。

（2）预付账款典型业务核算。

【例 2-1-11】3 月 10 日，宏业公司向乙公司采购单价为 1 000 元的材料 5 000 吨，合同约定宏业公司在合同签订日预付合同款的 50%，货物验收后补付其余款项。宏业公司账务处理如下。

预付货款时，编制如下会计分录。

借：预付账款　　2 500 000
　　贷：银行存款　　2 500 000

收到乙公司发来的 5 000 吨材料，增值税专用发票注明价款 5 000 000 元、增值税税额 850 000 元，验收无误，宏业公司以银行存款补付余款 3 350 000 元，编制如下会计分录。

借：原材料　　5 000 000
　　应交税费——应交增值税（进项税额）　　850 000
　　贷：预付账款　　5 850 000
借：预付账款　　3 350 000
　　贷：银行存款　　3 350 000

2．其他应收款核算

（1）其他应收款的含义及账户设置。其他应收款是指企业发生的非购销业务的应收债权，主要指除应收票据、应收账款、预付账款等以外的其他各种应收、暂付款项。其他应收款包括应收的各种赔款、罚款，应收的出租物租金，应向职工收取的各种垫付款项，存出保证金，向企业职能科室等拨付的备用金及其他各种应收、暂付款。

为了反映和监督其他应收款的增减变动及其结存情况，企业应设置"其他应收款"账户。该账户属资产类账户，借方登记其他应收款的增加；贷方登记其他应收款的收回；期末余额一般在借方，反映企业尚未收回的其他应收款项。该账户应按不同债务人进行明细核算。

（2）其他应收款典型业务核算。

【例 2-1-12】3 月 5 日，宏业公司租入包装物一批，开具转账支票支付押金 15000 元。编制如下会计分录。

借：其他应收款——存出保证金　　15000

　　贷：银行存款　　15000

【例 2-1-13】承【例 2-1-12】，4 月 25 日，上述租入包装物按期如数退回，宏业公司收到出租方退还的押金 15000 元，已存入银行。编制如下会计分录。

借：银行存款　　15000

　　贷：其他应收款——存出保证金　　15000

四、坏账损失核算

1．坏账损失的确认

企业应收及预付款项符合下列条件之一，在减除可收回金额后的余额应确认为坏账损失：债务人依法宣告破产、关闭、解散、被撤销，或被依法注销、吊销营业执照，其清算财产不足清偿的；债务人逾期 3 年以上未清偿，且有确凿证据证明已无力清偿债务的；与债务人达成债务重组协议或法院批准破产重整计划后，无法追偿的；因自然灾害、战争等不可抗力导致无法收回的；国务院财政、税务主管部门规定的其他条件。

2．坏账损失的核算方法

坏账损失核算方法有直接转销法和备抵法两种。采用直接转销法，坏账损失应当于实际发生时直接计入当期损益，同时冲减应收及预付款项。采用备抵法，应按期估计坏账并作为坏账损失计入当期资产减值损失，同时确认坏账准备，当某一应收款项全部或部分被确认为坏账时，将其金额冲减坏账准备并相应转销应收款项。我国《企业会计准则》规定坏账损失应采用备抵法核算。

提示

《小企业会计准则》规定，小企业的应收及预付款项坏账损失应采用直接转销法核算，即应当于实际发生时计入营业外支出，同时冲减应收及预付款项。

链接

《小企业会计准则》规定，小企业的应收及预付款项坏账损失应当于实际发生时计入营业外支出，同时冲减应收及预付款项。

3．坏账损失核算账户设置

（1）“坏账准备”账户。采用备抵法核算坏账损失的企业，应设置“坏账准备”账户，核算应收款项的坏账准备计提和核销等情况。该账户属资产类账户，贷方登记当期计提的坏账准备金额；借方登记实际发生的坏账损失金额和冲减的坏账准备金额；期末余额一般在贷方，反映企业已计提但尚未转销的坏账准备。本账户应按应收款项的类别进行明细核算。

提示

“坏账准备”账户也是应收款项的备抵账户，应收款项账户余额减去坏账准备账户相关明细账户贷方余额后的差额为应收款项账面价值。

（2）“资产减值损失”账户。该账户属损益类账户，核算企业计提的各项资产减值准备形成的损失，借方登记企业发生的应收账款、存货、长期股权投资、持有至到期投资、固定资产、无形资产等资产减值而减记的金额；贷方登记企业计提的坏账准备、存货跌价准备、持有至到期投资减值准备等得以恢复而增加的金额；期末将本账户余额转入“本年利润”账户，结转后本账户无余额。

4．坏账准备的计提范围

《企业会计准则》规定，坏账准备的计提范围包括应收账款和其他应收款。企业的预付账款如有确凿证据表明其不符合预付账款的性质，或因供货单位破产、撤销等原因已无望再收到所购货物的，应将原计入预付账款的金额转入其他应收款并按规定计提坏账准备。企业持有的未到期的应收票据，如有确凿证据证明不能收回或收回的可能性不大，应将其账面余额转入应收账款，并按规定计提相应坏账准备。

5．坏账准备的计提方法

坏账准备的计提方法有余额百分比法、账龄分析法、销货百分比法和个别认定法等。

（1）余额百分比法。余额百分比法是指根据期末应收账款余额的一定百分比估计坏账损失，并计提坏账准备的方法。其计算公式如下。

① 首次计提坏账准备的计算公式为：

当期应计提的坏账准备=期末应收账款余额×坏账准备计提百分比

② 非首次计提坏账准备的计算公式为：

当期应计提的坏账准备＝当期按应收款项计算应提坏账准备金额－（或＋）“坏账准备”账户的贷方（或借方）余额

（2）账龄分析法。账龄分析法是指根据应收账款账龄的长短估计坏账损失，并计提坏账准备的方法。采用账龄分析法首次计提坏账准备的计算公式为：

当期应计提的坏账准备=∑（期末各账龄组应收账款余额×各账龄组坏账准备计提百分比）

（3）销货百分比法。销货百分比法是指根据企业销售总额的一定百分比估计坏账损失，并计提坏账准备的方法。采用销货百分比法首次计提坏账准备的计算公式为：

当期应计提的坏账准备=本期销售总额×坏账准备计提百分比

（4）个别认定法。个别认定法是指针对每项应收款项的实际情况分别估计坏账损失，并计提坏账准备的方法。其计算公式为：

当期应计提的坏账准备=∑（每项应收款项估计的坏账损失）

6．坏账损失典型业务核算

企业计提坏账准备时，按应计提的金额，借记“资产减值损失——计提的坏账准备”账户，贷记“坏账准备”账户。冲减多计提的坏账准备时，借记“坏账准备”账户，贷记“资产减值损失——计提的坏账准备”账户。

【例 2-1-14】万达公司 2011 年开始计提坏账准备，确定按应收账款年末余额的 10%计提坏账准备。2011 年 12 月 31 日应收账款余额为 100 万元。2012 年 6 月份发生坏账 30 000 元，经批准核销；当年 12 月 31 日应收账款余额 120 万元。2013 年 3 月收回上年核销的坏账 20 000 元，当年 12 月 31 日应收账款余额 100 万元。万达公司有关账务处理如下。

（1）2011 年 12 月 31 日首次计提坏账准备，应提坏账准备金额=1 000 000 × 10%=100 000 元，编制如下会计分录。

借：资产减值损失——计提的坏账准备　　100 000
　　贷：坏账准备　　100 000

（2）2012 年 6 月份确认坏账损失，编制如下会计分录。

借：坏账准备　　30 000
　　贷：应收账款　　30 000

（3）2012 年 12 月 31 日再次计提坏账准备，编制如下会计分录。

2012 年年末“坏账准备”账户贷方余额=1 200 000 × 10%=120 000（元）

2012 年年末调整前“坏账准备”账户贷方余额为 70 000 元（即 100 000 – 30 000）

2012 年年末应计提的坏账准备金额=50 000 元（即 120 000 – 70 000）

编制如下会计分录。

借：资产减值损失——计提的坏账准备　　50 000
　　贷：坏账准备　　50 000

（4）2013 年 3 月收回已核销的坏账，将已核销的坏账转回“应收账款”账户，编制如下会计分录。

借：应收账款　　20 000
　　贷：坏账准备　　20 000

做正常应收账款收回处理，编制如下会计分录。

借：银行存款　　20 000
　　贷：应收账款　　20 000

提示

也可直接计入银行存款，编制如下会计分录。

借：银行存款　　20 000
　　贷：坏账准备　　20 000

（5）2013 年 12 月 31 日计提坏账准备。

2013 年年末“坏账准备”账户贷方余额=1 000 000 × 10%=100 000（元）

2013年年末调整前“坏账准备”账户贷方余额为140000元（120000+20000）

2013年年末应计提的坏账准备金额=-40000元（100000－140000）

编制如下会计分录。

借：坏账准备　40000

　　贷：资产减值损失　40000

任务实施

任务资料和任务目标见本任务的“任务导入”，具体任务分析如下（以下金额单位为万元）。

（1）甲企业12月份相关业务会计分录如下。

① 5日，销售货物确认收入和应收货款。

借：应收账款　1053

　　贷：主营业务收入　900

　　应交税费——应交增值税（销项税额）　153

② 9日，确认坏账损失。

借：坏账准备　40

　　贷：应收账款　40

③ 11日，收回销货款。

借：银行存款　500

　　贷：应收账款　500

④ 21日，收回已转销的坏账。

借：应收账款　10

　　贷：坏账准备　10

借：银行存款　10

　　贷：应收账款　10

⑤ 30日，销售货物确认收入与应收货款。

借：应收账款　117

　　贷：主营业务收入　100

　　　　应交税费——应交增值税（销项税额）　17

（2）2012年12月31日计提坏账准备。

2012年年末“坏账准备”账户贷方余额=（500+1053–40–500+10–10+117）×5%=56.5（万元）

2012年年末未调整的“坏账准备”账户贷方余额=25–40+10=–5（万元）

2012年年末应计提的坏账准备金额=56.5-（–5）=61.5（万元）

编制如下会计分录。

借：资产减值损失　61.5

　　贷：坏账准备　61.5

任务二 应付及预收款项核算

学习目标

知识目标：掌握应付及预收款项的内容，及应付账款、应付票据、预收账款和其他应付款的含义、确认与计量、账户设置及典型业务核算；掌握应付职工薪酬的内含、账户设置及典型业务核算。

技能目标：能根据应付账款、应付票据、预收账款及其他应付款等业务的原始凭证正确编制记账凭证，并根据记账凭证登记相关业务的明细账和总账；能编制“工资结算单”和“工资结算汇总表”，并对应付职工薪酬相关业务编制记账凭证。

任务导入

任务资料：甲企业为增值税一般纳税人，原材料按实际成本计价核算。2013 年 12 月份发生如下业务。

3 日，从光明工厂购入原材料一批，取得的增值税专用发票注明价款 20000 元、增值税税额 3400 元；对方代垫运输费及增值税 2220 元，材料已验收入库。开出期限 3 个月的银行承兑汇票一张，并以银行存款支付承兑手续费 12.7 元。

5 日，从曙光工厂购入原材料一批，取得的增值税专用发票注明价款 30000 元、增值税税额 5100 元，付款条件为“2/10，1/20，n/30”（不考虑增值税）,材料已验收入库，货款尚未支付。

8 日，开出转账支票，退回出租包装物押金 3000 元。

9 日，按合同规定向三星公司预收货款 28000 元，款项存入银行。

14 日，开出转账支票支付曙光工厂材料款。

20 日，4 个月前签发并承兑的不带息商业承兑汇票到期，企业无力付款予以结转，票面价款 36000 元。

26 日，向三星公司发出商品，开具增值税专用发票，注明价款 25000 元、增值税税额 4250 元。

28 日，收到三星公司开来的转账支票一张补付 26 日结算余款。

30 日，结转本月厂部租入房屋应付租金 5000 元。

任务目标：根据上述资料编制甲企业上述业务的相关会计分录。

知识准备

政策依据：《企业会计准则第 22 号——金融工具确认与计量》及其应用指南、《中华人民共和国增值税暂行条例》及《企业会计准则第 9 号——职工薪酬》等。

一、应付账款核算

1．应付账款的含义、确认与计量

应付账款是指企业因购买材料、商品和接受劳务供应等暂时未能付款而发生的债务。应付账

款应在企业取得所购货物所有权或接受劳务供应时确认。应付账款通常是在购销活动中由于取得物资与支付货款时间不一致造成的，而企业通常会在较短时期内支付款项，因此，应付账款通常按发票记载的应付金额入账，并不需要考虑货币时间价值。

存在折扣情况下，应付账款入账金额如何确定？

2．账户设置

为总括地核算和监督企业应付账款的发生、偿还、转销等情况，企业应设置“应付账款”账户。该账户属负债类账户，贷方登记企业购买材料、商品和接受劳务等而发生的应付未付款项，以及因无力支付到期商业承兑汇票而转入的应付票据款；借方登记已偿还的应付账款，或已开出、承兑商业汇票抵付的应付账款，以及冲销无法支付的应付账款；期末贷方余额，反映企业尚未支付的应付账款。该账户应按供应单位开设明细账核算。

3．应付账款典型业务核算

（1）应付账款的发生。

① 企业购入材料、商品而形成的应付未付款。

【例 2-2-1】 3 月 1 日，宏业公司从 A 公司购入一批材料，取得的增值税专用发票注明价款 1 000 000 元、增值税税额 170 000 元。材料已验收入库（材料按实际成本计价法核算），款项尚未支付。宏业公司编制如下会计分录。

借：原材料　　1 000 000
　　应交税费——应交增值税（进项税额）　　170 000
　　贷：应付账款——A 公司　　1 170 000

企业购入材料或商品，在单到货未到或货到单未到情况下，该做怎样的账务处理？

② 企业接受供应单位提供劳务而形成的应付未付款。

【例 2-2-2】 3 月 31 日，宏业公司根据有关资料结算本月应付电费 48 000 元，其中，生产车间电费 36 000 元，行政管理部门电费 12 000 元。宏业公司编制如下会计分录。

借：制造费用　　36 000
　　管理费用　　12 000
　　贷：应付账款——× × 电力公司　　48 000

（2）应付账款的偿还。

【例 2-2-3】 承【例 2-2-2】，4 月 6 日，宏业公司收到供电部门开具的增值税专用发票支付 3 月份应付电费 48 000 元，增值税税额 8 160 元。编制如下会计分录。

借：应付账款——× × 电力公司　　48 000
　　应交税费——应交增值税（进项税额）　　8 160

贷：银行存款 56160

（3）应付账款转销。企业对因债权人撤销等原因而产生确实无法支付的应付账款，应将其账面余额转入“营业外收入”账户。

【例 2-2-4】3 月 31 日，宏业公司确定一笔应付甲企业的款项 6000 元无法支付，经批准予以转销，编制如下会计分录。

借：应付账款——甲企业 6000

贷：营业外收入——其他 6000

二、应付票据核算

1. 应付票据的含义、确认与计量

应付票据是企业签发并承兑商业汇票而形成的债务。应付票据应在开出并承兑商业汇票时入账。应付票据的入账价值视商业汇票是否带息而定。不带息商业汇票，应按票据面值入账；带息商业汇票，企业开出并承兑商业汇票时应按面值入账，期末计算应付利息也计入应付票据。

2. 账户设置

为核算企业开出并承兑的商业汇票据的发生、偿付及结余信息，企业应设置“应付票据”账户。该账户属负债类账户，贷方登记企业签发、承兑的商业汇票的面值和带息票据计提的利息；借方登记企业到期支付的票款或转出金额；期末贷方余额，表示企业尚未到期的应付票据本息合计。该账户应按债权人进行明细核算，同时，企业应当设置“应付票据备查簿”，详细登记商业汇票的种类、号数和出票日期、到期日、票面金额、交易合同号和收款人姓名、单位名称，以及付款日期和金额等资料。

3. 应付票据典型业务核算

（1）向银行申请承兑，支付承兑手续费。

【例 2-2-5】3 月 6 日，宏业公司为购货向开户银行申请开具一张面值 585000 元、期限 4 个月的不带息银行承兑汇票，支付承兑手续费 292.5 元。宏业公司编制如下会计分录。

借：财务费用 292.5

贷：银行存款 292.5

（2）持票购货或抵付应付账款。

【例 2-2-6】3 月 8 日，宏业公司用上述商业汇票采购材料一批，货到验收入库。取得销货方开具的增值税专用发票，注明价款 500000 元、增值税税额 85000 元。宏业公司编制如下会计分录。

借：原材料 500000

应交税费——应交增值税（进项税额） 85000

贷：应付票据 585000

若以商业汇票抵付应付账款，应做怎样的账务处理？

（3）票据到期，如期支付票据本息。

【例 2-2-7】承【例 2-2-5】，7 月 6 日，宏业公司于 3 月 6 日开出的商业汇票到期支付票款。宏业公司编制如下会计分录。

借：应付票据　　585 000

　　贷：银行存款　　585 000

提示

若为带息票据，会计期末（通常为年末）应计提利息，编制如下会计分录。

借：财务费用

　　贷：应付票据（利息）

（4）票据到期，企业无力支付票据本息款。

【例 2-2-8】承【例 2-2-5】，上述银行承兑汇票到期，宏业公司无力支付票款。宏业公司编制如下会计分录。

借：应付票据　　585 000

　　贷：短期借款　　585 000

提示

若【例 2-2-5】开出的是商业承兑汇票，宏业公司到期无力付款，应编制如下会计分录。

借：应付票据

　　贷：应付账款

三、预收账款及其他应付款核算

1. 预收账款核算

（1）预收账款核算账户设置。预收账款是指企业按照合同规定向购货单位预收的款项。这项负债与应付账款的区别是需要用以后的商品、劳务等偿付。

企业为核算与监督预收账款的取得、偿付等情况应设置“预收账款”账户。“预收账款”属负债类账户，贷方登记企业收到购货方预付和补付的货款；借方登记企业实际发出产品的价税款及退回的余款；期末余额在贷方，反映企业向购货单位预收的款项；期末余额在借方，反映企业应由购货单位补付的款项。本账户应按购货单位进行明细核算。

提示

预收款项不多的企业，可以不设“预收账款”账户，而将预收款直接通过“应收账款”账户核算，但编制会计报表时，仍应将“预收账款”账户的金额和“应收账款”账户的金额分开列示。

（2）预收账款典型业务核算。

【例 2-2-9】3 月 6 日，宏业公司与甲企业签订一份订货合同，合同约定货款金额共计 1 000 000 元（不含增值税），完成期限预计 6 个月，甲企业应在合同签订一周内向宏业公司预付货款 600 000 元，剩余货款在交货后一次付清。假设货物适用增值税税率为 17%。宏业公司的有关账务处理如下。

① 收到甲企业交来的预付款时，编制如下会计分录。

借：银行存款　　600 000

　　贷：预收账款——甲企业　　600 000

② 产品完工并按合同规定发货后，编制如下会计分录。

借：预收账款——甲企业　　1 170 000

　　贷：主营业务收入　　1 000 000

　　　　应交税费——应交增值税（销项税额）　　170 000

③ 收到甲企业补付的货款时，编制如下会计分录。

借：银行存款　　570 000

　　贷：预收账款——甲企业　　570 000

想一想　假若宏业公司只能向甲企业提供价值 400 000 元的货物，则应退给甲企业货款 132 000 元，宏业公司该做怎样的账务处理？

2．其他应付款核算

（1）其他应付款核算账户设置。其他应付款是指与企业购销业务没有直接关系的一切暂收、应付款项，包括应付租入包装物租金、存入保证金等。

企业为核算和监督其他应付款的增减变动及其结存情况应设置“其他应付款”账户。该账户属负债类账户，贷方登记企业发生的各种应付、暂收款项；借方登记企业实际偿还或转销的各种应付、暂收款项；期末贷方余额，反映企业应付未付的其他应付款项。本账户应按其他应付款的项目和对方单位（或个人）进行明细核算。

（2）其他应付款典型业务核算。

【例 2-2-10】从 2013 年 1 月 1 日起，宏业公司以经营租赁方式租入管理用办公设备一批，每月租金 50 000 元，每季末支付。宏业公司有关账务处理如下。

① 1 月 31 日计提应付经营租入固定资产租金，编制如下会计分录。

借：管理费用　　50 000

　　贷：其他应付款——应付××租金　　50 000

2 月底做与上相同的会计分录。

② 3 月 31 日以银行存款支付本季度租金，编制如下会计分录。

借：其他应付款——应付××租金　　100 000

　　管理费用　　50 000

　　贷：银行存款　　150 000

四、应付职工薪酬核算

1．职工薪酬的核算内容

职工薪酬是指企业为获得职工提供的服务而给予各种形式的报酬以及其他支出。根据《企业会计准则》规定，职工薪酬的核算内容包括以下项目。

（1）职工工资、奖金、津贴和补贴。工资总额包括计时工资、计件工资、奖金、津贴和补贴、加班加点工资、特殊情况下支付的工资六个部分。其中，计时工资与计件工资属于基本工资，其他部分为辅助工资。

（2）职工福利费，如困难职工生活补助费、职工医务室等集体福利机构人员的工资等。

（3）社会保险费，包括医疗保险费、养老保险费、失业保险费、工伤保险费和生育保险费等。

（4）住房公积金。

（5）工会经费和职工教育经费。

（6）非货币性福利，包括企业作为福利发给职工的货物、向职工提供无偿使用自己拥有的资产（如提供给企业高级管理人员的汽车、住房等）、为职工无偿提供的医疗保健服务等。

（7）因解除与职工的劳动关系给予的补偿，又称辞退福利。

（8）其他职工薪酬。

2．职工薪酬的确认

企业应当在职工为其提供服务的会计期间，将应付的职工薪酬确认为负债，除因解除与职工的劳动关系给予的补偿外，应当根据职工提供服务的受益对象，分别下列情况计入相关资产成本或当期损益，具体方法如下。

（1）应由生产产品、提供劳务负担的职工薪酬，计入产品成本或劳务成本。

（2）应由在建工程、无形资产开发成本负担的职工薪酬，计入建造固定资产或无形资产成本。

（3）上述两项之外的其他职工薪酬，计入当期损益。

3．职工薪酬的计量

（1）货币性职工薪酬计量。国家规定了计提基础和比例的，应按国家规定的标准计提。在职工薪酬的上述核算内容中，职工福利费、社会保险费、住房公积金、工会经费和职工教育经费，应当在职工为其提供服务的会计期间，根据工资总额的一定比例计提。其中，职工福利费、工会经费和职工教育经费的计提比例分别为工资总额的 14%、2%和 2.5%。国家没有规定计提基础和比例的，企业应根据历史经验数据和实际情况，合理预计当期应付职工薪酬。

（2）非货币性职工薪酬计量。企业以其自产产品作为非货币性福利发放给职工的，应当按该产品的公允价值计量确认应付职工薪酬，并计入相关资产成本或当期费用。

4．账户设置

企业为了核算职工薪酬的提取、结算、使用等信息，应设置“应付职工薪酬”账户。该账户属负债类账户。其贷方登记分配计入有关成本费用项目的职工薪酬的数额；借方登记实际发放职工薪酬的数额；期末贷方余额，反映企业应付未付的职工薪酬。本账户应按“工资”、“职工福利”、“社会保险费”、“住房公积金”、“工会经费”、“职工教育经费”、“非货币性福利”、“辞退福利”等项目进行明细核算。

5．职工薪酬典型业务核算

（1）职工工资结算与分配的核算。

① 月末分配工资费用。企业在每月份终了，应编制“工资结算单”（见表 2–2–1）或“工资结算汇总表”（见表 2–2–2），并根据受益对象进行工资费用分配处理。

【例 2–2–11】宏业公司 2013 年 3 月份 “工资结算单”及“工资结算汇总表”资料如下。

表 2-2-1

工资结算单

2013 年 3 月

单位：元

序号	姓名	计时工资	计件工资	奖金津贴补贴	缺勤扣款	应付工资	代扣款项						实发工资
							养老保险	医疗保险	失业保险	住房公积金	个人所得税	小计	
1	王平	1 700		1 285		2 985	238.8	59.7	29.85	358.2		686.55	2 298.45
2	李寰	1 200		1 210		2 410	192.8	48.2	24.1	289.2		554.3	1 855.7
3	洪海		1 900	1 290		3 190	255.2	63.8	31.9	382.8		733.7	2 456.3
略													
合计		77 518	19 207	42 775		139 500	11 160	2 790	1 395	16 740		32 085	107 415

表 2-2-2

工资结算汇总表

2013 年 3 月

单位：元

车间及部门		计时工资	计件工资	奖金津贴补贴	缺勤扣款	应付工资	代扣款项						实发工资
							养老保险	医疗保险	失业保险	住房公积金	个人所得税	小计	
基本生产车间	A 产品	12 510	8 503	10 538		31 551	2 524.08	631.02	315.51	3 786.12		7 256.73	24 294.27
	B 产品	15 603	10 704	13 548		39 855	3 188.4	797.1	398.55	4 782.6		9 166.65	30 688.35
车间管理人员		13 085		5 280		18 365	1 469.2	367.3	183.65	2 203.8		4 223.95	14 141.05
行政管理人员		22 600		7 388		29 988	2 399.04	599.76	299.88	3 598.56		6 897.24	23 090.76
销售部门人员		13 720		6 021		19 741	1 579.28	394.82	197.41	2 368.92		4 540.43	15 200.57
合　计		77 518	19 207	42 775		139 500	11 160	2 790	1 395	16 740		32 085	107 415

根据上述资料编制如下会计分录。

借：生产成本——基本生产成本——A 产品　　31 551

——B 产品　　39 855

制造费用　　18 365

管理费用　　29 988

销售费用　　19 741

贷：应付职工薪酬——工资　　139 500

② 发放工资。传统的工资发放要经过提取现金、发放工资、结转代扣款三个步骤。随着银行代发工资业务的开展，企业也可将职工的实发工资款通过银行直接打入职工个人的储蓄卡。

【例 2-2-12】宏业公司 2013 年 4 月初根据“工资结算单”发放 3 月份工资，并结转代扣款项，编制如下会计分录。

借：应付职工薪酬——工资　　139 500

贷：银行存款　　107 415

其他应付款——养老保险费　　11 160

——医疗保险费　　2 790

——失业保险费　　1 395

——住房公积金　　16 740

（2）其他职工薪酬的核算。

① 工会经费、职工教育经费、社会保险费、住房公积金等的计提与使用的核算。

【例 2-2-13】宏业公司 2013 年 3 月份，分别按工资总额的 2%和 2.5%计提工会经费和职工教育经费。

应计入 A 产品生产成本的金额=31 551×（2%+2.5%）=1 419.80（元）

应计入 B 产品生产成本的金额=39 855×（2%+2.5%）=1 793.48（元）

应计入制造费用的金额=18 365×（2%+2.5%）=826.43（元）

应计入管理费用的金额=29 988×（2%+2.5%）=1 349.46（元）

应计入销售费用的金额=19 741×（2%+2.5%）=888.35（元）

编制如下会计分录。

借：生产成本——基本生产成本——A 产品　　1 419.80

——B 产品　　1 793.48

制造费用　　826.43

管理费用　　1 349.46

销售费用　　888.35

贷：应付职工薪酬——工会经费　　2 790

——职工教育经费　　3 487.5

根据表 3-2-2 资料编制宏业公司计提社会保险费和住房公积的会计分录。

【例 2-2-14】宏业公司下月初拨付工会经费时，编制如下会计分录。

借：应付职工薪酬——工会经费　　2 790

　　贷：银行存款　　2 790

编制宏业公司支付社会保险费和住房公积金时的会计分录。

② 以自产产品作为福利。

【例 2-2-15】2013 年 3 月份，宏业公司以其自产的豆浆机作为“三八”节礼物发给全公司女工。每台生产成本 120 元，市场售价 200 元（不含税）。享受福利女工人数 108 名，其中 92 名为直接参加生产的职工，16 名为总部管理人员。宏业公司根据发放清单，按照受益对象分配相关费用。

应确认的应付职工薪酬=108×200×（1+17%）=25 272（元）

计入生产成本的金额=92×200×（1+17%）=21 528（元）

计入管理费用的金额=16×200×（1+17%）=3 744（元）

编制如下会计分录。

借：生产成本　　21 528

　　管理费用　　3 744

　　贷：应付职工薪酬——非货币性福利　　25 272

【例 2-2-16】承【例 2-2-15】，宏业公司以自产产品发放福利，应视同销售计算增值税销项税额，编制如下会计分录。

借：应付职工薪酬——非货币性福利　　25 272

　　贷：主营业务收入　　21 600

　　　　应交税费——应交增值税（销项税额）　　3 672

借：主营业务成本　　12 960

　　贷：库存商品　　12 960

③ 以企业拥有或租赁的固定资产等免费提供给职工使用。

【例 2-2-17】宏业公司给副总裁以上高级管理人员每人提供面积 200 平方米公寓一套，每套月租金 8 000 元，租金由公司承担。副总裁以上高级管理人员 5 名。宏业公司相关账务处理如下。

租赁住房供职工使用的非货币性福利=5×8 000=40 000（元）

每月支付租赁房屋租金时，编制如下会计分录。

借：管理费用　　40 000

　　贷：应付职工薪酬——非货币性福利　　40 000

借：应付职工薪酬——非货币性福利　　40 000

　　贷：银行存款　　40 000

本题为租入房屋，不需计提折旧。

【例 2-2-18】承【例 2-2-17】，若提供的为公司自有房屋，每套住房月折旧额为 5 000 元。宏业公司根据受益对象分配相关费用时，编制如下会计分录。

借：管理费用　　25 000
　　贷：应付职工薪酬——非货币性福利　　25 000

每月计提折旧时，编制如下会计分录。

借：应付职工薪酬——非货币性福利　　25 000
　　贷：累计折旧　　25 000

任务实施

任务资料和任务目标见本任务的“任务导入”，编制会计分录如下。

（1）借：原材料　　22 000
　　　　应交税费——应交增值税（进项税额）　　36 200
　　　　贷：应付票据——光明工厂　　25 620
　　借：财务费用　　12.7
　　　　贷：银行存款　　12.7

注：本题为取得交通运输业增值税专用发票。

（2）借：原材料　　30 000
　　　　应交税费——应交增值税（进项税额）　　5 100
　　　　贷：应付账款——曙光工厂　　35 100

（3）借：其他应付款　　3 000
　　　　　贷：银行存款　　3 000

（4）借：银行存款　　28 000
　　　　贷：预收账款——三星公司　　28 000

（5）借：应付账款——曙光工厂　　35 100
　　　　贷：银行存款　　34 500
　　　　　　财务费用　　600

（6）借：应付票据　　36 000
　　　　贷：应付账款　　36 000

（7）借：预收账款——三星公司　　29 250
　　　　贷：主营业务收入　　25 000
　　　　　　应交税费——应交增值税（销项税额）　　4 250

（8）借：银行存款　　1 250
　　　　贷：预收账款——三星公司　　1 250

（9）借：管理费用　　5 000
　　　　贷：其他应付款　　5 000

任务三 应交税费核算

学习目标

知识目标：了解增值税、消费税、营业税的征税范围及税额计算等税法知识；掌握一般纳税人和小规模纳税人应交增值税的核算方法；掌握消费税、营业税应纳税额核算方法；了解其他应交税费核算的内容和方法。

技能目标：能根据增值税、消费税、营业税、印花税等业务的原始凭证正确编制记账凭证，并根据记账凭证登记相关业务的明细账和总账。

任务导入

任务资料：甲公司为增值税一般纳税人，适用的增值税税率为17%，原材料采用实际成本法日常核算。2013年6月份发生如下涉及增值税的经济业务或事项。

（1）购入无需安装的生产经营用设备一台，增值税专用发票上注明价款400000元、增值税税额68000元，货款尚未支付。

（2）建造办公楼领用生产用原材料50000元，应由该批原材料负担增值税税额8500元。

（3）销售商品一批，不含税销售价100万元，增值税税率17%，开具增值税专用发票，提货单和增值税专用发票已交购货方，并收到购货方开出并承兑的商业承兑汇票。该批商品的实际成本是800000元。

（4）由于管理不善被盗原材料一批，价值20000元，应由该批原材料负担增值税税额3400万元，尚未经批准处理。

（5）用银行存款150000元缴纳当期应交增值税。

任务目标：根据上述资料编制甲公司上述业务的会计分录。

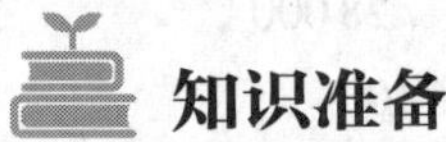

知识准备

政策依据：《中华人民共和国增值税暂行条例》、《中华人民共和国消费税暂行条例》、《中华人民共和国营业税暂行条例》及会计账户设置相关规定。

一、应交税费核算内容

我国现行已开征的具体税种有增值税、消费税、营业税、关税、企业所得税、个人所得税、资源税、房产税、城镇土地使用税、土地增值税、车辆购置税、车船税、印花税、城市维护建设税、耕地占用税、契税和烟叶税等。各税种纳税人、征税范围、税额计算等内容，将在后续“税务会计”中给予详细的讲述，本节选取企业常见的税种进行学习。

二、应交税费核算账户设置

企业的各种税费支出，在应付未付的情况下形成企业的一项负债，同时该支出也将成为企业的一项费用或资产的成本。 因此，有关税费的核算应设置两类账户。

（1）负债类账户。企业为了总括反映各种税费计提与缴纳信息应设置“应交税费”账户。该账户属负债类账户。贷方登记计提的应交未交的税费金额；借方登记实际已交纳的税费金额；期末余额一般在贷方，反映企业尚未交纳的税费金额；期末余额如在借方，反映企业多交或尚未抵扣的税费金额。本账户应按各具体税费进行明细核算。

提示

印花税、耕地占用税、车辆购置税、契税不需通过“应交税费”账户核算。

（2）费用类或资产类账户。通常情况下，在销售过程中产生的消费税、营业税、资源税、土地增值税、城市维护建设税等支出，一般应在“营业税金及附加”账户核算；房产税、印花税、车船税、城镇土地使用税等在生产经营过程中发生的费用性税金，应在“管理费用”账户核算；车辆购置税、契税、耕地占用税等在投资活动中发生的资本性税金，应计入资产价值；企业所得税在“所得税费用”账户核算；增值税会计上直接计入“应交税费”账户的不同专栏，一般不影响损益。

提示

《小企业会计准则》规定，房产税、印花税、车船税、城镇土地使用税支出在“营业税金及附加”账户核算。

三、典型税种业务的核算

1．增值税核算

（1）增值税含义。增值税是以商品（含应税劳务）在流转过程中产生的增值额为计税依据而征收的一种流转税。凡在我国境内销售货物或提供加工、修理修配劳务以及进口货物的单位和个人均为增值税纳税人。自 2013 年 8 月 1 日起，在全国范围内推行“营改增”试点，对交通运输业和部分现代服务业由营业税改征增值税。按经营规模及会计核算水平两个标准，增值税纳税人可分为一般纳税人和小规模纳税人两类。

（2）应交增值税确认。纳税人应交增值税应在增值税纳税义务发生时确认，具体规定如表 2–3–1 所示。

表 2–3–1　　应交增值税确认时间

经济业务种类及结算方式		增值税确认时间
销售货物或提供劳务	直接收款	收到销货款或取得索取销货款凭据当天
	托收承付与委托收款	发出货物并办妥托收手续当天
	赊销和分期收款销售	书面合同约定收款日期当天；无书面合同或书面合同未约定收款日期的，为货物发出当天

续表

经济业务种类及结算方式		增值税确认时间
	预收货款	货物发出当天
	委托代销	收到代销清单或收到全部或部分货款的当天；未收到代销清单及货款的，为发出代销货物满 180 天的当天
	视同销售	货物移送的当天
	提供应税劳务	提供劳务同时收讫销售款或取得索取销售款凭据的当天
进口货物	—	报关进口的当天

（3）应交增值税计量根据我国现行税法规定，应交增值税的计量与纳税人身份密切相关。

① 一般纳税人应交增值税计量方法。

一般纳税人应交增值税采用税款抵扣的办法计量，其计算公式为

$$当期应交增值税=当期销项税额-当期允许抵扣的进项税额$$

其中，

$$销项税额=不含税销售额\times税率$$

② 小规模纳税人应交增值税计量方法。

小规模纳税应交增值税采用简易征收办法计量，其计算公式为

$$应交增值税=不含税销售额\times征收率$$

（4）应交增值税明细账户及专栏设置。应交增值税核算账户设置因纳税人身份不同而有差异。一般纳税人增值税核算应在“应交税费”账户下设置“应交增值税”二级账户进行明细核算。同时还应在“应交增值税”二级账户下设置“进项税额”、“已交税金”、“出口抵减内销产品应纳税额”、“销项税稳”、“出口退税”、“进项税额转出”等专栏。“应交税费——应交增值税”明细账通常采用多栏式，其格式如表 2-3-2 所示。

表 2-3-2　“应交税费——应交增值税”明细账

年		凭证号数	摘要	借方				贷方				借或贷	余额
月	日			合计	进项税额	已交税金	出口抵减内销产品应纳税额	合计	销项税额	出口退税	进项税额转出		

提示

小规模纳税人增值税核算只需设置“应交增值税”明细账户，不需设置专栏。

（5）一般纳税人增值税典型业务核算。一般纳税人增值税核算典型业务主要包括销项税额、进项税额、进项税额转出、出口退税及增值税缴纳的核算。

本节以滨海市万丰公司 2013 年 3 月发生的与增值税相关的业务为例，见【例 2-3-1】到【例 2-3-26】，学习一般纳税人增值税典型业务核算。

【万丰公司基本资料】万丰公司为增值税一般纳税人，执行《企业会计准则》，原材料采用实

际成本计价，包装物采用计划成本计价。增值税按月缴纳，所有货物增值税适用税率均为 17%。2013 年 2 月份增值税留抵税额为 3 576 元，3 月份具体业务资料分别在例题中给出。

① 销项税额核算。

- 不同货款结算方式下销项税额的核算。

A. 直接收款。

【例 2-3-1】3 日，销售给华丰公司自产 A 产品 300 件，开具增值税专用发票注明价款 180 000 元、增值税税额 30 600 元，款项收到转账支票。编制如下会计分录。

借：银行存款　　210 600
　　贷：主营业务收入　　180 000
　　　　应交税费——应交增值税（销项税额）　　30 600

B. 委托收款和托收承付。

【例 2-3-2】5 日，销售给外地某工厂 B 产品一批，开具增值税专用发票注明价款 77 000 元、增值税税额 13 090 元。合同约定运费由购货方负担，万丰公司开出支票代垫运费 1 998 元，运输部门将运输发票开具给购货方。上述款项已向银行办妥委托收款手续。编制如下会计分录。

借：应收账款　　92 088
　　贷：主营业务收入　　77 000
　　　　应交税费——应交增值税（销项税额）　　13 090
　　　　银行存款　　1 998

C. 赊销和分期收款销售。

【例 2-3-3】16 日，采用分期收款方式向某企业销售 A 商品一批，该批商品生产成本为 350 000 元，不含税售价 500 000 元。合同约定货款分 4 个月等额支付，当天收到首笔货款，并向购货方开具增值税专用发票，注明价款 125 000 元、增值税 21 250 元，余款分别在以后每月的 16 日结算。暂不考虑货币时间价值因素的影响。发出货物时，确认收入，编制如下会计分录。

借：应收账款　　500 000
　　贷：主营业务收入　　500 000

收取首笔货款时，根据增值税专用发票记账联和银行进账单，编制如下会计分录。

借：银行存款　　146 250
　　贷：应收账款　　125 000
　　　　应交税费——应交增值税（销项税额）　　21 250

如果是具有融资性质的分期收款销售商品，应按应收合同或协议价款确认长期应收款，按协议或合同价款的公允价值或现值确认营业收入，差额部分确认未实现融资收益。

D. 预收货款。

【例 2-3-4】6 日，销售给新华公司 C 产品一批，开具增值税专用发票，注明价款 70 000 元、增值税 11 900 元。（已知上月已预收货款 60 000 元）。当月企业发出商品时，根据开具的增值税专用发票记账联，编制如下会计分录。

借：预收账款——新华公司　　81 900
　　贷：主营业务收入　　70 000
　　　　应交税费——应交增值税（销项税额）　　11 900

● 委托代销与受托代销。

【例 2-3-5】7 日，上月委托罗马购物中心代为销售 A 产品，代销合同约定不含税单价 600 元，代销手续费按不含税售价的 8%支付。该批产品共 800 件，每件成本 500 元，现已全部售出，收到代销清单和手续费结算凭证。

收到代销清单时开具增值税专用发票，计算应付手续费 = 480 000 × 8%=38 400（元）。

根据增值税专用发票记账联、代销清单及支付手续费凭证编制如下会计分录。

借：应收账款——罗马购物中心　　523 200
　　销售费用——代销手续费　　38 400
　　贷：主营业务收入　　480 000
　　　　应交税费——应交增值税（销项税额）　　81 600

【例 2-3-6】承【例 2-3-5】，罗马购物中心实现对外销售时，根据开具发票及进账单，编制如下会计分录。

借：银行存款　　561 600
　　贷：应付账款——万丰公司　　480 000
　　　　应交税费——应交增值税（销项税额）　　81 600

向委托方开具代销清单，收到增值税专用发票，编制如下会计分录。

借：应交税费——应交增值税（进项税额）　　81 600
　　贷：应付账款——万丰公司　　81 600

> **想一想** 请你补充罗马购物中心收到委托代销货物、销售代销货物注销代销商品款和受托代销商品、计算代销手续费并与委托方结算货款的相关分录。罗马购物中心收到的手续费应交纳增值税还是营业税?

【例 2-3-7】如果【例 2-3-5】以视同买断方式代销，代销合同规定，万丰公司与罗马购物中心交接价为不含税价格每件 550 元，商场可根据实际情况自行确定 A 产品售价，但不再向万丰公司收取任何手续费。罗马购物中心现以每件不含税价 600 元实现对外销售 100 件。假设购物中心按进价金额核算。销售受托代销商品，确认销售收入时，编制如下会计分录。

借：银行存款　　70 200
　　贷：主营业务收入　　60 000
　　　　应交税费——应交增值税（销项税额）　　10 200

向委托方报送代销清单，收到增值税专用发票，编制如下会计分录。

借：受托代销商品款　　55 000
　　应交税费——应交增值税（进项税额）　　9 350
　　贷：银行存款　　64 350

● 常见增值税视同销售行为。

A. 将自产或委托加工货物用于非增值税应税项目。

【例 2-3-8】8 日，将自产 W 产品 1 台用于公司办公楼工程建设，W 产品生产成本为 60000 元，税务机关认定的计税价格为 80000 元，未开具发票。

销项税额=80000×17%=13600（元）

根据商品出库单，编制如下会计分录。

借：在建工程——办公楼建设工程　　73600
　　贷：库存商品　　60000
　　　　应交税费——应交增值税（销项税额）　　13600

提示

将自产货物用于本公司办公楼建设，属于资产内部转移，不确认销售收入。

B. 将自产或委托加工货物用于集体福利或个人消费。

【例 2-3-9】8 日，将一批自制的 B 产品作为福利分给本公司职工。该批产品的生产成本为 40000 元，不含税售价 50000 元。本单位共有职工 60 人。

销项税额=50000×17%=8500（元）

福利支出金额=50000＋8500=58500（元）

实际发放产品时，根据商品出库单，编制如下会计分录。

借：应付职工薪酬——非货币性福利　　58500
　　贷：主营业务收入　　50000
　　　　应交税费——应交增值税（销项税额）　　8500

结转成本分录（略）以下相同

提示

将自产货物用于职工个人福利，根据《企业会计准则》规定，应先确认销售收入，再结转销售成本。

C. 将自产、委托加工或购买的货物对外投资。

【例 2-3-10】10 日，将自制的 A 产品投资于丽人公司，占丽人公司注册资本 5%，并准备长期持有。投出产品生产成本为 80000 元，不含税售价 88000 元，开具增值税专用发票。

销项税额=88000×17%=14960（元）

对外移送产品时，根据投资合同，编制如下会计分录。

借：长期股权投资——丽人公司　　102960
　　贷：主营业务收入　　88000
　　　　应交税费——应交增值税（销项税额）　　14960

提示

将自产货物用于对外投资，资产所有权发生转移，应确认销售收入。

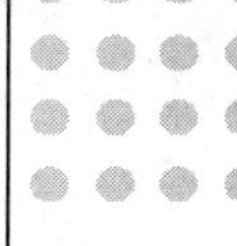

D. 将自产、委托加工或购买的货物分配给股东或投资者。

【例 2-3-11】11 日，将委托加工的 M 产品用于利润分配，M 产品生产成本为 11 000 元，无同类产品售价。

M 产品的组成计税价格 = 11 000 × (1 + 10%) = 12 100（元）

M 产品的销项税额 = 12 100 × 17% = 2 057（元）

在公司通过股利分配方案时，根据股利分配方案计算结果，编制如下会计分录。

借：应付股利　　14 157

　　贷：主营业务收入　　12 100

　　　　应交税费——应交增值税（销项税额）　　2 057

① 将自产货物分配给股东，资产所有权发生转移，应确认销售收入。②根据增值税法规规定，发生视同销售行为而无销售额的，税务机关有权按下列顺序确定其销售额：

按纳税人最近时期同类货物的平均销售价格确定；

按其他纳税人最近时期同类货物的平均销售价格确定；

按组成计税价格确定。组成计税价格的计算公式为：

组成计税价格=成本+利润+消费税=成本×（1+成本利润率）÷（1−消费税税率）

其中，成本利润率，除应征消费税货物应根据国家税务总局在《消费税若干问题的规定》中规定的成本利润率计算外，一律按 10%计算。

E. 将自产、委托加工或购买的货物无偿赠送他人。

【例 2-3-12】19 日，将新产品一批赠送给客户试用，该批产品生产成本为 2 000 元，无同类产品销售价格。

组成计税价格=2 000 ×（1+10%）=2 200（元）

销项税额 = 2 200 × 17% = 374（元）

根据产品出库单，编制如下会计分录。

借：营业外支出　　2 374

　　贷：库存商品　　2 000

　　　　应交税费——应交增值税（销项税额）　　374

将自产货物无偿赠送他人，无经济利益流入，不确认销售收入。

- 商业折扣和现金折扣销售。

【例 2-3-13】14 日，销售给某商店 A 产品 700 件，价目表中标明的单位售价为 600 元（不含税），因购买数量较大，公司同意给予九折优惠（折扣额与销售额在同一张发票上注明），同时约定给予“2/10，1/20，*n*/30”（以不含税价款为折扣基数）的折扣条件。

销项税额=700 × 600 × 90% × 17%=64 260（元）

根据发票和托收凭证，编制如下会计分录。

借：应收账款　　442 260
　　贷：主营业务收入　　378 000
　　　　应交税费——应交增值税（销项税额）　　64 260

提示　商业折扣，税法规定销货方只有在同一张发票上同时注明销售额和折扣额，才能按扣除折扣后的金额作为增值税计税依据；现金折扣，其实质是企业的一种融资行为，应视为一种理财费用，计算增值税时，一律不得扣除折扣额。

- 销货退回与折让。

【例 2-3-14】15 日，上月销售给某商店的 A 产品因与合同不符全部退回，已收到商店转来的发票联和抵扣联，货款为 50 000 元，增值税为 8 500 元。上月的销货款尚未收到，万丰公司开具了红字专用发票。根据开具的红字专用发票，编制如下会计分录。

借：应收账款——某商店　　58 500（红字）
　　贷：主营业务收入　　50 000（红字）
　　　　应交税费——应交增值税（销项税额）　　8 500（红字）

提示　销货退回或折让，不论是当月还是以前月份销货退回与折让，均应冲减发生退回或折让当月的主营业务收入，并在收到购货单位退回的增值税专用发票或寄来的“证明单”后作相应的账务处理。

- 以旧换新。

【例 2-3-15】某手机制造厂为了占领市场，以每部不含税价 1 000 元的价格出售自产手机。为扩大销售，厂商决定任何品牌的手机都可以用来以旧换新，旧手机的收购价每部 80 元，本月以旧换新销售手机 400 部。

销项税额 = 400 × 1 000 × 17% = 68 000（元）

借：银行存款　　436 000
　　原材料　　32 000
　　贷：主营业务收入　　400 000
　　　　应交税费——应交增值税（销项税额）　　68 000

提示　增值税法规规定，除金银首饰外的货物以旧换新业务，销售货物与有偿收购旧货物是两项不同的业务活动，销售额与收购额不能相互抵消，增值税应以新货物的同期售价为计税依据计算。

- 以物易物。

【例 2-3-16】甲公司以账面价值 8 000 元，公允价值 10 000 元的 A 材料，换入乙公司账面价值 12 000 元，公允价值 10 000 元的 B 材料，甲、乙两公司均未对存货计提跌价准备，增值税税率均为 17%。双方均开具了增值税专用发票。

甲公司会计分录如下。

借：原材料——B 材料　　10 000

　　应交税费——应交增值税（进项税额）　　1 700

　　贷：主营业务收入　　10 000

　　　　应交税费——应交增值税（销项税额）　　1 700

乙公司会计分录如下。

借：原材料——A 材料　　10 000

　　应交税费——应交增值税（进项税额）　　1 700

　　贷：主营业务收入　　10 000

　　　　应交税费——应交增值税（销项税额）　　1 700

提示　以物易物购销双方，应以各自发出的货物开具增值税专用发票核算销项税额，以各自收到的对方开来的专用发票核算进项税额。

② 进项税额核算。

● 国内采购货物。

【例 2-3-17】4 日，向盛达公司购进原材料一批，取得增值税专用发票注明价款 100 000 元、增值税税额 17 000 元。购进材料支付运输费 2 400 元，其中运费 1 950 元，建设基金 50 元，装卸费 400 元，取得非“营改增”试点地区交通运输部门开具的运输发票。材料验收入库，货款已付。

运费允许抵扣的进项税额 = (1 950 + 50) × 7% = 140（元）

材料采购成本 = 100 000 + 2 400 − 140 = 102 260（元）

根据专用发票和入库单，编制如下会计分录。

借：原材料　　102 260

　　应交税费——应交增值税（进项税额）　　17 140

　　贷：银行存款　　119 400

提示　纳税人购进货物或销售货物以及在生产经营过程中支付运输费，可按运输费用结算单上注明的运费和建设基金之和的 7%计算进项税额。

● 接受投资者投入货物。

【例 2-3-18】9 日，接受联营单位投入原材料一批，增值税专用发票注明价款 51 000 元、增值税税额 8 670 元，材料验收入库。假定均享受注册资本份额。

根据增值税专用发票、材料入库单等凭证，编制如下会计分录。

借：原材料　　51 000

　　应交税费——应交增值税（进项税额）　　8 670

　　贷：实收资本　　59 670

● 接受捐赠货物。

【例 2-3-19】17 日，接受某公司无偿捐赠原材料一批，增值税专用发票注明价款 60 000 元、增值税税额 10 200 元，材料已验收入库。

根据增值税专用发票和材料入库单，编制如下会计分录。

借：原材料　　60 000
　　应交税费——应交增值税（进项税额）　　10 200
　　贷：营业外收入——非货币性捐赠利得　　70 200

● 接受应税劳务。

【例 2-3-20】20 日，公司基本生产车间委托某修理厂修理设备，以银行存款支付修理费 2 000 元、增值税税额 340 元。

根据增值税专用发票及付款凭证，编制如下会计分录。

借：制造费用　　2 000
　　应交税费——应交增值税（进项税额）　　340
　　贷：银行存款　　2 340

● 购进免税农产品。

【例 2-3-21】21 日，向当地农民收购小麦，填开的经税务机关批准使用的收购凭证上注明的买价为 70 000 元，该批小麦已运抵企业并验收入库，货款以现金支付。

购进免税农产品允许抵扣的进项税额 = 70 000 × 13% = 9 100（元）

农产品采购成本=70 000 − 9 100=60 900（元）

根据农产品收购发票、入库单及付款凭证，编制如下会计分录。

借：原材料　　60 900
　　应交税费——应交增值税（进项税额）　　9 100
　　贷：库存现金　　70 000

提示　纳税人向农业生产者购进农产品，可按收购发票或销售发票上注明的农产品买价和 13%的扣除率计算进项税额。

● 进口货物。

【例 2-3-22】27 日，从国外进口一套生产设备，关税完税价格为 500 000 元，关税税率为 10%，设备已验收交付使用，款项以银行存款支付。

关税=500 000 × 10%=50 000（元）

增值税进项税额=（500 000 + 50 000）× 17%=93 500（元）

固定资产入账成本=500 000+50 000=550 000（元）

根据固定资产验收单、购货发票和海关完税凭证等，编制如下会计分录。

借：固定资产　　550 000
　　应交税费——应交增值税（进项税额）　　93 500
　　贷：银行存款　　643 500

提示

纳税人进口货物以组成计税价格为计税依据，公式为

组成计税价格=关税完税价格×（1+关税税率）÷（1-消费税税率）

应交增值税=组成计税价格×增值税税率

③ 进项税额转出核算。

购进货物发生的不得抵扣的增值税税额应计入购入货物成本，但如果购进货物或应税劳务的进项税额已申报抵扣，应将其已抵扣的增值税进项税额作转出处理，扣减发生期进项税额，具体包括以下内容。已作进项税额抵扣的购进货物或应税劳务事后改变用途用于非增值税应税项目、免税项目、集体福利或个人消费；已作进项税额抵扣的购进货物发生非正常损失，在产品或产成品发生非正常损失。

● 购进货物或应税劳务用于非增值税应税项目。

【例 2-3-23】24 日，因改扩建仓库需要，领用上月购入的生产用钢材一批。经查该批钢材进价成本为 200 000 元，进项税额为 34 000 元。根据领料单，编制如下会计分录。

借：在建工程　　234 000

　贷：原材料　　200 000

　　　应交税费——应交增值税（进项税额转出）　　34 000

提示

若企业购进货物时就能明确用于非增值税应税项目，应将发票上注明的增值税税额直接计入相关项目的成本。

● 购进货物或应税劳务用于集体福利或个人消费。

【例 2-3-24】某生产企业将一批库存外购生产用材料以福利形式平均发放给单位职工。该批材料购进时已取得增值税专用发票并申报抵扣，其实际成本为 30 000 元，增值税税率为 17%。

进项税额转出=30 000 × 17%=5 100（元）

列入福利支出金额=30 000+5 100=35 100（元）

实际发放时，编制如下会计分录。

借：应付职工薪酬——非货币性福利　　35 100

　贷：原材料　　30 000

　　　应交税费——应交增值税（进项税额转出）　　5 100

● 非正常损失购进货物。

非正常损失购进货物的增值税，包括购进货物发生非正常损失进项税额和非正常损失的在产品、产成品所耗用的购进货物或应税劳务进项税额。税法规定发生非正常损失货物的进项税额不得抵扣。

【例 2-3-25】25 日，购入原材料 1 000 千克，单位不含税价款 8 元，材料到达实际验收入库 900 千克。公司允许的定额内合理损耗率为 2%，其余为非正常损失。上述货款以银行存款支付。

不得抵扣进项税额 = (1 000 − 900 − 1 000 × 2%) × 8 × 17% = 108.8（元）

原材料采购成本 = (900 + 1 000 × 2%) × 8 = 7 360（元）

货物验收入库时，编制如下会计分录。

借：原材料　7 360

　　待处理财产损溢　748.8

　　贷：在途物资　8 000

　　　　应交税费——应交增值税（进项税额转出）　108.8

④ 增值税缴纳核算。

本教材仅对以 1 个月为纳税期限加以讲述。企业平时通过“应交税费——应交增值税”多栏式明细账核算增值税涉税业务，月末结出借、贷方发生额和期末余额。若月末该账户为借方余额，表示尚未抵扣的进项税额，应留在该账户的借方，留待下期抵扣；若为贷方余额，表示本月应交未交增值税，应在下月纳税申报期内缴纳增值税。

【例 2-3-26】31 日，万丰公司根据前述资料登记 3 月份“应交税费——应交增值税”明细账，如表 2-3-3 所示。

表 2-3-3　　应交税费——应交增值税

略	借方				贷方				借或贷	余额
	合计	进项税额	已交税金	出口抵减内销产品应纳税额	合计	销项税额	出口退税	进项税额转出		
	142 526	142 526			287 799.8	253 691		34 108.8	贷	145 273.8

万丰公司 4 月份缴纳 3 月份增值税时，编制如下会计分录。

借：应交税费——应交增值税（已交税金）　145 273.8

　　贷：银行存款　145 273.8

（6）小规模纳税人增值税典型业务核算。小规模纳税人企业，增值税采用简易征收办法计征，其不享有进项税额的抵扣权。因此，购进货物或接受应税劳务支付的增值税直接计入有关货物或劳务的成本。

① 购进货物。

【例 2-3-27】某小规模纳税人企业购入材料一批，取得的增值税专用发票中注明货款 10 000 元、增值税税额 1 700 元，款项以银行存款支付，材料已验收入库（该企业按实际成本计价核算）。

根据验收入库单和付款凭证，编制如下会计分录。

借：原材料　11 700

　　贷：银行存款　11 700

② 销售货物或提供劳务。

【例 2-3-28】某小规模纳税人企业销售产品一批，开具普通发票中注明的货款为 10 300 元，款项已存入银行。

不含税销售额= 10 300÷（1+3%）=10 000（元）

应纳增值税= 10 000×3%=300（元）

编制如下会计分录。

借：银行存款　10 300

　　贷：主营业务收入　10 000

应交税费——应交增值税　300

③ 缴纳增值税。

【例 2-3-29】 承【例 2-3-28】，该小规模纳税人企业月末以银行存款上交增值税 300 元，编制如下会计分录。

借：应交税费——应交增值税　300

　贷：银行存款　300

2．消费税核算

（1）消费税含义。消费税是国家对某些需要限制和调节的消费品征收的一种流转税。根据我国现行税法规定，应税消费品有 14 类，即烟、酒及酒精、化妆品、贵重首饰及珠宝玉石、鞭炮烟火、成品油、汽车轮胎、摩托车、小汽车、高尔夫球及球具、高档手表、游艇、木制一次性筷子和实木地板。凡在我国境内生产、委托加工和进口应税消费品的单位和个人，均应按规定计算缴纳消费税。

（2）消费税的确认。应交消费税应在消费税纳税义务发生时加以确认，它与结算方式和行为发生方式有关，具体规定如表 2-3-4 所示。

表 2-3-4　消费税纳税义务确认时间

行为方式	确　认　时　间
生产销售	赊销方式：合同规定的收款日期当天；合同没约定或无合同的，为发出货物当天
	预收货款方式：发出货物当天
	托收承付和委托收款方式：发出货物并办妥托收手续当天
	其他结算方式：收讫销货款或取得索取销货款凭证当天
自产自用	货物移送当天
委托加工	委托方提货当天
进　　口	报关进口当天

（3）应交消费税的计量。消费税的计量方式有从价计税、从量计税和复合计税三种方法。应纳消费税基本计算公式如下。

从价计税：　应纳税额=销售额×比例税率

从量计税：　应纳税额=销售量（进口数量、委托加工数量）×定额税率

复合计税：应纳税额=销售额×比例税率+销售量（进口数量、委托加工数量）×定额税率

（4）消费税核算账户设置。企业为核算应交消费税的发生、缴纳信息应在“应交税费”账户下设置“应交消费税”明细账户。该账户贷方登记应交纳的消费税金额，借方登记已交纳的消费税金额，期末贷方余额为尚未交纳的消费税金额，借方余额为多交纳的消费税金额。

（5）消费税典型业务核算。

① 自产销售应税消费品。消费税为价内税，生产企业自产销售应税消费品应缴纳的消费税是对销售收入的抵减，应记入“营业税金及附加”账户。

【例 2-3-30】 思美集团公司采取直接收款方式销售化妆品 3 000 套，开具增值税专用发票上注明货款 660 000 元、增值税税额 112 200 元，款项均已通过银行收讫。

消费税应纳税额 = 660 000 × 30% = 198 000（元）

编制如下会计分录。

借：营业税金及附加　　198 000

　　贷：应交税费——应交消费税　　198 000

【拓展思考】请编制收到货款实现销售收入的会计分录。

② 自产自用应税消费品。

● 会计上不确认收入的。企业将自产应税消费品用于连续生产非应税消费品、在建工程、管理部门，或将自产应税消费品用于捐赠、赞助、广告样品等时，由于其所有权不发生转移或业务不能产生可以准确计量的经济利益流入，会计上不确认收入，但税法规定应计征消费税。纳税人应于移送货物时，借记“生产成本”、“在建工程”、“固定资产”、“营业外支出”、“销售费用”等账户，贷记“应交税费——应交消费税”账户。

【例 2-3-31】思美集团公司将一辆小轿车捐赠给希望小学，该种型号的汽车不含税售价为90 000 元，单位成本为 70 000 元，消费税税率为 5%。

增值税销项税额 = 90 000 × 17% = 15 300（元）

消费税应纳税额 = 90 000 × 5% = 4 500（元）

根据货物出库单及计算增值税与消费税等自制原始凭证，编制如下会计分录。

借：营业外支出　　89 800

　　贷：库存商品　　70 000

　　　　应交税费——应交增值税（销项税额）　　15 300

　　　　　　　　——应交消费税　　4 500

● 会计上确认收入的。纳税人以自产应税消费品对外投资、用于职工福利、劳动保护、股利分红等，会计上应确认销售收入，税法按规定应计提消费税。纳税人应于移送货物时，借记“营业税金及附加”账户，贷记“应交税费——应交消费税”账户。

【例 2-3-32】思美集团公司将自产某型号化妆品（不含税售价为 5 000 元，单位成本为 3 000 元）作为福利发给本厂职工，消费税税率为 30%。

消费税应纳税额 = 5 000 × 30% = 1 500（元）

编制如下会计分录。

借：营业税金及附加　　1 500

　　贷：应交税费——应交消费税　　1 500

【拓展思考】请计算增值税销项税额，并编制会计分录。

③ 委托加工应税消费品。企业委托加工应税消费品应纳消费税应区分以下两种情况处理。

● 委托加工的应税消费品收回后直接用于销售的，不再缴纳消费税，委托方应将受托方代收代缴的消费税随同应支付的加工费一并计入委托加工应税消费品的成本，借记“委托加工物资”账户，贷记“应付账款”、“银行存款”等账户。

● 委托加工的应税消费品收回后用于连续生产应税消费品，受托方代收代缴的消费税准予抵扣，委托方应按受托方代收代缴的消费税，借记“应交税费——应交消费税” 账户；贷记“银行存款”等账户。连续生产的最终消费品销售时，按最终应税消费品应缴纳的消费税，借记“营业税金及附加”账户，贷记“应交税费——应交消费税”账户。综合上述结果，在“应交税费——应交消费税”账户中，这两笔借、贷发生额的差额即为委托方实际应纳消费税税额。

【例 2-3-33】A 卷烟厂某年 1 月 21 发出库存外购烟叶委托 B 卷烟厂加工烟丝（消费税税率 30%），不含税成本价 530 000 元。2 月 16 日加工完毕，全部收回，支付不含税加工费 30 000 元，增值税专用发票上注明增值税税额 5 100 元。其消费税已由 B 厂代收代缴（B 厂无同类烟丝的销售价格）。烟丝收回后将其中的 40%直接出售给 C 卷烟厂，取得不含税销售额 560 000 元；其余烟丝用于连续生产 40 个标准箱卷烟（消费税 56%从价税率加每标准箱 150 元定额税率），当月全部销售，取得不含税销售额 850 000 元，生产成本为 700 000 元。款项均已通过银行收付。

委托方（A 卷烟厂）有关消费税的账务处理如下。

收回烟丝，B 厂代收代缴消费税 = (530 000 + 30 000) ÷ (1 − 30%) × 30% = 240 000（元）

允许抵扣的消费税税额=240 000 × 60%=144 000（元）

根据入库单和支付凭证等，编制如下会计分录。

借：委托加工物资　　　　96 000
　　应交税费——应交消费税　　　　144 000
　　贷：银行存款　　　　240 000

卷烟对外销售，计算卷烟消费税应纳税额 = 40 × 150 + 850 000 × 56% = 482 000（元）

根据消费税计算单，编制如下会计分录。

借：营业税金及附加　　　　482 000
　　贷：应交税费——应交消费税　　　　482 000

期末实际缴纳消费税应纳税额 = 482 000 − 144 000 = 338 000（元）

【拓展思考】请编制与上述业务有关的其他会计分录。

④ 进口应税消费品。企业进口应税消费品在进口环节应缴纳的消费税，应计入该项货物的成本，借记“材料采购”、“固定资产”等账户，贷记“银行存款”等账户。

【例 2-3-34】华丰公司进口化妆品（消费税税率 30%）一批，海关核定的关税完税价格为 300 000 元，应纳进口关税为 36 000 元。款项已通过银行交付。

应纳消费税=（300 000+36 000）÷（1−30%）× 30%=144 000（元）

增值税进项税额=（300 000+36 000）÷（1−30%）× 17%=81 600（元）

借：库存商品　　　　480 000
　　应交税费——应交增值税（进项税额）　　　　81 600
　　贷：银行存款　　　　561 600

3．营业税核算

（1）营业税含义。营业税是对在我国境内提供应税劳务、转让无形资产或销售不动产所取得的营业额为课税对象征收的一种流转税。营业税具体包括交通运输业、建筑业、金融保险业、邮电通信业、文化体育业、娱乐业、服务业、转让无形资产和销售不动产 9 个税目。

自 2013 年 8 月 1 日起，在全国范围内实行“营改增”试点地区的交通运输业与部分现代服务业已不再征收营业税。

（2）营业税的确认。应交营业税应在其纳税义务发生时加以确认，原则上为纳税人收讫营业收入款或取得索取营业收入款凭证的当天。即有书面合同的为合同确定的收款日期当天；未签订书面合同或书面合同未确定收款日期的，为应税行为完成的当天。

（3）营业税的计量。根据计税依据不同，营业税应纳税额的计算方法有以下三种。

① 全额计税，即以应税收入全额为计税依据，计算公式为

应纳税额=营业额×适用税率

② 余额计税，即以全部收入减去应税扣除项目金额后的余额为计税依据，计算公式为

应纳税额=（全部收入－应税扣除项目）×适用税率

③ 组成计税价格计税。对纳税人提供的营业额明显偏低而又无正当理由或视同发生应税行为而无营业额的，应按下列顺序核定计税依据：按纳税人最近时期发生同类应税行为的平均价格核定；按其他纳税人最近时期发生同类应税行为的平均价格核定；按组成计税价格计算核定，公式为

组成计税价格=营业成本或工程成本×（1＋成本利润率）÷（1-营业税税率）

应纳税额=组成计税价格×适用税率

（4）营业税核算账户设置。根据我国现行税法规定，营业税征收涉及多行业，企业核算应缴纳的营业税，应设置“应交税费——应交营业税”账户。同时，营业税是一种价内税，企业计提的营业税，应根据营业税征收对象不同，分别列入“营业税金及附加”、“营业外支出”、“固定资产清理”等账户。

（5）营业税典型业务核算。

① 提供应税劳务。企业发生营业税应税劳务，在取得应缴纳营业税的各项劳务收入时，应借记“银行存款”等账户，贷记“主营业务收入”、“其他业务收入”账户；计提该项劳务应缴纳的营业税时，应借记“营业税金及附加”账户，贷记“应交税费——应交营业税”账户。

【例 2-3-35】某旅行社组团去境外旅游，收取成员全程旅游费 100 000 元，出境后改由境外旅游公司组织观光，该旅行社付给外国旅游公司 40 000 元。

应纳营业税税额=（100 000－40 000）×5%=3 000（元）

根据营业税计算单，编制如下会计分录。

借：营业税金及附加　　　　3 000

　　贷：应交税费——应交营业税　　　　3 000

【拓展思考】请你编制收到成员旅费确认收入的会计分录。

② 转让无形资产。

【例 2-3-36】外省 A 企业使用甲企业商标，甲企业取得许可费收入 4 000 000 元，款项已通过银行收讫。

应纳营业税税额=4 000 000×5%=200 000（元）

编制如下会计分录。

借：营业税金及附加　　　　200 000

　　贷：应交税费——应交营业税　　　　200 000

【拓展思考】请你编制收到转让款确认收入的会计分录。

③ 销售不动产。

【例 2-3-37】某企业出售一栋办公楼，出售收入 380 000 元已存入银行。该办公楼的账面原

价为500 000元，已提折旧200 000元，未曾计提减值准备；出售过程中以银行存款支付清理费用5 000元。销售该项固定资产适用的营业税税率为5%。

应纳营业税税额=380 000×5%=19 000（元）

借：固定资产清理　　19 000

　　贷：应交税费——应交营业税　　19 000

【拓展思考】请你编制与上述固定资产清理相关的其他会计分录。

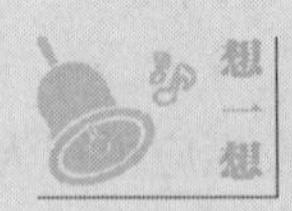

房地产企业销售商品房收入应缴纳哪种流转税？其账务处理有何特点？

4．其他税费核算

限于篇幅，此处只介绍城市维护建设税（包括教育费附加）和印花税的核算。

（1）城市维护建设税和教育费附加。城市维护建设税（简称城建税）是国家对缴纳增值税、消费税、营业税（简称“三税”）的单位和个人以其实际缴纳的“三税”税额为计税依据而征收的一种税。教育费附加是为了发展教育事业而向企业征收的附加费用。

应交城市维护建设税税额=实际缴纳的“三税”合计×适用税率

应交教育费附加=实际缴纳的“三税”合计×计提比例

城建税计税依据确定应注意以下几点。

① 纳税人违反“三税”有关规定而加收的滞纳金和罚款等非税款项，不作为城建税的计税依据。但纳税人在被查补“三税”和被处以罚款时，其偷漏的城建税也应同时补税和罚款。

②“三税”享受减征或免征的，城建税也同时给予减免。

③ 出口产品退还增值税、消费税的，不退还已缴纳的城建税；进口产品需征收增值税、消费税的，不征收城建税。

城市维护建设税和教育费附加应在纳税人确认增值税、消费税和营业税的同时加以确认。

企业计算出应交的城市维护建设税和教育费附加，应借记“营业税金及附加”等账户，贷记“应交税费——应交城市维护建设税”、“应交税费——应交教育费附加”账户。

【例2-3-38】某企业2013年3月份实际缴纳增值税200 000元、消费税240 000元、营业税150 000元。该企业适用的城市维护建设税税率为7%，教育费附加计提比例为3%。

应交城市维护建设税=（200 000+240 000+150 000）×7%=41 300（元）

应交教育费附加=（200 000+240 000+150 000）×3%=17 700（元）

编制如下会计分录。

借：营业税金及附加　　59 000

　　贷：应交税费——应交城市维护建设税　　41 300

　　　　　　　　——应交教育费附加　　17 700

（2）印花税。印花税是对经济活动和经济交往中书立、领受、使用税法规定应税凭证的单位和个人征收的一种税。印花税的应税凭证共有13个，即借款合同、购销合同、建筑安装工程承包合同、技术合同、加工承揽合同、建设工程勘察设计合同、货物运输合同、产权转移书据、财产租赁合同、财产保险合同、仓储保管合同、营业账簿、权利许可证照。

印花税计征方式有两种，即从价计征和从量计征。从价计征以凭证所载金额为计税依据。从量计征以凭证计税数量为计税依据。印花税的计税依据与税率归纳如表 2-3-5 所示。

表 2-3-5 印花税计税依据汇总

应税凭证	计税依据	税率
借款合同	借款金额	0.05‰
购销合同	合同记载的购销金额	0.3‰
建筑安装工程承包合同	承包金额	
技术合同	所载的价款、报酬或使用费	
加工承揽合同	加工或承揽收入的金额	0.5‰
建设工程勘察设计合同	收取的费用	
货物运输合同	运输费金额，不包括所运货物的金额、装卸费和保险费等	
产权转移书据	所载的金额	
记载资金的账簿	“实收资本”与“资本公积”两项金额的合计金额	
财产租赁合同	租赁金额	1‰
仓储保管合同	收取的仓储保管费	
财产保险合同	支付（收取）的保险费，不包括所保财产的金额	
其他账簿、权利、许可证照	应税凭证的件数	5 元/件

企业缴纳的印花税，一般是由纳税人自行计算、购买、贴花和注销，不会形成税款债务，所以不需要通过“应交税费”科目进行核算。企业在购买印花税票时，直接借记“管理费用”、“固定资产”、“固定资产清理”等科目，贷记“银行存款”科目。

【例 2-3-39】某公司某年 2 月承包建筑工程一项，承包金额 200 万元，双方按合同法订立建筑承包工程合同，签订建筑承包工程合同应按承包金额的万分之三贴花。

应纳税额 = 2 000 000 × 3/10 000 = 600（元）

编制如下会计分录。

借：管理费用　　600

　　贷：银行存款　　600

任务实施

任务资料和任务目标见本任务的“任务导入”，编制会计记录如下。

（1）借：固定资产　　400 000

　　　　应交税费——应交增值税（进项税额）　　68 000

　　　　贷：应付账款　　468 000

（2）借：在建工程　　58 500

　　　　贷：原材料　　50 000

　　　　　　应交税费——应交增值税（进项税额转出）　　8 500

（3）借：应收票据　　1 170 000

　　　　贷：主营业务收入　　1 000 000

　　　　　　应交税费——应交增值税（销项税额）　　170 000

（4）借：待处理财产损溢——待处理流动资产损溢　23 400
　　贷：原材料　20 000
　　　应交税费——应交增值税（进项税额转出）　3 400

（5）借：应交税费——应交增值税（已交税金）　150 000
　　贷：银行存款　150 000

项目三 财产物资岗位会计

项目导读

财产物资岗位会计认知

一、财产物资岗位会计职责

企业从事生产经营活动，必须具备一定的物质资源，如原材料、厂房、设备等。财产物资管理是企业生产经营管理不可缺少的组成部分，企业应根据规模大小和经营的需要设置不同的财产物资岗位。实际业务中，企业可以将财产物资岗位分为存货岗位和固定资产、无形资产及投资性房地产岗位。各岗位会计主要职责如下。

1．存货岗位会计职责

（1）会同有关部门拟定存货核算管理制度。

（2）会同有关部门审核存货采购计划及供货合同，分析、控制采购成本及储备成本。

（3）负责制定合理的凭证传递程序，审核存货收发原始凭证，并进行存货核算。

（4）会同有关部门制定存货消耗定额和计划成本，并进行材料成本差异核算分析。

（5）参与存货的清查盘点，分析存货的储备情况，并进行盈亏核算。

2．固定资产、无形资产及投资性房地产岗位会计职责

（1）会同有关部门拟定固定资产、无形资产及投资性房地产核算管理制度。

（2）参与上述资产需求量预算的制定，控制购建成本。

（3）负责确定固定资产折旧计提方法、无形资产摊销方法及投资性房地产后续计量模式。

（4）负责固定资产、无形资产及投资性房地产核算和有关报表的编制。

（5）负责固定资产、无形资产及投资性房地产期末计价核算，分析计提资产减值准备。

（6）参与固定资产的盘点清查，并进行盈亏核算。

二、财产物资岗位会计核算内容

财产物资岗位会计核算内容主要包括存货核算、固定资产核算、无形资产核算、投资性房地产核算。其中，存货核算内容包括原材料核算、库存商品核算、周转材料核算、委托加工物资核算、存货清查核算和存货期末计价核算；固定资产核算内容包括固定资产的取得、折旧计提、后续支出，及固定资产处置、清查和减值的核算；无形资产核算内容包括无形资产的取得、摊销、减值及处置核算。限于篇幅投资性房地产核算本教材不作介绍。

任务一　存货核算

学习目标

知识目标：**了解存货的概念及分类；掌握取得存货的计价原理及核算方法；掌握发出存货计价方法核算原理；掌握期末存货计价方法原理及存货跌价准备的核算。**

技能目标：**能根据存货取得和发出的原始凭证，对存货取得、发出及期末计价进行账务处理。**

任务导入

任务资料：甲公司材料核算采用计划成本法。2013 年 6 月初“原材料”账户余额 20000 元，“材料成本差异”账户借方余额 200 元。2013 年 6 月发生下列业务。

（1）5 日，基本生产车间生产 A 产品领用材料一批，计划成本为 5000 元。

（2）10 日，购买原材料一批，取得增值税专用发票注明价款 30000 元、增值税税额 5100 元，销货方垫付运杂费 500 元（未取得增值税专用发票）。材料当日验收入库，甲公司开具一张 35600 元的商业承兑汇票支付全部款项。该批原材料计划成本为 31000 元。

任务目标：

（1）根据资料（1）编制生产领用材料的会计分录。

（2）根据资料（2）编制购入材料及验收入库的相关会计分录。

（3）计算材料成本差异率及本月发出材料应分摊的材料成本差异额，并编制会计分录。

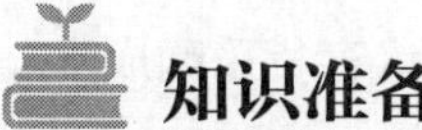

知识准备

政策依据：《企业会计准则第 1 号——存货》及其应用指南。

一、存货认知

1．存货的概念及分类

存货是指企业在日常活动中持有以备出售的产成品或商品、处在生产过程中的在产品、在生产过程或提供劳务过程中耗用的材料等。存货可以按不同的标准进行分类。

（1）存货按其经济用途分为以下三类。

① 在正常经营过程中储存以备出售的存货，如工业企业的产成品、流通企业的库存商品等；

② 为了最终出售正处于生产过程中的存货，如工业企业的在产品和自制半成品等；

③ 为了生产供销售的商品或提供劳务以备消耗的存货，如工业企业储存的原材料、周转材料等。

（2）存货按其存放地点分为以下三类。

① 库存存货，即企业已验收入库的各种材料、商品、自制半成品和产成品等；

② 在途存货，即企业已付款但仍在运输途中或已到达但尚未验收入库的存货；

③ 加工中存货，即企业正在生产加工及委托外单位加工中的存货。

2．存货的确认

根据企业会计准则规定，企业存货只有在同时满足下列条件的情况下才能予以确认。

（1）与该存货有关的经济利益很可能流入企业。实务中判断该存货所含经济利益是否很可能流入企业的一个重要标志是企业对该存货是否拥有法定所有权。凡法定所有权属于企业的物品，不论其存放何处或处于何种状态，均应作为该企业的存货确认；反之，凡是法定所有权不属于企业的物品，即使存放于该企业，也不应作为该企业的存货确认。

（2）该存货的成本能够可靠计量。存货的成本能可靠计量必须取得确凿的、可靠的证据，并且能够合理估计，具有可验证性。

3．存货的计价

存货的计价是指对收入、发出和结存存货价值的计量。它是存货核算的关键，主要包括取得存货的计价、发出存货的计价和期末存货的计价。

（1）取得存货的计价。根据企业会计准则规定，存货应按成本进行初始计量。所谓“成本”是指其达到目前状态和场所而发生的各种成本，包括采购成本、加工成本和其他成本。存货的取得途径不同，其成本的构成内容也有差异。

① 外购存货的实际成本是指货物从采购到入库前所发生的全部支出，包括买价、相关税费以及其他可归属于存货采购成本的费用。其中，买价是指企业购进货物发票上注明的价款；相关税费是指企业购进货物发生的关税、消费税、资源税和不能抵扣的增值税进项税额等应计入采购成本的税费；其他可归属于采购成本的费用是指除上述各项以外的可归属于存货采购成本的费用，如采购过程中发生的运输费、仓储费、包装费、运输途中的合理损耗、入库前挑选整理费等。商

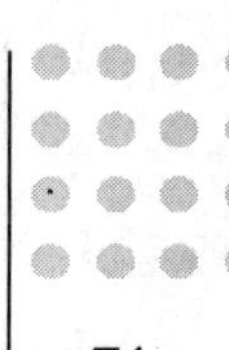

品流通企业外购存货在采购过程中发生的可归属于其采购成本的费用，也应计入存货采购成本。只有在进货费用金额较小时，才可以在发生时计入当期损益。

《小企业会计准则》规定，小企业（批发业、零售业）在购买商品过程中发生的费用（包括运输费、装卸费、包装费、保险费、运输途中的合理损耗和入库前挑选整理费等），应在“销售费用”科目核算，不计入存货成本。

② 自制存货的实际成本是指存货在加工过程中发生的各项实际支出，包括直接材料、直接人工和制造费用等。

③ 委托加工存货的实际成本包括发出加工存货的实际成本、加工费、运输费、装卸费、保险费及按规定应计入存货成本的相关税费等。

④ 投资者投入存货的实际成本是指按投资合同或协议约定的价值，但合同或协议约定价值不公允的除外。

⑤ 接受捐赠存货的实际成本按下列原则确定。捐赠方能提供凭据的，按凭据上标明的金额加上受赠方支付的相关税费为实际成本；捐赠方未提供凭据的，按市价或同类存货的市价估计的金额加上受赠方支付的相关税费为实际成本。

⑥ 盘盈存货的实际成本为同类存货的市场价格。

（2）发出存货的计价。发出存货的计价是指对发出存货和结存存货价值的计量。其具体计价方法因企业采用的存货核算方法不同而有差异。

① 实际成本计价法下发出存货的计价。根据企业会计准则规定，存货按实际成本计价法核算时，发出存货的具体计价方法有先进先出法、月末一次加权平均法、移动加权平均法和个别计价法。

● 先进先出法。先进先出法是指以先入库的存货先发出的存货实物流转假设为前提，对发出存货和期末存货进行计价的方法。采用这种方法，取得存货时，应在存货明细账中逐笔登记每批存货的数量、单价和金额；发出存货时，应按先进先出的原则确定单价，逐笔登记发出存货的金额，并计算结存存货的金额。

【例 3-1-1】某公司 2013 年 3 月 A 材料期初结存 2000 千克，单价 2 元。当月发生的与 A 材料有关的收发业务如下。7 日，购进 A 材料 5000 千克，单价 2.2 元；12 日，生产产品领用 A 材料 4000 千克；15 日，购进 A 材料 3000 千克，单价 2.4 元；20 日，生产产品领用 A 材料 2000 千克；26 日，生产产品领用 A 材料 3000 千克。

先进先出法下本月发出材料的实际成本和月末结存材料实际成本计算如下。

本月发出 A 材料成本=2000×2+5000×2.2+2000×2.4=19800（元）

本月结存 A 材料成本=1000×2.4=2400（元）

同时登记原材料明细账如表 3-1-1 所示。

表 3-1-1　　原材料明细账

材料名称：A 材料　　计量单位：千克，元

2013年		凭证		摘要	收　入			发　出			结　存		
月	日	字	号		数量	单价	金额	数量	单价	金额	数量	单价	金额
3	1			承前页							2 000	2.00	4 000
	7			购入	5 000	2.20	11 000				2 000 5 000	2.00 2.20	4 000 11 000
	12	略	略	生产领用				2 000 2 000	2.00 2.20	4 000 4 400	3 000	2.20	6 600
	15			购入	3 000	2.40	7 200				3 000 3 000	2.20 2.40	6 600 7 200
	20			生产领用				2 000	2.20	4 400	1 000 3 000	2.20 2.40	2 200 7 200
	26			生产领用				1 000 2 000	2.20 2.40	2 200 4 800	1 000	2.40	2 400
	31			本月合计	8 000		18 200	9 000		19 800	1 000	2.40	2 400

采用先进先出法可以随时结转发出存货成本，有利于加强存货管理，但如果存货收发业务较多，其成本计算和登账工作量较大。在物价持续上涨时，期末存货成本接近于市价，而发出存货成本偏低，会高估企业当期利润和库存存货价值；反之，会低估企业存货价值和当期利润。

● 月末一次加权平均法，又称加权平均法，是指以月初存货成本加上本月进货成本，除以月初存货数量加上本月进货数量，据以计算存货加权平均单位成本，并以此为基础计算本月发出存货成本和期末存货成本的一种方法。计算公式为

加权平均单位成本 =（月初库存存货成本 + 本月取得存货成本）÷（月初库存存货数量 + 本月取得存货数量）

月末库存存货成本 = 月末库存存货数量 × 加权平均单位成本

本月发出存货成本 = 本月发出存货数量 × 加权平均单位成本

如果计算出的加权平均单位成本为近似数，为优先保证结存存货成本的正确性，应采用倒挤法计算发出存货的成本，即

月末库存存货成本 = 月初库存存货成本+本月取得存货成本−本月发出存货成本

【例 3-1-2】承【例 3-1-1】资料，月末一次加权平均法下，发出材料成本及期末结存材料成本计算如下。

加权平均单位成本 =（4 000 + 18 200）÷（2 000 + 8 000）= 2.22（元/千克）

本月发出 A 材料成本 = 9 000 × 2.22 = 19 980（元）

月末结存 A 材料成本 = 1 000 × 2.22 = 2 220（元）

同时登记原材料明细账如表 3-1-2 所示。

表 3-1-2　　　　原材料明细账

材料名称：A 材料　　　　计量单位：千克，元

2013 年		凭证		摘要	收入			发出			结存		
月	日	字	号		数量	单价	金额	数量	单价	金额	数量	单价	金额
3	1			承上页							2 000	2.00	4 000
	7			购入	5 000	2.20	11 000				7 000		
	12	略	略	生产领用				4 000			3 000		
	15			购入	3 000	2.40	7 200				6 000		
	20			生产领用				2 000			4 000		
	26			生产领用				3 000			1 000		
	31			本月合计	8 000		18 200	9 000	2.22	19 980	1 000	2.22	2 220

采用加权平均法只需在月末，一次性计算结转发出存货成本，减少了成本计算工作量，而且在市场价格上涨或下跌时所计算出来的单位成本比较平均，对存货成本的分摊较为折中。但该方法平时无法从账面上提供发出和结存存货的金额，不利于存货成本的日常管理与控制。

● 移动加权平均法，又称移动平均法，是指以原有库存存货成本加上每次进货成本，除以原有库存存货数量加上每次进货数量，据以计算加权平均单位成本，并以此作为下次进货前计算各次发出存货成本依据的一种方法。计算公式为

本次存货单位成本=（原有库存存货成本+本次进货成本）÷（原有库存存货数量+本次进货数量）

本次发出存货成本=本次发出存货数量×（发货前）本次发货前存货单位成本

月末库存存货成本=月末库存存货数量×本月月末存货单位成本

【例 3-1-3】承【例 3-1-1】资料，移动平均法下，发出材料成本及期末结存材料成本计算如下。

3 月 7 日：

A 材料单位成本 =（4 000 + 11 000）÷（2 000 + 5 000）= 2.14（元/千克）

结存 A 材料成本=7 000 × 2.14=15 000（元）

3 月 12 日：

发出 A 材料成本=4 000 × 2.14 = 8 560（元）

结存 A 材料成本 = 3 000 × 2.14 = 6 420（元）

3 月 15 日：

A 材料单位成本 = (6 420+7 200) ÷（3 000+3 000）=2.27（元/千克）

结存 A 材料成本 = 6 000 × 2.27 = 13 620（元）

3 月 20 日：

发出 A 材料成本=2 000 × 2.27 = 4 540（元）

结存 A 材料成本 = 4 000 × 2.27 = 9 080（元）

3 月 26 日：

发出 A 材料成本=3 000 × 2.27 = 6 810（元）

结存 A 材料成本 = 1 000 × 2.27 = 2 270（元）

同时登记原材料明细账如表 3-1-3 所示。

表 3-1-3　　原材料明细账

材料名称：A 材料　　计量单位：千克，元

2013 年		凭证		摘要	收入			发出			结存		
月	日	字	号		数量	单价	金额	数量	单价	金额	数量	单价	金额
3	1			承上页							2000	2.00	4000
	7			购入	5000	2.20	11000				7000	2.14	15000
	12	略	略	生产领用				4000	2.14	8560	3000	2.14	6420
	15			购入	3000	2.40	7200				6000	2.27	13620
	20			生产领用				2000	2.27	4540	4000	2.27	9080
	26			生产领用				3000	2.27	6810	1000	2.27	2270
	31			本月合计	8000		18200	9000		19910	1000	2.27	2270

采用移动平均法能够使企业及时了解存货的结存情况，而且计算的平均单位成本及发出和结存存货成本比较客观。但由于每次收货都要计算一次平均单位成本，工作量大，对收发货频繁的企业不适用。

● 个别计价法，又称个别认定法。该方法以存货实物流转与价值流转相一致为假设前提，通过逐一辨认每一批发出存货和期末存货所属的购进或生产批别，分别按其购入或生产时所确定的单位成本计算各批发出存货和期末存货的实际成本。计算公式为

每批存货发出成本＝该批存货发出数量×该批存货取得时的实际单位成本

【例 3-1-4】承【例 3-1-1】资料，若经具体辨认 6 月 12 日发出材料 4000 千克中，有 1000 千克为期初材料，3000 千克为 7 日购进材料；20 日发出材料 2000 千克为 7 日购进材料；26 日发出材料 3000 千克为 15 日购进材料。

个别计价法下，发出材料及期末材料实际成本计算如下。

本月发出 A 材料成本＝1000×2.00＋3000×2.20＋2000×2.20＋3000×2.40＝20200（元）

本月结存 A 材料成本＝1000×2.00＝2000（元）

个别计价法的成本计算准确，符合实际情况，但在存货收发频繁情况下，其发出成本分辨工作量较大。因此，该方法一般适用于不能替代使用的存货、为特定项目专门购入或制造的存货以及提供的劳务，如存货为珠宝、名画等贵重物品。

② 计划成本计价法下发出存货的计价。在计划成本计价法下，存货的收入、发出和结存均采用计划成本进行日常核算，实际成本与计划成本的差异设置“材料成本差异”账户反映，期末计算发出存货与结存存货应分摊的成本差异，将发出存货和结存存货的计划成本调整为实际成本。具体计算公式为

材料成本差异率＝（月初结存材料成本差异＋本月入库材料成本差异）/（月初结存材料计划成本＋本月入库材料计划成本）×100%

发出材料应分摊的成本差异=发出材料计划成本×材料成本差异率

发出材料的实际成本=发出材料计划成本±发出材料应分摊的成本差异

结存材料的实际成本=结存材料计划成本±结存材料应分摊的成本差异

提示　上述公式中的"材料成本差异"账户余额，在借方表示超支差异，用"+"；在贷方表示节约差异，用"−"。

如果发出材料需要随时结转材料成本差异，也可按上月材料成本差异率计算。

【例 3-1-5】承【例 3-1-1】资料，假设 A 材料的计划单位成本为 2.3 元，期初材料成本差异为节约差（实际成本小于计划成本）600 元。计划成本计价法下 A 材料明细分类账见表 3-1-4。

表 3-1-4　　原材料明细账

材料名称：A 材料　　单位：千克，元

2013 年		凭证		摘要	收入数量	发出数量	结存		
月	日	字	号				数量	单价	金额
3	1	略	略	承上页			2 000	2.3	4 600
	7			购入	5 000		7 000		
	12			生产领用		4 000	3 000		
	15			购入	3 000		6 000		
	20			生产领用		2 000	4 000		
	26			生产领用		3 000	1 000		
	31			本月合计	8 000	9 000	1 000	2.3	2 300

收入材料计划成本=8 000 × 2.3=18 400（元）

发出材料计划成本=9 000 × 2.3=20 700（元）

结存材料计划成本=1 000 × 2.3=2 300（元）

本月购入材料实际成本为 18 200 元，购入材料成本差异为节约差 200 元。

材料成本差异率=（−600−200）/（4 600 + 18 400）× 100% ≈ −3.48%

发出材料应负担的成本差异=20 700 ×（−3.48%）=−720.36（元）

发出材料的实际成本=20 700 − 720.36=19 979.64（元）

结存材料应分摊的成本差异=（−600）+（−200）−（−720.36）=−79.64（元）

结存材料的实际成本=2 300 − 79.64=2 420.36（元）

比较上述【例 3-1-1】至【例 3-1-5】例题可知，发出存货计价方法不同，当期销售成本和期末存货价值也就有差异，从而影响企业的损益及资产负债表相关项目的价值。因此，企业应当根据自身的经营性质、经营规模及存货收发的实际情况，选用合适的发出存货计价方法。计价方法一经确定，不得随意变更，如需变更，应在财务报表附注中予以说明。

练一练　某公司甲材料采用计划成本计价法核算。3 月"原材料——甲材料"账户期初余额 35 000 元，"材料成本差异——甲材料"期初借方余额 1 000 元；本月购进甲材料的实际成本 67 200 元，计划成本 65 000 元；本月发出甲材料计划成本 80 000 元。请计算甲材料的成本差异率及发出材料与结存材料的实际成本。

（3）存货的期末计价。前面"（2）发出存货的计价"中介绍的各种方法均是以历史成本为基础计算确定期末存货成本的，但在某些情况下，如由于存货毁损、过时等原因，会使企业持有存货的可变现净值下跌到成本以下，如果期末存货仍以历史成本计价，就会出现虚增资产的现象。因此，为了在资产负债表中更合理地反映期末存货的价值，企业应当选择适当的计价方法对期末存货进行再计价。

我国企业会计准则规定，期末存货应按成本与可变现净值孰低法计量。

① 成本与可变现净值孰低法含义。成本与可变现净值孰低法是指期末存货按照成本与可变现净值之中的较低者计价的方法。

“成本”是指期末存货的实际成本，如果日常企业存货采用计划成本核算法或售价金额核算法进行账务处理，应将存货计划成本或售价金额调整为实际成本。

“可变现净值”是指存货预计未来净现金流量，即存货估计售价减去至完工时估计将要发生的成本、销售费用以及相关税费后的金额。其中，该存货估计售价的计算确定与是否签订销售合同有关。签有不可撤销合同的，应以合同价格为估计售价；未签销售合同的，应以市场销售价格为估计售价。存货可变现净值的确定方法可归纳如图 3–1–1 所示。

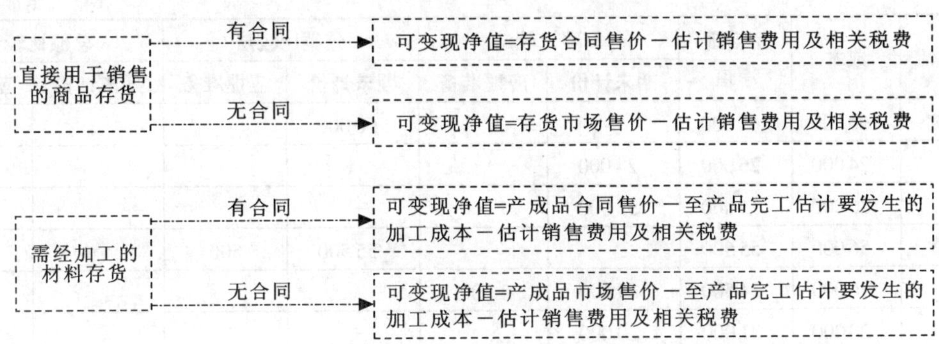

图 3–1–1　存货可变现净值确定方法选择

【例 3–1–6】2013 年 6 月 30 日，甲企业有一批库存商品，数量 200 件，实际成本 120 元/件，市场不含税售价 150 元/件。如果销售该库存商品，估计将要发生的销售费用和相关税费为 10 元/件。假设甲企业曾于当年 5 月 6 日与 A 公司签订一笔不可撤销合同，双方约定，甲企业向 A 公司销售库存商品 120 件，合同不含税售价 140 元/件。

2013 年 6 月 30 日该批库存商品可变现净值计算如下。

签订合同的 120 件可变现净值=（140－10）×120=15 600（元）

未签合同的 80 件可变现净值=（150－10）×80=11 200（元）

【例 3–1–7】2013 年 6 月 30 日，甲公司“原材料——钢材”余额 600 000 元，市场销售价格为 550 000 元。该批钢材可用于生产 C 型机器 1 台。由于钢材的市场销售价格下降，以此批钢材为原材料生产的 C 型机器的市场销售价格由 1 500 000 元下降为 1 350 000 元，但其生产成本仍为 1 400 000 元。估计将该批钢材加工成 C 型机器尚需投入 800 000 元，估计销售费用及税金 50 000 元。

2013 年 6 月 30 日该批钢材的可变现净值计算如下。

可变现净值=1 350 000－800 000－50 000＝500 000（元）

② 存货跌价准备的核算。

● 存货跌价准备计提方法。根据成本与可变现净值孰低法，期末是否应计提存货跌价准备，首先应比较期末存货成本与可变现净值。如果存货的成本低于可变现净值，期末存货价值等于存货的账面成本，无需计提存货跌价准备；如果存货的成本高于可变现净值，企业应计提存货跌价准备，将存货的账面成本调整为可变现净值。

企业会计准则规定，期末存货成本与可变现净值的比较方法有单项比较法、分类比较法、总额比较法三种。其中，单项比较法是指将每种存货的成本与可变现净值逐项进行比较；分类比较法是指将每一类存货的成本与可变现净值进行比较；总额比较法是指将全部存货的总成本与可变现净值总额进行比较。

【例 3-1-8】宏业公司有 A、B、C、D 四种存货，按其性质可分为甲、乙两类，2013 年 12 月 31 日存货的成本与可变现净值如表 3-1-5 所示。

2013 年 12 月 31 日不同比较法下，期末存货的价值及应计提的跌价准备计算见表 3-1-5。

表 3-1-5　　期末存货成本与可变现净值比较表

金额单位：元

项目	成本	可变现净值	单项比较法		分类比较法		总额比较法	
			期末计价	应提准备	期末计价	应提准备	期末计价	应提准备
甲类存货	60 000	61 000			60 000			
A	24 000	26 000	24 000					
B	36 000	35 000	35 000	1 000				
乙类存货	56 000	55 500			55 500	500		
C	36 000	34 500	34 500	1 500				
D	20 000	21 000	20 000					
总计	116 000	116 500	113 500	2 500	115 500	500	116 000	

从表 3-1-5 计算结果可以看出，单项比较法计算的期末存货价值最低，分类比较法次之，总额比较法最高。这说明比较得越细致，结果越准确，越符合稳健性原则，但计算工作量也越大。

企业会计准则规定，企业通常应按单项比较法计提存货跌价准备。与在同一地区生产和销售的产品系列相关、具有相同或类似最终用途或目的，且难以与其他项目分开计量的存货，可以合并计提存货跌价准备；对于数量繁多、单价较低的存货，可以按存货类别计提存货跌价准备。

● 账户设置。企业核算存货跌价准备的计提和冲销应设置"存货跌价准备"账户。该账户属资产类账户。其贷方登记计提的存货跌价准备金额；借方登记实际转销的存货跌价准备金额及转回的存货跌价准备金额；期末贷方余额，反映企业已计提但尚未转销的存货跌价准备。"存货跌价准备"账户是有关存货账户的备抵调整账户，有关存货账户的期末借方余额减去本账户的期末贷方余额等于期末存货的账面价值。

【例 3-1-9】承【例 3-1-8】资料，以表 3-1-5 所列单项比较法确认的跌价准备为例，首次计提存货跌价准备，应编制如下会计分录。

借：资产减值损失　　2 500
　　贷：存货跌价准备——B 存货　　1 000
　　　　　　　　　　——C 存货　　1 500

提示

存货可变现净值低于存货的实际成本金额并不一定就是本期应计提的存货跌价准备，而是截至目前，企业账面应当存在的存货跌价准备金额（即“存货跌价准备”账面余额）。如果应提金额大于已提金额，则应予以补提，反之，则应予以转回。

【例 3-1-10】某股份公司 A 存货 2011 年至 2013 年期末数量相等，其他资料如下。2011 ~ 2013 年年末 A 存货的实际成本均为 50 000 元，2011 年、2012 年和 2013 年年末可变现净值分别为 47 000 元、43 000 元、48 500 元。则该股份有限公司各年应计提的存货跌价准备金额及账务处理如下。

2011 年年末应计提的存货跌价准备 = 50 000 – 47 000 = 3 000（元）

借：资产减值损失　　3 000

　　贷：存货跌价准备——A 存货　　3 000

2012 年年末应计提的存货跌价准备 = 50 000 – 43 000 – 3 000 = 4 000（元）

借：资产减值损失　　4 000

　　贷：存货跌价准备——A 存货　　4 000

2013 年年末应计提存货跌价准备 = 50 000 – 48 500 – 7 000 = –5 500（元）（负号表示转回）

借：存货跌价准备——A 存货　　5 500

　　贷：资产减值损失　　5 500

提示

存货跌价准备转回时，转回的存货跌价准备与计提该准备的存货项目或类别应当存在直接对应关系，即导致存货跌价准备转回的是以前减记存货价值的影响因素的消失，而不是在当期造成存货可变现净值高于其成本的其他影响因素。

企业计提了存货跌价准备，如果其中有部分存货已经销售，则企业在结转销售成本时，应同时结转对其已计提的存货跌价准备。对于因债务重组、非货币性资产交换转出的存货，也应同时结转已计提的存货跌价准备。

【例 3-1-11】甲公司 2012 年年末库存 A 机器 4 台，每台成本为 5 000 元，已经计提的存货跌价准备合计为 5 000 元。2013 年该公司将库存的 4 台机器全部以每台 6 000 元的价格售出，适用的增值税税率为 17%，货款已收到。甲公司相关账务处理如下。

收到销货款确认收入时，编制如下会计分录。

借：银行存款　　28 080

　　贷：主营业务收入　　24 000

　　　　应交税费——应交增值税(销项税额)　　4 080

结转销售成本和存货跌价准备时，编制如下会计分录：

借：主营业务成本　　15 000

　　存货跌价准备——A 机器　　5 000

　　贷：库存商品——A 机器　　20 000

二、原材料核算

原材料是指企业在生产过程中经加工改变其形态或性质并构成产品主要实体的各种原料及主要材料、辅助材料、燃料、修理用备件、包装材料、外购半成品等。根据计价方法不同，原材料日常核算方法有两种，即实际成本计价法和计划成本计价法。

1．实际成本计价法下原材料的核算

实际成本计价法下，原材料的收、发、存核算均应按实际成本计价。

（1）账户设置。实际成本计价法下原材料核算涉及的主要账户如下。

①“在途物资”账户。该账户核算企业在实际成本计价法下购入但尚未验收入库材料的实际成本，属资产类账户。其借方登记已付款或已开出、承兑商业汇票材料的实际成本；贷方登记已验收入库材料的实际成本；期末借方余额，反映企业已付款或已开出、承兑商业汇票但尚未到达或尚未验收入库材料的实际成本。本账户应按供应单位和材料品种进行明细核算。

②“原材料”账户。该账户核算企业库存原材料的实际成本，属资产类账户。在实际成本计价法下，该账户借方登记入库材料的实际成本；贷方登记发出材料的实际成本；期末借方余额，反映企业库存材料的实际成本。本账户应按材料的具体品种进行明细核算。

（2）原材料典型业务的核算。

① 原材料取得的核算。

● 外购原材料的核算。企业外购材料，由于结算方式和采购地点不同，材料入库和货款支付在时间上不一定完全同步，相应的会计核算也有差异。

A. 单货同到业务，即发票账单到达支付货款与材料验收入库发生在同一日的业务。

【例 3-1-12】3 月 2 日，宏业公司购入甲材料一批，取得增值税专用发票注明价款 500 000 元、增值税税额 85 000 元，销货方代垫包装费 3 000 元。宏业公司开出转账支票支付全部款项，同日材料验收入库。

宏业公司根据发票账单、支票存根联及材料验收入库单，编制如下会计分录。

借：原材料——甲材料　　503 000
　　应交税费——应交增值税（进项税额）　　85 000
　　贷：银行存款　　588 000

B. 单到货未到业务，即发票账单已到支付或承付货款，而材料未到或尚未验收入库的业务。

【例 3-1-13】3 月 5 日，宏业公司采用汇兑结算方式购入乙材料一批，取得增值税专用发票注明价款 20 000 元、增值税税额 3 400 元。该批材料于 3 月 10 日运达企业并验收入库。宏业公司账务处理如下。

3 月 5 日，根据发票账单和付款凭证，编制如下会计分录。

借：在途物资——乙材料　　20 000
　　应交税费——应交增值税（进项税额）　　3 400
　　贷：银行存款　　23 400

3 月 10 日，根据验收入库单，编制如下会计分录。

借：原材料——乙材料　　20 000

贷：在途物资——乙材料　　20 000

C. 货到单未到业务，即材料已验收入库，但发票账单等结算凭证未到货款尚未支付的业务。若该类业务发生在月中，可暂不作账务处理，待收到相关结算凭证后再按“单货同到业务”处理。若到月末仍未收到相关结算凭证，为了全面反映存货及负债情况，企业应按合同价格或类似材料的市场价格暂估入账，借记“原材料”账户，贷记“应付账款——暂估应付款”账户；下月初用红字作同样的会计分录予以冲回（或做相反会计分录），待收到相关结算凭证时再按“单货同到业务”处理。

【例 3-1-14】3 月 9 日，宏业公司采用异地托收承付结算方式采购乙材料一批，当日材料验收入库。3 月 18 日收到增值税专用发票注明价款 200 000 元、增值税税额 34 000 元；销货方代垫运费 3 000 元，其中，根据税法规定可抵扣增值税 210 元。该公司于 3 月 20 日支付全部款项。宏业公司账务处理如下。

3 月 9 日乙材料验收入库时，暂不作账务处理。

3 月 20 日支付货款时，视同单货同到业务，编制如下会计分录。

借：原材料——乙材料　　202 790
　　应交税费——应交增值税（进项税额）　　34 210
　　贷：银行存款　　237 000

提示

上述采购业务发生在非“营改增”试点地区。

【例 3-1-15】3 月 10 日，宏业公司采用委托收款结算方式购入甲材料一批，材料已验收入库，月末发票账单仍未收到，按合同该批材料价值为 31 000 元。4 月 5 日收到增值税专用发票注明价款 32 000 元、增值税税额 5 440 元，销货方代垫保险费 1 000 元，当日以银行存款支付全部款项。宏业公司账务处理如下。

3 月 10 日甲材料验收，暂不作账务处理。

3 月 31 日，按合同价格暂估入账，编制如下会计分录。

借：原材料——甲材料　　31 000
　　贷：应付账款——暂估应付款　　31 000

4 月 1 日，编制会计分录予以冲回。

借：应付账款——暂估应付款　　31 000
　　贷：原材料——甲材料　　31 000

4 月 5 日，承付货款，作单货同到业务处理，编制如下会计分录。

借：原材料——甲材料　　33 000
　　应交税费——应交增值税（进项税额）　　5 440
　　贷：银行存款　　38 440

D. 预付款购入业务。该方式业务核算方法已在本教材项目二述及，不再重复。

练一练　甲公司为购买钢材与某钢厂签订一份购货合同，合同价款100000元。根据合同约定3月5日甲公司通过银行汇出购货定金80000元。3月18日收到钢厂发运来的材料和相关结算凭证，材料验收入库。增值税专用发票注明价款100000元、增值税税额17000元，销货方代垫包装费3000元，所欠款项以银行存款付讫。请你为甲公司编制上述业务相关会计分录。

E. 购入材料短缺的核算。企业外购材料发生的毁损或短缺，必须认真查明原因，分清经济责任，分别不同情况处理。

属于途中合理损耗的，应将损耗材料的采购成本计入验收入库材料的采购成本，相应提高入库材料的实际单位成本，对损耗部分无需另作账务处理。

属于供货单位少发的，应分别两种情况处理：一是货款未付情况下，企业应按短缺的数量和发票单价计算拒付金额，填写拒付理由书，向银行办理拒付手续，经银行同意后按实际支付金额记账；二是货款已付并已记入“在途物资”账户的情况下，企业应将短缺部分的成本和增值税转入“应付账款”或“其他应收款”账户，实际收到的材料成本转入“原材料”账户。

属于尚待查明原因和需要报批才能转销的损失，应先转入“待处理财产损溢”账户，待查明原因后再分别处理：应由供应单位、运输机构、保险公司或其他过失人赔偿的损失，分别记入“应付账款”和“其他应收款”等账户；遭受意外灾害等非常原因造成的损失，应将扣除保险赔偿后的净损失，转入“营业外支出”账户；无法收回的其他损失，转入“管理费用”账户。

【例3-1-16】3月10日，宏业公司购买丙材料1000千克，单价45元，增值税专用发票注明价款45000元、增值税税额7650元，全部款项以银行存款支付。3月20日丙材料运到，实收990千克，短少10千克。经查短少材料属于运输途中的合理损耗。宏业公司账务处理如下。

3月10日，支付货款时，编制如下会计分录。

借：在途物资——丙材料	45000
应交税费——应交增值税（进项税额）	7650
贷：银行存款	52650

3月20日，材料验收入库，短缺材料属运输途中合理损耗，编制如下会计分录。

借：原材料——丙材料	45000
贷：在途物资——丙材料	45000

提示　材料总成本不变，单位成本提高，本题入库材料单位成本=45000÷990=45.45（元）

若上述材料运达企业时，企业实收800千克，短缺200千克，其中应由运输部门赔偿100千克，其余100千克，保险公司赔偿50%，净损失经批准作营业外支出处理。宏业公司账务处理如下。

材料验收入库时，编制如下会计分录。

借：原材料——丙材料	36000

待处理财产损溢——待处理流动资产损溢 10 530（200 × 45+200 × 45 × 17%）

贷：在途物资 45 000

应交税费——应交增值税（进项税额转出） 1 530（200 × 45 × 17%）

对短缺材料查明原因后，根据处理意见，编制如下会计分录。

借：其他应收款——运输部门 5 265

——保险公司 2 632.5

营业外支出 2 632.5

贷：待处理财产损溢——待处理流动资产损溢 10 530

● 投资者投入原材料的核算。

【例 3-1-17】3 月 10 日，宏业公司接受天盛公司投入 A 材料一批，增值税专用发票注明价款 420 000 元、增值税税额 71 400 元，投资合同约定金额与发票金额相同，材料已入库。宏业公司编制如下会计分录。

借：原材料——A 材料 420 000

应交税费——应交增值税（进项税额） 71 400

贷：实收资本——天盛公司 491 400

● 接受捐赠原材料的核算。

【例 3-1-18】3 月 12 日，宏业公司接受天恩公司捐赠 B 材料一批，天恩公司提供增值税专用发票注明价款 20 000 元、增值税税额 3 400 元。受赠过程中宏业公司以现金支付运杂费 500 元。宏业公司编制如下会计分录。

借：原材料——B 材料 20 500

应交税费——应交增值税（进项税额） 3 400

贷：营业外收入——捐赠利得 23 400

库存现金 500

② 原材料发出的核算。企业生产经营过程中原材料领用业务频繁，为简化日常核算工作，平时一般根据发料凭证在原材料明细账上登记发出材料的数量，及时反映各种原材料的购入、发出及结存数量情况，月末再根据“领料单”或“限额领料单”按领料部门及其用途汇总编制“发料凭证汇总表”，据以进行账务处理。

【例 3-1-19】3 月 31 日，宏业公司编制的本月“发料凭证汇总表”如表 3-1-6 所示。

表 3-1-6 发料凭证汇总表

2013 年 3 月

会计科目	领用部门及用途	甲材料	乙材料	合计
生产成本——基本生产成本	产品生产耗用	400 000	280 000	680 000
生产成本——辅助生产成本	机修车间耗用	60 000	30 000	90 000
制造费用	车间一般耗用	30 000		30 000
管理费用	行政部门一般耗用	5 000		5 000
销售费用	销售部门耗用	4 000		4 000
合计		499 000	310 000	809 000

根据发料凭证汇总表编制会计分录。

借：生产成本——基本生产成本——××产品 680 000
——辅助生产成本 90 000
制造费用 30 000
管理费用 5 000
销售费用 4 000
贷：原材料——甲材料 499 000
——乙材料 310 000

提示 原材料发出与有关成本费用账户的关系，除上例所述情况外还有，在建工程领用的应借记“在建工程”账户，对外投资的应借记“长期股权投资”账户，委托加工发出的应借记“委托加工物资”账户，销售原材料结转成本的应借记“其他业务成本”。

2．计划成本计价法下原材料的核算

在计划成本计价法下，原材料的收、发、存核算均按预先确定的计划成本计价。

（1）账户设置。计划成本计价法下原材料核算涉及的主要账户如下。

① “材料采购”账户。该账户核算计划成本计价法下购入材料的采购成本，属资产类账户。其借方登记外购材料的实际成本和结转外购材料的节约差异；贷方登记验收入库材料的计划成本和结转外购材料的超支差异；期末借方余额，反映企业在途材料的采购成本。本账户可按供货单位或材料物资类别进行明细核算。

② “原材料”账户。计划成本计价法下本账户与实际成本计价法下本账户的区别在于，其借方、贷方及余额均按原材料的计划成本计价，以反映原材料的计划成本。

③ “材料成本差异”账户。该账户核算企业已入库各种材料的实际成本与计划成本的差异，属资产类账户，也是“原材料”账户的调整账户。该账户借方登记入库材料实际成本大于计划成本的差异（超支差）；贷方登记入库材料实际成本小于计划成本的差异（节约差）及发出材料应负担的成本差异（超支差用蓝字，节约差用红字）；期末余额在借方，反映企业库存材料超支差异，期末余额在贷方，反映企业库存材料节约差异。本账户可分别“原材料”、“周转材料”等存货类别或品种进行明细核算。

（2）原材料典型业务的核算。

① 原材料取得的核算。

• 外购原材料核算。在计划成本计价法下，外购材料核算内容包括三个方面：一是材料采购成本核算；二是库存材料计划成本核算；三是材料成本差异核算。

A. 单货同到业务与单到货未到业务。

【例 3-1-20】承【例 3-1-12】资料，假设其他条件不变，甲材料计划成本总额为 500 000 元。宏业公司账务处理如下。

支付货款时，根据发票及有关结算凭证，编制如下会计分录。

借：材料采购——甲材料 503 000

应交税费——应交增值税（进项税额）　85 000
贷：银行存款　588 000

材料验收入库时，根据验收入库单，编制如下会计分录。

借：原材料——甲材料　500 000
贷：材料采购——甲材料　500 000

同时结转材料成本差异，编制如下会计分录。

借：材料成本差异——甲材料　3 000
贷：材料采购——甲材料　3 000

提示

本题结转的是超支差异，若是节约差异，会计分录与上相反。

【例 3-1-21】承【例 3-1-13】资料，假设其他条件不变，乙材料计划成本总额为 21 000 元。宏业公司账务处理如下。

3 月 5 日，根据发票账单和付款凭证，编制如下会计分录。

借：材料采购——乙材料　20 000
应交税费——应交增值税（进项税额）　3 400
贷：银行存款　23 400

3 月 10 日，根据验收入库单，编制如下会计分录。

借：原材料——乙材料　21 000
贷：材料采购——乙材料　21 000

同时结转材料成本差异，编制如下会计分录。

借：材料采购——乙材料　1 000
贷：材料成本差异——乙材料　1 000

B. 货到单未到业务。

【例 3-1-22】承【例 3-1-15】资料，假设其他条件不变，该材料计划成本总额为 31 000 元。宏业公司账务处理如下。

3 月 10 日验收甲材料，暂不作账务处理。

3 月 31 日，按计划成本暂估价入账，编制如下会计分录。

借：原材料——甲材料　31 000
贷：应付账款——暂估应付款　31 000

4 月 1 日，编制相反会计分录予以冲回。

借：应付账款——暂估应付款　31 000
贷：原材料——甲材料　31 000

4 月 5 日，承付货款，作单货同到业务处理，编制如下会计分录。

借：材料采购——甲材料　33 000
应交税费——应交增值税（进项税额）　5 440
贷：银行存款　38 440

借：原材料——甲材料　　31 000
　　贷：材料采购——甲材料　　31 000
借：材料成本差异——甲材料　　2 000
　　贷：材料采购——甲材料　　2 000

提示　会计实务中，为了简化外购材料成本差异结转的核算工作量，企业平时可先不记录材料成本差异，待月末将本月已付款或已承付并已验收入库的原材料，按实际成本和计划成本分别汇总，一次计算并结转本月材料成本差异。

C. 外购材料短缺的核算。计划成本计价法下外购材料短缺的核算与按实际成本计价法下的核算大致相同，只是验收入库的部分应按计划成本计价，短缺部分与实际成本计价法下的处理原则完全相同。

● 自制原材料的核算。企业自制原材料完工验收入库应在月末根据“材料交库单”所列计划成本和有关成本计算资料所确定的实际成本，编制如下会计分录。

借：原材料（计划成本）
　　材料成本差异——原材料（超支差）
　　贷：生产成本（实际成本）
　　　　材料成本差异——原材料（节约差）

计划成本计价法下，企业接受捐赠、接受投资原材料核算原理与自制材料相似，此处略。

② 原材料发出的核算。计划成本计价法下，原材料发出的总分类核算包括两方面内容。一是按计划成本结转发出材料的成本，借记有关账户，贷记“原材料”账户；二是结转发出材料应分摊的成本差异，借记有关账户，贷记“材料成本差异”账户（超支差用蓝字，节约差用红字）。

发出材料应负担的成本差异，必须按月分摊，不得在季末或年末一次结转。

【例 3-1-23】若宏业公司对甲材料采用计划成本计价法核算，3 月 31 日，宏业公司编制的本月“发料凭证汇总表”如表 3-1-7 所示。

表 3-1-7　发料凭证汇总表

2013 年 3 月

会计科目	领用部门及用途	甲材料计划成本	差异率	差异额
生产成本——基本生产成本	产品生产耗用	410 000		−4 100
生产成本——辅助生产成本	机修车间耗用	61 000		−610
制造费用	车间一般耗用	31 000		−310
管理费用	行政部门一般耗用	5 100		−51
销售费用	销售部门耗用	4 100		−41
合计		511 200	−1%	−5 112

根据发料凭证汇总表，编制如下会计分录。

借：生产成本——基本生产成本——× ×产品　　410 000

——辅助生产成本　　61 000

制造费用　　31 000

管理费用　　5 100

销售费用　　4 100

贷：原材料——甲材料　　511 200

结转发出甲材料成本差异，编制如下会计分录。

借：生产成本——基本生产成本——××产品　　4 100

——辅助生产成本　　610

制造费用　　310

管理费用　　51

销售费用　　41

贷：材料成本差异——甲材料　　5 112

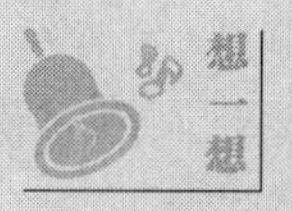

若上题中的材料成本差异率为+2%，该作怎样的账务处理？

三、库存商品核算

库存商品主要是指工业企业的产成品和流通企业外购或委托加工并验收入库准备销售的各种商品。本节着重介绍商品流通企业外购库存商品数量进价金额核算法和售价金额核算法。

1．数量进价金额核算法

（1）数量进价金额核算法的概念。数量进价金额核算法是以实物数量和进价金额两种计量单位，反映商品进、销、存情况的一种方法。在该方法下，财会部门对库存商品总账和明细账的进、销、存金额均按进价记载。该方法一般适用于批发企业。

（2）账户设置。商品流通企业数量进价金额核算法下，对已支付货款或已签发商业汇票、但尚未运抵验收入库商品的实际成本，应通过“在途物资”账户核算。

商品流通企业验收入库商品的实际成本应通过“库存商品”账户核算。该账户属资产类账户。在数量进价金额核算法下，该账户借方登记验收入库商品的实际成本；贷方登记发出库存商品的实际成本；期末借方余额，反映库存商品的实际成本。该账户应按商品的品名、规格等进行明细核算。

（3）库存商品典型业务核算。

① 商品购进的核算。数量进价金额核算法下商品购进业务与实际成本计价法下原材料购进业务核算原理相似，此处不作介绍。

② 商品销售成本的计算与结转。企业销售商品后，应按一定的方法计算并结转已售商品成本。商品销售成本的计算方法有先进先出法、加权平均法、个别计价法和毛利率法。批发企业经营的商品品种多，用前三种方法计算商品销售成本工作量大，为简化平时结转商品销售成本的手续，在每个季度的前两个月可以采用毛利率法匡算商品销售成本，在季末最后月份，再采用先进先出

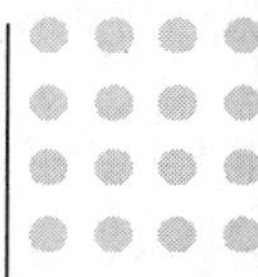

法、加权平均法等方法计算确定商品销售成本，以保证商品销售成本最终计算的准确性。

毛利率法是根据本期销售净额乘以上期实际（或本期计划）毛利率匡算本期销售毛利，并据以计算发出存货和期末存货成本的一种方法。计算公式为

毛利率=（销售毛利/销售净额）×100%

销售净额=销售收入－销售退回与折让

本期销售成本=本期销售净额×（1−毛利率）

期末存货成本=期初存货成本+本期购货成本－本期销售成本

【例 3-1-24】某批发公司经营甲类商品，2013 年一季度的毛利率为 20%，二季度的进货成本为 540 万元，4 月初甲类商品的结存金额为 150 万元，4 月、5 月、6 月甲类商品销售额分别为 200 万元、180 万元、250 万元。6 月按加权平均法计算甲类商品的结存金额为 165 万元。

该公司 2013 年二季度各月份商品销售成本计算如下。

4 月份商品销售成本=2 000 000×（1－20%）=1 600 000（元）

5 月份商品销售成本=1 800 000×（1－20%）=1 440 000（元）

6 月份商品销售成本=1 500 000+5 400 000－1 600 000－1 440 000−1 650 000=2 210 000（元）

上述计算的 6 月商品销售成本 221 万元中，包含了 6 月的实际销售成本，也包含了 4、5 月份因采用毛利率匡算的商品销售成本所产生的误差。

以 6 月为例，结转销售成本的会计分录如下。

借：主营业务成本　　　　2 210 000

　　贷：库存商品　　　　　　2 210 000

2．售价金额核算法

（1）售价金额核算法的概念。售价金额核算法是指平时商品的购进与销售均按售价记账，售价与进价的差额通过专设账户（“商品进销差价”）核算，期末计算进销差价率和本期已售商品应分摊的进销差价，并据以调整本期销售成本的一种方法。

在该方法下，企业应建立实物负责制，将所经营的全部商品按品种、类别及管理的需要划分为若干实物负责小组，确定其实物负责人，实物负责人对其所经营的商品负全部经济责任。库存商品总账和明细账都按商品的售价记账，库存商品明细账按实物负责人或小组分户，只记售价金额不记实物数量。对于库存商品进价与售价之间的差额应设置“商品进销差价”账户核算，并在期末计算和分摊已售商品的进销差价。

售价金额核算法一般适用于零售企业的商品管理与核算。

（2）账户设置。商品流通企业售价金额核算法下，应设置“库存商品”账户核算验收入库的库存商品。该账户借方登记验收入库商品的售价；贷方登记发出商品的售价；期末借方余额，反映库存商品售价。本账户按商品类别或实物负责人进行明细核算。

在售价金额核算法下，为核算库存商品进价与售价之间的差额应设置“商品进销差价”账户。该账户属资产类账户，也是“库存商品”账户的备抵调整账户。该账户贷方登记购进、加工收回以及销售退回等增加的商品进销差价；借方登记转出已售商品实现的进销差价；期末贷方余额，反映库存商品应保留的进销差价。本账户应按商品类别或实物负责人进行明细核算。

（3）库存商品典型业务核算。

① 商品购进的核算。售价金额核算法与数量进价金额核算法的最大区别在于，库存商品按售

价记账，商品验收入库时应确认商品进销差价。

● 单货同到业务。

【例 3-1-25】中山百货商场购入商品一批，取得增值税专用发票注明价款 10 000 元、增值税税额 1 700 元，款项以银行存款支付。商品由百货组验收，合计零售价 17 000 元（含税）。中山百货编制如下会计分录。

借：库存商品——百货组　　17 000
　　应交税费——应交增值税（进项税额）　　1 700
　　贷：银行存款　　11 700
　　　　商品进销差价——百货组　　7 000

● 单到货未到业务。

【例 3-1-26】3 月 5 日，中山百货商场从外地购进甲商品，取得增值税专用发票注明价款 30 000 元、增值税税额 5 100 元；支付进货运杂费 2 300 元（非“营改增”试点地区）。3 月 10 日，商品运达，交由服装组验收入库，合计售价 43 500 元。中山百货账务处理如下。

3 月 5 日，支付货款时，编制如下会计分录。

借：在途物资　　32 300
　　应交税费——应交增值税（进项税额）　　5 100
　　贷：银行存款　　37 400

3 月 10 日，商品验收入库，编制如下会计分录。

借：库存商品——服装组　　43 500
　　贷：在途物资　　32 300
　　　　商品进销差价——服装组　　11 200

● 货到单未到业务。

【例 3-1-27】3 月 10 日中山百货商场从外地购进商品一批，货物收到并由食品组验收，该批货物售价 7 800 元。3 月 20 日收到增值税专用发票注明价款 5 000 元、增值税税额 850 元。3 月 22 日支付全部款项。中山百货账务处理如下。

3 月 10 日，将商品验收入库，暂不作账务处理。

3 月 22 日，支付款项，编制如下会计分录。

借：库存商品——食品组　　7 800
　　应交税费——应交增值税（进项税额）　　850
　　贷：银行存款　　5 850
　　　　商品进销差价——食品组　　2 800

② 商品销售成本的计算与结转。零售商品销售实现的同时，必须按含税价先结转商品销售成本，以调整实物负责人的经济责任。但因为商品的售价中包含了商品的采购成本和进销差价，按售价结转的商品销售成本不是真正意义上的商品销售成本，只有将商品进销差价从按售价结转的销售成本中剔除，才能反映真实的商品销售成本。因此，在月末需要通过计算商品进销差价率，确认已销商品的进销差价，并据以调整商品销售成本。计算公式为

商品进销差价率 =（期初商品进销差价 + 本期增加商品进销差价）/
（期初库存商品售价 + 本期购入商品售价）× 100%

本期销售商品应分摊的商品进销差价＝本期商品销售收入×商品进销差价率

本期销售商品成本＝本期商品销售收入－本期销售商品应分摊的商品进销差价

期末结存商品成本＝期初库存商品进价成本＋本期购进商品进价成本－本期销售商品成本

企业的商品进销差价率各期之间是比较均衡的，因此，也可以采用上期商品进销差价率计算分摊本期的商品进销差价。年度终了，应对商品进销差价进行核实调整。

【例3-1-28】中山百货商场2013年3月期初库存商品进价成本为100万元，售价总额为110万元，本月购进该商品进价成本为75万元，售价总额为90万元，本月销售收入为120万元。

中山百货商场3月商品进销差价率及已销商品应分摊的商品进销差价计算如下。

商品进销差价率＝（10+15）/（110+90）×100%＝12.5%

已销商品应分摊的商品进销差价＝120×12.5%＝15（万元）

结转销售成本及进销差价，编制如下会计分录。

借：主营业务成本　　950 000

　　商品进销差价　　150 000

　　贷：库存商品　　1 100 000

四、周转材料核算

周转材料是指企业能够多次使用、逐渐转移其价值但仍保持原有形态，又不确认为固定资产的材料，包括包装物和低值易耗品。

1．包装物的核算

（1）包装物的概念及账户设置。包装物是指为包装本企业产品而储备的各种包装容器，如桶、瓶、袋、箱等。企业的包装物种类繁多，按其用途不同可分为：生产过程中用于包装产品作为产品组成部分的包装物；随同商品销售不单独计价的包装物；随同商品销售单独计价的包装物；出租或出借给购货单位使用的包装物。

为了核算包装物的增减变动及其价值损耗、结存等情况，企业应设置“周转材料——包装物”账户。该账户属资产类账户。其借方登记验收入库包装物的成本；贷方登记发出包装物的成本；期末借方余额，反映库存包装物的成本。本账户应按包装物的种类进行明细核算。包装物较多的企业也可以单独设置“包装物”账户。

提示　下列包装物会计上不作“包装物”核算：各种包装材料，如纸、绳、铁丝、铁皮等，应作“原材料”核算；在企业生产经营过程中用于储存和保管货物，不对外出售、出租或出借的包装物，如企业经营过程中周转使用的包装容器，应按使用年限长短，分别作“固定资产”或“周转材料——低值易耗品”核算。

（2）包装物典型业务核算。

① 取得包装物的核算。企业购入、自制、委托加工收回验收入库包装物的核算，与原材料取得的核算原理相同，此处不再重述。

② 发出包装物的核算。

● 生产领用包装物。生产领用包装物大多属于内包装，构成产品不可分割的组成部分，因此，应将包装物成本直接计入产品生产成本。

【例 3-1-29】宏业公司对包装物采用计划成本核算，3 月 6 日生产产品领用包装物一批，计划成本为 200 000 元，材料成本差异率为-3%。宏业公司编制如下会计分录。

借：生产成本　194 000
　材料成本差异——包装物　6 000
　贷：周转材料——包装物　200 000

● 随同商品销售不单独计价包装物。随同商品销售不单独计价的包装物，使用包装物的目的是为了确保销售商品的质量或提供良好的服务，因此，应将包装物的成本作为销售费用核算。

【例 3-1-30】3 月 7 日，宏业公司销售商品领用不单独计价包装物一批，计划成本为 60 000 元，材料成本差异率为-3%。宏业公司编制如下会计分录。

借：销售费用　58 200
　材料成本差异——包装物　1 800
　贷：周转材料——包装物　60 000

● 随同商品销售单独计价包装物。包装物随同商品销售并单独计价，实质上就是出售包装物，因此，账务处理与出售原材料相同，其收入作其他业务收入核算，其成本列为其他业务成本。

【例 3-1-31】3 月 12 日，宏业公司销售商品领用单独计价包装物一批，售价为 20 000 元，增值税税额为 3 400 元，款项已存入银行。该批包装物计划成本为 16 000 元，材料成本差异率为 3%。宏业公司账务处理如下。

随同商品销售收到款项时，编制如下会计分录。

借：银行存款　23 400
　贷：其他业务收入　20 000
　　应交税费——应交增值税（销项税额）　3 400

结转所售包装物成本时，编制如下会计分录。

借：其他业务成本　16 480
　贷：周转材料——包装物　16 000
　　材料成本差异　480

● 出租、出借包装物。包装物出租是指企业将包装物以租赁形式借给购货方暂时使用；出借包装物是指企业将包装物无偿提供给购货方暂时使用。出租包装物属于企业经营业务，在包装物出租期间，企业应将双方约定收取的租金作为其他业务收入，与之对应的出租包装物的成本应列为其他业务成本。出借包装物只是企业的一种促销手段，一般不应向借方收取费用，包装物出借期间发生的包装物成本应作为销售费用。

出租、出借包装物的成本摊销方法一般采用一次摊销法，即包装物一经发出，其成本一次全部注销。

【例 3-1-32】3 月 12 日，宏业公司随同产品销售出租新包装箱 10 个，单位成本 50 元，押金按每个 60 元收取，款项存入银行。3 月 26 日收回包装箱租金 234 元（其中增值税 34 元），从押金中扣除，余款以现金退回。包装物成本在领用时一次转销。宏业公司账务处理如下。

3 月 12 日，领用包装物一次转销成本，编制如下会计分录。

借：其他业务成本　　500

　　贷：周转材料——包装物　　500

3 月 12 日，收取包装物押金，编制如下会计分录。

借：银行存款　　600

　　贷：其他应付款——存入保证金　　600

3 月 26 日，确认租金收入并结清押金，编制如下会计分录。

借：其他应付款——存入保证金　　600

　　贷：其他业务收入　　200

　　　　应交税费——应交增值税（销项税额）　　34

　　　　库存现金　　366

承【例 3-1-32】资料，若包装物出借，其他条件不变，宏业公司应如何编制会计分录？

2. 低值易耗品核算

（1）低值易耗品的概念及账户设置。低值易耗品是指不符合固定资产标准的各种用具物品，如工具、管理用具、玻璃器皿以及在经营过程中周转使用的包装容器（非包装物）等。

低值易耗品的性质属于劳动资料，可以参与多次生产周转而不改变其原有的实物形态，其价值随实物的不断磨损逐渐转化为成本费用，体现了与固定资产相似的性质。但低值易耗品价值低、易损坏，收发频繁，实际工作中为了简化管理与核算工作，通常将其列入流动资产。

为了核算企业库存低值易耗品的成本，企业应设置“周转材料——低值易耗品”账户。该账户属于资产类账户。其借方登记验收入库低值易耗品的成本；贷方登记发出低值易耗品转销的成本；期末借方余额，反映企业库存低值易耗品的成本。本账户应按低值易耗品的类别、品种规格进行数量金额明细核算。低值易耗品较多的企业也可以单独设置“低值易耗品”账户核算。

（2）低值易耗品典型业务核算。

① 取得低值易耗品的核算。企业外购、自制、委托加工完成验收入库的低值易耗品的核算，与原材料取得的核算原理相同，这里不重述。

② 低值易耗品摊销的核算。低值易耗品价值随生产使用逐渐转移的过程就是低值易耗品摊销，其摊销方法有一次摊销法和五五摊销法。

• 一次摊销法。也叫一次转销法，是指在领用低值易耗品时，一次将其价值全部转入当期成本费用的摊销方法。采用该方法，在领用低值易耗品时，借记“制造费用”、“管理费用”等账户，贷记“周转材料——低值易耗品”账户，如果按计划成本核算，还应贷记“材料成本差异”账户。低值易耗品报废时，将其残值冲减当月低值易耗品的摊销额，借记“原材料”等账户，贷记“制造费用”、“管理费用”等账户。

【例 3-1-33】3 月 12 日，宏业公司基本生产车间领用一般工具一批，实际成本 4 000 元。宏业公司编制如下会计分录。

借：制造费用　　4 000
　　贷：周转材料——低值易耗品　　4 000

采用一次摊销法核算简单，但不能反映低值易耗品的损耗程度，并且会计账簿上一次转销，而实际仍在使用中，会形成账外资产，不利于对低值易耗品的实物管理。若领用的低值易耗品价值较大，会使当期成本费用增高，不利于成本费用的均衡分配。因此，该方法主要适用于一次领用数量不多、价值较低、使用期限较短或容易破损的低值易耗品的摊销。

● 五五摊销法。在该方法下，领用低值易耗品时，先摊销其原值的 50%，报废时再摊销其剩余的 50%。采用该方法，应在“周转材料——低值易耗品”账户下设置“在库”、“在用”和“摊销”三个明细账户。

【例 3-1-34】3 月 10 日，宏业公司基本生产车间领用专用工具一批，实际成本为 50 000 元，同年 6 月 16 日公司所用专用工具报废，假设无残值。采用五五摊销法，宏业公司账务处理如下。

3 月 10 日，领用专用工具时，编制如下会计分录。

借：周转材料——低值易耗品（在用）　　50 000
　　贷：周转材料——低值易耗品（在库）　　50 000

同时摊销其 50%成本，编制如下会计分录。

借：制造费用　　25 000
　　贷：周转材料——低值易耗品（摊销）　　25 000

6 月 16 日，专用工具报废时，摊销其剩余 50%成本，编制如下会计分录。

借：制造费用　　25 000
　　贷：周转材料——低值易耗品（摊销）　　25 000

同时转销低值易耗品摊销账户，编制如下会计分录。

借：周转材料——低值易耗品（摊销）　　50 000
　　贷：周转材料——低值易耗品（在用）　　50 000

若报废低值易耗品有残值，应作为当月低值易耗品摊销额的减少，冲减有关成本费用账户，借记“原材料”等账户，贷记“制造费用”、“管理费用”等账户。

采用五五摊销法，能够在账上反映在用低值易耗品的成本，有利于加强财物的管理，但若报废时，有关部门不能及时处理，容易造成账实不符。该方法适用于价值较大的低值易耗品的摊销。

五、委托加工物资核算

1．委托加工物资的概念及账户设置

委托加工物资是指企业委托外单位加工的各种材料、商品等物资。

为了反映和监督委托加工物资增减变动及其结存情况，企业应设置“委托加工物资”账户。该账户属资产类账户。其借方登记发出加工物资的实际成本、支付的加工费、应负担的运杂费和

应计入委托加工物资成本的税金；贷方登记加工完成验收入库物资的实际成本和退回剩余物资的实际成本；期末借方余额，反映企业尚未完工的委托加工物资的实际成本和发出加工物资的运杂费等。该账户应按加工合同、受托加工单位及加工物资的品种等进行明细核算。

2．委托加工物资典型业务核算

委托加工物资既可按实际成本核算，也可以按计划成本核算，其方法与库存商品相似。

【例 3-1-35】宏业公司委托甲企业加工商品一批（属于应税消费品），有关资料如下。3 月 10 日，发出委托加工材料一批，实际成本 6790000 元；3 月 25 日，支付加工费 120000 元（不含增值税），应由受托方代收代缴的消费税 660000 元，该商品收回后用于连续生产应税消费品；3 月 30 日，用银行存款支付往返运杂费 10000 元；4 月 5 日，上述商品加工完毕，已办理验收入库手续。双方均为增值税一般纳税人，适用增值税税率为 17%。宏业公司对库存商品按实际成本计价核算，有关账务处理如下。

3 月 10 日，发出委托加工材料时，编制如下会计分录。

借：委托加工物资	6790000	
贷：原材料		6790000

3 月 25 日，支付加工费、增值税和消费税时，编制如下会计分录。

借：委托加工物资	120000	
应交税费——应交消费税	660000	
——应交增值税（进项税额）	20400	
贷：银行存款		800400

3 月 30 日，支付往返运杂费时，编制如下会计分录。

借：委托加工物资	10000	
贷：银行存款		10000

4 月 5 日，委托收回商品验收入库时，编制如下会计分录。

借：库存商品	6920000	
贷：委托加工物资		6920000

提示　按税法规定企业委托加工的应税消费品，应当由受托方代收代缴消费税。委托加工收回的应税消费品用于连续生产应税消费品的，其已纳税款准予扣除，借记“应交税费——应交消费税”账户；委托加工物资收回后直接用于销售的，其已纳税款不得扣除，列入委托加工物资成本，借记“委托加工物资”账户。

六、存货清查核算

1．财产清查的方法及账户设置

由于存货种类繁多，收发频繁，在日常收发过程中可能发生计量计算错误、自然损耗、损坏变质以及贪污盗窃等情况，造成账实不符。为了保证存货会计信息真实可靠，企业应对存货进行清查，通过对存货实有数与账面结存数核对，确定存货是否账实相符。

存货清查如果发现盈亏，应填写存货盘点报告单，及时查明原因，并按照规定程序报批处理。为了反映企业在财产清查中查明的各种存货的盈亏和毁损情况，企业应设置“待处理财产损溢”账户。该账户属资产类账户。其借方登记存货的盘亏、毁损金额及盘盈的转销金额；贷方登记存货的盘盈金额及盘亏的转销金额。企业清查的各种存货损溢，应在期末结账前处理完毕，期末处理后，本账户应无余额。

2．存货盘点盈亏典型业务核算

（1）存货盘盈业务的核算。存货盘盈在按规定的管理权限报经批准后，转入“管理费用”账户。

【例 3-1-36】3 月 31 日，宏业公司在财产清查中盘盈 A 材料 2000 千克，实际单位成本 50 元，经查属于材料收发计量错误。宏业公司账务处理如下。

批准处理前，编制如下会计分录。

借：原材料——A 材料　　100000

　　贷：待处理财产损溢——待处理流动资产损溢　　100000

批准处理后，编制如下会计分录。

借：待处理财产损溢——待处理流动资产损溢　　100000

　　贷：管理费用　　100000

（2）存货盘亏及毁损业务的核算。存货盘亏及损毁在按规定管理权限报经批准后分别按以下不同情况处理。对于入库的残料价值，记入“原材料”等账户；对于应由保险公司和过失人承担的赔款，记入“其他应收款”账户；管理不善造成的净损失，记入“管理费用”账户；自然灾害等非常原因的净损失，记入“营业外支出”账户。

【例 3-1-37】3 月 31 日，宏业公司进行期末财产清查，发现毁损 B 材料 200 千克，实际单位成本 200 元，该批材料已抵扣的进项税额为 6800 元。经查属于保管员过失造成，按规定个人赔偿 30000 元，残料价值 4000 元已办理入库手续。宏业公司账务处理如下。

批准处理前，编制如下会计分录。

借：待处理财产损溢——待处理流动资产损溢　　46800

　　贷：原材料——B 材料　　40000

　　　　应交税费——应交增值税（进项税额转出）　　6800

批准处理后，编制如下会计分录。

借：其他应收款　　30000

　　原材料　　4000

　　管理费用　　12800

　　贷：待处理财产损溢——待处理流动资产损溢　　46800

练一练

某公司因台风造成一批库存材料毁损，实际成本为 60000 元，该批材料已抵扣增值税进项税额 10200 元，根据保险责任范围及保险合同规定，应由保险公司赔偿 40000 元。请编制相关会计分录。

链接

《小企业会计准则》规定，盘盈存货实现的收益应计入“营业外收入”账户，盘亏存货发生的损失应计入“营业外支出”账户。

任务实施

任务资料和任务目标见本任务的【任务导入】，具体任务实施过程如下。

（1）生产领用材料时，编制如下会计分录。

借：生产成本——基本生产成本　　5 000
　　贷：原材料　　5 000

（2）购买原材料时，编制如下会计分录。

借：材料采购　　30 500
　　应交税费——应交增值税（进项税额）　　5 100
　　贷：应付票据　　35 600

材料验收入库时，编制如下会计分录。

借：原材料　　31 000
　　贷：材料采购　　30 500
　　　　材料成本差异　　500

（3）本月材料成本差异率=（200–500）/（20 000+31 000）=–0.588%

本月发出材料应负担成本差异=5 000 × (–0.588%)=–29.4（元）

月末结转本月发出材料应负担成本，编制如下会计分录。

借：材料成本差异　　29.4
　　贷：生产成本——基本生产成本　　29.4

任务二　固定资产核算

学习目标

知识目标：了解固定资产的概念与分类；掌握固定资产初始成本的确认原则、折旧范围的确定和折旧方法的选择；熟悉固定资产取得、折旧计提、后续支出、处置、清查及减值等业务的核算方法。

技能目标：能正确选择固定资产折旧方法并计算折旧额；能根据有关原始凭证对固定资产取得、折旧计提、后续支出、处置、清查及减值等业务进行账务处理。

任务导入

任务资料：2013 年城成水泥厂因生产经营需要决定自营建造仓库一间，预计工程建设期 3 个月，发生的与该工程项目有关的业务资料如下。

（1）1月5日，购入工程建设用钢材一批，价款为200 000元，增值税税额为34 000元，物资验收入库，款项以银行存款付讫。

（2）1月7日，工程开工，领用上述全部钢材。

（3）1月7日，工程领用本单位生产的水泥一批，成本20 000元，税务部门核定计税价格为30 000元。

（4）1月12日，工程领用外购原材料一批，材料实际成本10 000元，应负担的增值税税额为1 700元。

（5）1月至3月，应付工程人员工资20 000元，以银行存款支付其他费用9 200元。

（6）3月31日，该仓库达到预定可使用状态交付使用。

该仓库预计使用20年，净残值20 000万元，采用直线法计提折旧。

任务目标：

（1）根据（1）至（5）的资料，编制相关会计分录。

（2）计算该仓库的入账价值。

（3）计算2013年度该仓库应计提的折旧额，并编制会计分录。

知识准备

政策依据：《企业会计准则第4号——固定资产》及其应用指南。

一、固定资产认知

固定资产是指为生产商品、提供劳务、出租或经营管理而持有的，使用寿命超过一个会计年度的，单位价值较高的有形资产。固定资产种类繁多，为了管理需要必须进行科学的分类，实务中最常见的分类标准是同时考虑固定资产经济用途和使用情况的综合分类。具体分类如下。

（1）生产经营用固定资产，是指直接服务于企业生产经营过程的各种固定资产，如生产用房屋。

（2）非生产经营用固定资产，是指不直接服务于生产经营过程的固定资产，如职工宿舍。

（3）不需用固定资产，是指企业多余不用或不再适用而准备调配处理的固定资产。

（4）未使用固定资产，是指已完工但尚未交付使用的新增固定资产以及因改建、扩建等原因暂停使用的固定资产，如企业购建的尚待安装的固定资产。

（5）土地，是指过去已经估价单独入账的土地。【提示】因征地而支付的补偿费应计入与土地有关的房屋建筑物价值，不单独作为土地价值入账。

（6）融资租入固定资产，是指以融资租赁方式租入的固定资产。【提示】以经营租赁方式租出的建筑物属于投资性房地产。

二、固定资产取得的核算

1．固定资产的确认

某一资产项目在符合固定资产定义的前提下，如果同时满足“与该资产有关的经济利益很可能流入企业；该资产的成本能够可靠计量”这两个条件，应作为固定资产确认。

在会计实务中，判断某项固定资产包含的经济利益是否很可能流入企业，主要依据是与该固定资产所有权相关的风险和报酬是否转移给了企业。凡所有权属于企业的，不论企业是否收到或持有该固定资产，均应作为该企业的固定资产确认。但所有权是否转移，并不是判断与固定资产所有权相关的风险和报酬是否转移的唯一标志。如融资租入固定资产，承租人虽然不拥有该固定资产的所有权，但能够控制该固定资产所包含的经济利益，与固定资产所有权相关的风险和报酬实质上已转移到了承租企业，应作为承租企业的固定资产确认。

提示　备品备件和维修设备通常应确认为存货，但如果需要与相关固定资产组合才能发挥效用，则应确认为固定资产；固定资产的各组成部分如果具有不同的使用寿命或以不同的方式提供经济效益，从而适用不同的折旧率或折旧方法的，应分别确认为单项固定资产。

2．账户设置

固定资产可以通过购买、自建、投资者投入、接受捐赠、融资租入、非货币性资产交换、债务重组等方式获取。取得方式不同，涉及的核算账户不同，主要有以下几个账户。

（1）“固定资产”账户。该账户核算企业固定资产原值的增减变化和结存情况，属资产类账户。其借方登记增加固定资产的原值；贷方登记减少固定资产的原值；期末借方余额，反映企业期末固定资产的原值。本账户应按固定资产类别、使用部门进行明细核算。

（2）“在建工程”账户。该账户核算企业基建、更新改造等在建工程发生的实际支出，属资产类账户。其借方登记企业在建工程的实际支出；贷方登记完工交付使用工程转入“固定资产”账户的实际成本；期末借方余额，反映企业尚未达到预定使用状态在建工程的实际支出。本账户应按建筑工程、安装工程等进行明细核算。

（3）“工程物资”账户。该账户核算企业以自建方式建造固定资产而购入的各类工程物资的实际成本，属资产类账户。其借方登记验收入库工程物资的实际成本；贷方登记领用工程物资的实际成本；期末借方余额，反映期末结存工程物资的实际成本。本账户应按“专用材料”、“专用设备”、“工具器具”等进行明细核算。

3．取得固定资产典型业务核算

（1）外购固定资产核算。企业外购的固定资产，应按实际支付的买价、相关税费、使固定资产达到预定可使用状态前所发生的可归属于此项资产的运输费、装卸费、安装费和专业人员服务费等作为实际成本。

提示　自2009年1月1日起全面实行增值税转型，企业购入与生产经营有关的固定资产支付的增值税，应计入增值税进项税额，不计入固定资产成本。但建筑物、构筑物和其他与土地附着物及纳税人自用的应征消费税的摩托车、汽车、游艇除外。

① 购入不需要安装的固定资产。企业购入不需安装的固定资产，应按实际支付的全部价款作

为固定资产的原值，直接记入“固定资产”账户。

【例 3-2-1】3 月 2 日，宏业公司购入不需安装的生产设备一台，取得增值税专用发票注明价款 30 000 元、增值税税额 5 100 元，支付运杂费 500 元、装卸费 400 元（未取得增值税专用发票）。全部款项以银行存款支付。宏业公司编制如下会计分录。

借：固定资产　　30 900
　　应交税费——应交增值税（进项税额）　　5 100
　　贷：银行存款　　36 000

② 购入需要安装的固定资产。企业购入需安装的固定资产，实际支付的价款应先记入“在建工程”账户，待安装完毕再转入“固定资产”账户。

【例 3-2-2】3 月 5 日，宏业公司购入一台需要安装的生产设备，取得增值税专用发票注明价款 200 000 元、增值税税额 34 000 元，支付运费 5 000 元，取得交通运输业增值税专用发票注明税款 550 元，全部款项以银行存款支付；3 月 6 日，设备投入安装，支付供应商安装费 10 000 元；3 月 20 日安装完毕交付使用。宏业公司相关账务处理如下。

3 月 5 日，支付设备款，编制如下会计分录。

借：在建工程——安装工程　　205 000
　　应交税费——应交增值税（进项税额）　　34 550
　　贷：银行存款　　239 550

3 月 6 日，支付安装费，编制如下会计分录。

借：在建工程——安装工程　　10 000
　　贷：银行存款　　10 000

3 月 20 日，设备安装完毕交付使用，编制如下会计分录。

借：固定资产　　215 000
　　贷：在建工程——安装工程　　215 000

（2）自行建造固定资产核算。自行建造固定资产应按建造此项资产达到预定可使用状态前所发生的必要支出作为该固定资产的实际成本。

链接　《小企业会计准则》规定，自行建造固定资产的成本由建造该项资产在竣工决算前发生的支出（含相关的借款费用）构成。

自建固定资产按其建设方式不同可分为自建工程和出包工程两种。无论采用何种建造方式，所建工程都应按实际发生的支出确定其工程成本，并通过“在建工程”账户核算。

① 自建工程。自建工程是指企业自行组织工程物资采购、自行组织施工的建筑工程和安装工程。

【例 3-2-3】2013 年 5 月某水泥厂自建厂房一幢，建筑工程全部支出资料记录如下，购入钢材一批，取得增值税专用发票注明价款 500 000 元、增值税税额 85 000 元，款项以银行存款支付，钢材已全部由工程部门领用；领用本企业生产的水泥一批，实际成本为 80 000 元，税务部门核定的计税价格为 100 000 元，水泥适用增值税税率 17%；工程建设期间发生工程人员应计工资 200 000 元；为工程建设支付其他费用 40 000 元。厂房建造工程已完工并达到预定可使用状态，水泥厂自营工程账务处理如下。

- 购入工程物资支付货款，编制如下会计分录。

借：工程物资——钢材　　585 000
　　贷：银行存款　　585 000

提示　不动产建造购进专用材料支付的增值税不得作为进项税额抵扣。

- 工程领用工程物资，编制如下会计分录。

借：在建工程——建筑工程　　585 000
　　贷：工程物资——钢材　　585 000

- 工程领用本企业生产的水泥，编制如下会计分录。

借：在建工程——建筑工程　　97 000
　　贷：库存商品　　80 000
　　　　应交税费——应交增值税（销项税额）　　17 000

提示　自产货物用于建造不动产（属于增值税非应税项目）应视同销售计算增值税销项税额。

- 分配工程人员工资，编制如下会计分录。

借：在建工程——建筑工程　　200 000
　　贷：应付职工薪酬——工资　　200 000

- 支付工程发生其他费用，编制如下会计分录。

借：在建工程——建筑工程　　40 000
　　贷：银行存款　　40 000

- 工程完工交付使用，编制如下会计分录。

借：固定资产　　922 000
　　贷：在建工程——建筑工程　　922 000

想一想　若本例水泥厂建造的不是厂房而是一条生产线，其他条件不变，上述业务该作怎样的处理？

② 出包工程。出包工程是指企业通过招标等方式将工程项目发包给承包商，由承包商组织施工的建筑安装工程。

【例 3-2-4】2013 年 1 月 3 日，宏业公司以出包方式建造一条生产线，根据合同约定工程造价为 800 000 元，当日公司预付合同价款 500 000 元；4 月 28 日工程验收合格，按合同约定与承包商结算工程合同款，补付工程款 300 000 元。另整个工程项目发生管理费、可行性研究费等支出共计 100 000 元。宏业公司有关账务处理如下。

● 预付合同款，编制如下会计分录。

借：预付账款　　500 000

　贷：银行存款　　500 000

● 工程竣工验收，并结算工程款，编制如下会计分录。

借：在建工程——出包工程　　800 000

　贷：预付账款　　500 000

　　银行存款　　300 000

● 发生应计入工程成本的管理费、可行性研究费等支出，编制如下会计分录。

借：在建工程——出包工程　　100 000

　贷：银行存款　　100 000

● 工程完工并达到预定可使用状态验收交付使用，编制如下会计分录。

借：固定资产　　900 000

　贷：在建工程——出包工程　　900 000

（3）其他方式取得固定资产核算。

① 投资者投入。企业接受投资者投入固定资产，应按合同或协议的公允价值确认其成本，但合同或协议约定价值不公允的，应以公允价值计量，公允价值与合同约定价值之间的差额计入资本公积。

【例 3-2-5】3 月 15 日，宏业公司收到伟达公司投入设备一台，伟达公司记录该设备的账面原价为 300 000 元，已提折旧 40 000 元。经双方协商确认价值为 290 000 元，双方同意以该价值确认投资额。宏业公司编制如下会计分录。

借：固定资产　　290 000

　贷：实收资本——伟达公司　　290 000

② 接受捐赠。接受捐赠固定资产的成本按捐赠方是否提供有关凭证分别处理。捐赠方提供凭证的，按凭证上标明的金额加上应支付的相关税费作为固定资产实际成本；捐赠方未提供有关凭证的，按市价或同类固定资产的市价，加应支付的相关税费作为固定资产实际成本。

【例 3-2-6】3 月 16 日，宏业公司接受捐赠生产设备一台，捐赠方提供增值税专用发票注明价款 50 000 元、增值税税额 8 500 元。宏业公司支付设备运输费，取得增值税专用发票注明运费 2 000 元、增值税税额 220 元。宏业公司编制如下会计分录。

借：固定资产　　52 000

　应交税费——应交增值税（进项税额）　　8 720

　贷：银行存款　　2 220

　　营业外收入——捐赠利得　　58 500

由于篇幅所限，债务重组、非货币性资产交换、融资租入方式取得固定资产本教材不作讲述。

三、固定资产折旧的核算

1．固定资产折旧概念及影响因素

固定资产折旧是指固定资产在使用过程中逐渐损耗的那部分价值。计提固定资产折旧是指在

固定资产使用寿命期内，按照确定的方法对应计折旧额进行系统分摊的动态过程。应计折旧总额计算公式为

应计折旧总额=原值-预计净残值-固定资产减值准备

从固定资产折旧计提过程看，影响固定资产折旧的因素有以下几项。

（1）固定资产原值，是指取得固定资产的原始成本。

（2）预计净残值，是指在固定资产报废时对固定资产支出的一种价值回收。从数量上，它等于固定资产报废时可以收回的残余价值扣除预计清理费用后的净额。

（3）预计使用年限，也称经济寿命，是指企业使用固定资产的预计期间，或该固定资产所能生产的产品或提供劳务的数量。确定固定资产使用年限，应同时考虑固定资产的有形损耗与无形损耗。

2．固定资产折旧的计提范围

根据企业会计准则规定，除下列情况外，企业应对所有的固定资产计提折旧：已提足折旧仍继续使用的固定资产和单独计价入账的土地。实际业务中应注意以下几点。

（1）固定资产应当按月计提折旧，为简化核算规定：当月增加的固定资产，当月不计提折旧，从下月起计提；当月减少的固定资产，当月仍计提折旧，从下月起不再计提。

（2）已提足折旧的固定资产，不论能否继续使用，均不再计提；提前报废的固定资产，也不再补提折旧。所谓提足折旧是指已经提足该项固定资产的应计折旧总额。

（3）已达到预定可使用状态但尚未办理竣工决算的固定资产，应当按估计价值确定其成本，并计提折旧，待办理竣工决算后，再按实际成本调整原暂估价值，但不需调整原已计提的折旧额。

（4）经营性租入和融资性租出的固定资产不提折旧；经营性租出和融资性租入的固定资产企业拥有所有权或控制权，应当计提折旧。

（5）未使用、不需用的固定资产、因大修理而停用的固定资产均需计提折旧，而因扩建转入在建工程的固定资产、未提足折旧而提前报废的固定资产不提折旧。

3．固定资产的折旧方法

企业应当根据与固定资产有关的经济利益的预期实现方式，合理选择固定资产折旧方法。折旧方法一经确定，不得随意变更。

链接

《小企业会计准则》规定，小企业应当按照年限平均法计提折旧。小企业的固定资产由于技术进步等原因，确需加速折旧的，可以采用双倍余额递减法和年数总和法。小企业应当根据固定资产的使用情况，并考虑税法的规定，合理确定固定资产的使用寿命和预计净残值。

（1）平均折旧法。平均折旧法是指特定单位所分摊的折旧额相等的一类方法，包括年限平均法和工作量法。

① 年限平均法，又称直线法，是指将固定资产的应计折旧总额均衡地分摊到固定资产预计使用年限内的一种方法。计算公式为

年折旧率 =（1-预计净残值率）/预计使用年限 × 100%

月折旧率 = 年折旧率/12

月折旧额 = 固定资产原价 × 月折旧率

或，年折旧额=（原值 – 预计净残值）÷ 预计使用年限

【例 3-2-7】宏业公司有厂房一幢，原价 2000000 元，预计可使用 5 年，预计净残值率为 2%。该厂房的折旧率和折旧额的计算如下。

年折旧率 =（1–2%）/5 = 19.6%

月折旧率 = 19.6%/12 = 1.63%

月折旧额 = 2000000 × 1.63% = 32600（元）

② 工作量法。工作量法是根据实际工作量计算每期应提折旧额的方法。计算公式为

单位工作量折旧额 = 固定资产原价 ×（1 – 预计净残值率）÷ 预计总工作量

某项固定资产月折旧额=该项固定资产当月工作量 × 单位工作量折旧额

【例 3-2-8】宏业公司有一辆卡车，原价 160000 元，预计总行驶里程 500000 千米，预计净残值率 5%。2013 年 3 月份行驶 8000 千米。该汽车 3 月折旧额计算如下。

单位里程折旧额 = 160000 ×（1–5%）/500000 = 0.304（元/千米）

3 月折旧额=8000 × 0.304=2432（元）

（2）加速折旧法。加速折旧法是指在固定资产预计使用年限的前期多计提折旧，后期少计提折旧，从而使固定资产大部分成本在预计使用年限的前期得到补偿的一类方法，包括双倍余额递减法和年数总和法。

① 双倍余额递减法，是指在不考虑固定资产预计净残值的情况下，根据每期期初固定资产原值减去累计折旧后的金额和双倍的直线法折旧率计算固定资产折旧的一种方法。计算公式为

年折旧率=2 ÷ 预计使用寿命（年）× 100%

年折旧额=每年年初固定资产账面净值 × 年折旧率

采用这种方法计算折旧额时，由于每年年初固定资产净值没有扣除预计净残值，故不能保证在固定资产使用寿命终了时折余价值刚好等于预计净残值，因此在应用这种方法计算折旧额时必须注意不能使固定资产账面折余值降低到其预计净残值以下。会计实务中，一般在固定资产使用年限剩余两年时改为年限平均法计算折旧，即将固定资产净值扣除预计净残值后的余额平均摊销。

【例 3-2-9】承【例 3-2-7】资料，按双倍余额递减法计提折旧，每年的折旧额计算如下。

年折旧率 = 2/5 × 100% = 40%

第 1 年应提折旧额=2000000 × 40%=800000（元）

第 2 年应提折旧额=（2000000–800000）× 40%=480000（元）

第 3 年应提折旧额=（1200000–480000）× 40%=288000（元）

从第 4 年起改用年限平均法（直线法）计提折旧。

第 4 年、第 5 年年折旧额 = [（720000–288000）–40000]/2 = 196000（元）

每年各月折旧额根据年折旧额除以 12 来计算。

② 年数总和法，是指将固定资产的原值减去预计净残值后的净额为折旧基数，乘以一个以固定资产尚可使用寿命为分子、预计使用寿命逐年数字之和为分母的逐年递减的分数计算各期固定资产折旧额的一种方法。计算公式为

年折旧率=尚可使用年限 ÷ 预计使用年限的年数总和 × 100%

折旧额=（固定资产原价－预计净残值）×折旧率

【例 3-2-10】承【例 3-2-7】资料，按年数总和法计提折旧，每年的折旧额计算如表 3-2-1 所示。

表 3-2-1 固定资产折旧计算表

金额单位：元

年份	应提折旧总额（原值－预计净残值）	尚可使用年限	年折旧率	年折旧额	累计折旧
1	1 960 000	5	5/15	653 333	653 333
2	1 960 000	4	4/15	522 667	1 176 000
3	1 960 000	3	3/15	392 000	1 568 000
4	1 960 000	2	2/15	261 333	1 829 333
5	1 960 000	1	1/15	130 667	1 960 000

每年各月折旧额根据年折旧额除以 12 来计算。

4．固定资产折旧的核算

企业计提固定资产折旧时，一方面要反映由于使用固定资产而增加的成本费用支出，另一方面要反映固定资产价值的减少。为使“固定资产”账户保持原始价值记录，应单独设置“累计折旧”账户专门核算由于折旧而减少的固定资产价值。“累计折旧”账户，属资产类账户，也是“固定资产”账户的备抵调整账户。其贷方登记固定资产折旧的增加；借方登记固定资产折旧的减少；期末贷方余额，反映固定资产的累计折旧额。

企业计提的固定资折旧是一种费用，因此，应根据使用固定资产的受益对象分别记入有关成本费用账户。固定资产折旧与成本费用的关系归纳如下。

自行建造固定资产过程中使用的，应计入在建工程；生产车间使用的，应计入制造费用；管理部门使用的，应计入管理费用；销售部门使用的，应计入销售费用；经营租出的，应计入其他业务成本；未使用的，应计入管理费用。

【例 3-2-11】宏业公司 2013 年 3 月固定资产计提折旧情况如下。一车间厂房计提折旧 4 800 000 元，机器设备计提折旧 4 500 000 元；管理部门房屋计提折旧 7 500 000 元，运输工具计提折旧 2 400 000 元；销售部门房屋计提折旧 3 200 000 元，运输工具计提折旧 2 630 000 元。当月新购置机器设备一台，价值为 5 400 000 元，预计使用寿命为 10 年，该企业同类设备计提折旧采用年限平均法。

本例中，新购置的机器设备本月不计提折旧。宏业公司编制如下会计分录。

借：制造费用——一车间　　9 300 000
　　管理费用　　9 900 000
　　销售费用　　5 830 000
　　贷：累计折旧　　25 030 000

四、固定资产后续支出的核算

固定资产在投入使用后，为了适应新技术发展的需要，或为维护或提高固定资产的使用效能，需要对现有固定资产进行维护、改建或扩建，从而形成固定资产的后续支出。企业会计准则规定，对于固定资产的后续支出，符合固定资产确认条件的，应当资本化计入固定资产成本；不符合确认条件的，应当在发生时直接计入当期损益。

1．资本化的后续支出

固定资产资本化的后续支出，一般能使固定资产的经济效益在原有基础上得到显著提高，如延长固定资产的使用寿命，提高固定资产的生产能力，降低产品的生产成本，提高产品的质量等。固定资产资本化支出，原则上应先记入“在建工程”账户，待工程完工后再转为“固定资产”账户。改建后的固定资产应重新确定使用年限、预计净残值和折旧方法，并据以计提折旧。

【例3-2-12】2013年1月，宏业公司为满足生产发展的需要，决定对本企业2010年12月建成并投入使用的生产线进行改造，改扩建工程于2013年4月30日达到预定可使用状态。改扩建过程支出如下。外购工程用物资一批，取得增值税专用发票注明价款210000元、增值税税额35700元，物资已全部领用；工程建设人员应计工资84000元。原生产线建造成本300000元，采用年限平均法计提折旧，预计净残值率3%，预计使用年限6年。改扩建后生产线的预计净残值率为改扩建后其账面价值的4%，折旧方法不变。该生产线改扩建后，大大提高了生产能力，预计尚可使用年限为7年。不考虑其他相关税费，宏业公司改扩建工程的账务处理如下。

（1）固定资产转入在建工程，编制如下会计分录。

借：在建工程——××生产线　　203000
　　累计折旧　　97000
　　贷：固定资产——××生产线　　300000

注：截至2012年12月，累计折旧=300000×（1－3%）÷6×2=97000（元）

（2）购入改扩建工程物资，编制如下会计分录。

借：工程物资　　210000
　　应交税费——应交增值税（进项税额）　　35700
　　贷：银行存款　　245700

（3）发生改扩建工程支出，编制如下会计分录。

借：在建工程——××生产线　　294000
　　贷：工程物资　　210000
　　　　应付职工薪酬　　84000

（4）改扩建工程达到预定可使用状态转为固定资产，编制如下会计分录。

借：固定资产——××生产线　　497000
　　贷：在建工程——××生产线　　497000

2013年5月开始，宏业公司应对该生产线按新的使用寿命、净残值计提折旧。

2．费用化的后续支出

固定资产的费用化后续支出是为了保持或恢复固定资产的性能标准，以维持其生产能力。这种支出主要包括固定资产大修理支出、日常维护修理支出等不符合固定资产确认条件的后续支出。其账务处理的原则是在发生时直接计入当期损益。

企业生产车间和行政部门等发生的固定资产修理费用应计入管理费用；企业专设销售机构发

生的与专设销售机构相关的固定资产修理支出计入销售费用。经营租入固定资产发生的改良支出计入长期待摊费用，并在剩余租赁期与租赁资产尚可使用年限两者中较短的期间内，采用合理的方法进行摊销。固定资产更新改造支出不满足固定资产确认条件的，也应在发生时直接计入当期损益。融资租入固定资产发生的固定资产后续支出，比照上述原则处理。

【例 3-2-13】2013 年 3 月 10 日，宏业公司对现有的一台管理用设备进行日常修理，修理过程中发生材料费 100000 元，应支付维修人员工资 30000 元。宏业公司编制如下会计分录。

借：管理费用　　130000
　　贷：原材料　　100000
　　　　应付职工薪酬　　30000

五、固定资产处置的核算

1．固定资产处置的内容及账户设置

固定资产处置包括固定资产的出售、转让、报废或毁损、对外投资、非货币性资产交换、债务重组等固定资产减少行为。处于处置状态的固定资产不再用于生产商品、提供劳务、出租或经营管理，因此不再符合固定资产的定义，应予终止确认。

企业因出售、报废、毁损、对外投资、非货币性资产交换、债务重组等原因处置转出的固定资产价值以及在清理过程中发生的费用应设置“固定资产清理”账户核算。该账户属资产类账户。其借方登记转入清理的固定资产净值和发生的清理费用及转销的固定资产清理净收益；贷方登记清理固定资产的变价收入和由保险公司或过失人承担的损失及转销的固定资产清理净损失；固定资产清理净损益转销后该账户无余额。本账户应按被清理的固定资产项目进行明细核算。

2．固定资产处置典型业务核算

（1）固定资产出售、报废和毁损的核算。因出售、报废和毁损等原因处置固定资产核算一般要经过以下几个步骤，即固定资产转入清理、发生清理费用、出售收入和残料处理、保险赔偿处理、清理净损益处理。固定资产清理净损失，应转入“营业外支出”账户；清理净收益应转入“营业外收入”账户。

【例 3-2-14】宏业公司出售房屋一幢，原价 3000000 元，已提折旧 1000000 元；实际售价 2400000 元，款项已收存银行，营业税税率为 5%，不考虑其他税费；以银行存款支付清理费用 30000 元。宏业公司账务处理如下。

① 将出售固定资产转入清理，编制如下会计分录。

借：固定资产清理　　2000000
　　累计折旧　　1000000
　　贷：固定资产　　3000000

② 收到出售固定资产价款，编制如下会计分录。

借：银行存款　　2400000
　　贷：固定资产清理　　2400000

③ 计算销售该固定资产应交纳的营业税=2400000×5%=120000（元），编制如下会计分录。

借：固定资产清理　　120000

贷：应交税费——应交营业税　　120 000

④ 支付清理费用，编制如下会计分录。

借：固定资产清理　　30 000

贷：银行存款　　30 000

⑤ 结转出售固定资产实现的净收益，编制如下会计分录。

借：固定资产清理　　250 000

贷：营业外收入——非流动资产处置利得　　250 000

甲公司现有一台设备由于性能等原因决定提前报废，原价 600 000 元，已提折旧 450 000 元，未计提减值准备；报废时的残值变价收入为 20 000 元；报废清理过程中发生清理费用 3 500 元。有关收入、支出均通过银行办理结算。请你为甲公司作出相关的账务处理。

（2）其他方式减少的固定资产的核算。其他方式减少的固定资产主要指清偿债务、投资转出、非货币性资产交换等方式减少的固定资产。这些方式减少的固定资产应分别按照债务重组、投资转出、非货币性资产交换等的处理原则进行核算，本教材不作讲述。

六、固定资产清查和减值

1．固定资产清查的核算

企业应定期或至少于每年年末对固定资产进行清查盘点。清查过程中，若发现盘盈、盘亏的固定资产，应填制固定资产盘存盈亏报告表。清查固定资产的损溢，应及时查明原因，并按照规定程序报批处理。

（1）固定资产盘盈的核算。企业盘盈固定资产，应作为前期差错更正处理，在按管理权限报经批准处理前应按重置成本，借记"固定资产"账户，贷记"以前年度损益调整"账户。

链接

《小企业会计准则》规定，企业盘盈固定资产，应当按照同类或类似固定资产的市场价格或评估价值，扣除按照该项固定资产新旧程度估计的折旧后的余额，转入"营业外收入"账户。

【例 3-2-15】2013 年 1 月 20 日，宏业公司在财产清查过程中，发现 2012 年 12 月购入的一台设备尚未入账，重置成本为 50 000 元（假定与其计税基础不存在差异）。根据《企业会计准则第 28 号——会计政策、会计估计变更和差错更正》规定，该盘盈固定资产作为前期差错进行处理。宏业公司盘盈固定资产时，编制如下会计分录。

借：固定资产　　50 000

贷：以前年度损益调整　　50 000

（2）固定资产盘亏的核算。企业盘亏固定资产，在查明原因前，应先将盘亏固定资产的账面价值转入"待处理财产损溢——待处理固定资产损溢"账户。按管理权限报经批准处理后，应由保险赔偿或过失人赔偿的，转入“其他应收款”账户，净损失转入“营业外支出”账户。

【例 3-2-16】宏业公司在财产清查中发现盘亏设备一台，其账面原值为 80000 元，已提折旧 28000 元，已提减值准备 1800 元。宏业公司应编制如下会计分录。

借：待处理财产损溢——待处理固定资产损溢　　50200
　　累计折旧　　28000
　　固定资产减值准备　　1800
　　贷：固定资产　　80000

经核查上述固定资产盘亏属于由自然灾害造成的，应由保险公司赔偿 21000 元，经批准后，编制如下会计分录。

借：其他应收款　　21000
　　营业外支出　　29200
　　贷：待处理财产损溢——待处理固定资产损溢　　50200

2．固定资产减值的核算

固定资产在使用过程中，由于存在有形和无形损耗以及其他原因，会导致资产可收回金额低于其账面价值，此时如果不对这部分价值予以确认，将会虚增企业的资产，导致会计信息丧失可靠性。因此，企业应在固定资产出现减值迹象时进行减值测试，其可收回金额低于账面价值的，应当将该固定资产的账面价值减记至可收回金额。减记的金额确认为减值损失，计入当期损益，同时计提相应的固定资产减值准备。固定资产减值损失一经确认，在以后会计期间不得转回。

企业核算固定资产的减值应设置“资产减值损失”和“固定资产减值准备”账户。其中“资产减值损失”账户核算因固定资产减值而导致的损失；“固定资产减值准备”账户核算因固定资产减值而计提的减值准备。

《小企业会计准则》规定，固定资产不计提减值准备，应在实际发生损失时，计入营业外支出。

【例 3-2-17】2013 年 12 月 31 日，宏业公司的某生产线存在可能发生减值的迹象。经测算，该生产线的可收回金额合计为 1390000 元，账面价值为 1500000 元，以前年度未对该生产线计提减值准备。

年末该生产线的可收回金额低于账面价值，应计提固定资产减值准备，编制如下会计分录。

借：资产减值损失——计提的固定资产减值准备　　110000
　　贷：固定资产减值准备　　110000

任务实施

任务资料和任务目标见本任务的“任务导入”，具体任务实施过程如下。

（1）1 月 5 日购入工程物资，编制如下会计分录。

借：工程物资　　234000
　　贷：银行存款　　234000

1月7日领用工程物资，编制如下会计分录。

借：在建工程　　234 000

　　贷：工程物资　　234 000

1月7日领用本单位生产的水泥，编制如下会计分录。

借：在建工程　　25 100

　　贷：库存商品　　20 000

　　　　应交税费——应交增值税（销项税额）　　5 100

1月12日领用外购生产用原材料，编制如下会计分录。

借：在建工程　　11 700

　　贷：原材料　　10 000

　　　　应交税费——应交增值税（进项税额转出）　　1 700

1月至3月应付工程人员工资，编制如下会计分录。

借：在建工程　　20 000

　　贷：应付职工薪酬　　20 000

支付其他费用，编制如下会计分录。

借：在建工程　　9 200

　　贷：银行存款　　9 200

（2）该仓库的入账价值 = 23.4 + 2.51 + 1.17 + 2 + 0.92 = 30（万元）

仓库达到预定可使用状态，结转固定资产，编制如下会计分录。

借：固定资产　　300 000

　　贷：在建工程　　300 000

（3）2013年度该仓库应计提折旧额 =（30 − 2）÷ 20 × 9/12 = 1.05（万元），编制如下会计分录。

借：管理费用　　10 500

　　贷：累计折旧　　10 500

任务三　无形资产核算

学习目标

知识目标：了解无形资产的概念与特征；掌握无形资产取得、摊销、减值与处置业务的核算方法。

技能目标：能根据无形资产取得、摊销、减值及处置业务的相关原始凭证进行账务处理。

任务导入

任务资料：万盛达公司自行研究开发一项专利技术，与该项专利技术有关的资料如下。研发活动自 2012 年 1 月进入开发阶段，2012 年 7 月 1 日开发成功，并按法律程序申请取得专利权，此项技术已在本单位行政管理部门推广使用。开发阶段发生开发费用 800000 元，其中满足资本化条件的费用为 500000 元，同时在申请专利过程发生费用支出 8000 元。全部款项以银行存款支付。该专利权法律规定有效期为 5 年，公司对无形资产成本采用直线法摊销。2013 年 12 月 1 日，公司将该项专利权转让，实际取得价款 600000 元，应交增值税 17745.73 元，款项已收讫并存入银行。

任务目标：根据上列资料编制相关会计分录。

知识准备

政策依据：《企业会计准则第 6 号——无形资产》及其应用指南。

一、无形资产认知

1．无形资产的概念及特征

无形资产是指企业拥有或控制的没有实物形态的可辨认非货币性长期资产，包括专利权、非专利技术、商标权、著作权、特许权和土地使用权等。无形资产具有以下特征。

（1）无实物形态。无形资产通常表现为某种权利、技术或获得超额利润的综合能力，虽然有些无形资产必须依赖于一定的实体而存在，但其本身不具有实物形态。

（2）具有可辨认性。即无形资产能够从企业中分离或划分出来，并能单独或与相关合同、资产或负债一起用于出售、转让、授予许可、租赁或交换；或源自合同性权利或其他法定权利，无论这些权利是否可以从企业或其他权利和义务中转移或分离。

商誉的存在无法与企业自身分离，不具有可辨认性，不属于无形资产。

（3）属于非货币性长期资产。无形资产能够在多个会计期间为企业带来经济利益，但该未来经济利益存在不确定性。

2．无形资产的确认

符合无形资产定义的某个项目，如果同时满足“与该资产有关的经济利益很可能流入企业；成本能够可靠计量”这两个条件，即该项目可确认为无形资产。

通常情况下，无形资产产生的经济利益包括在销售商品、提供劳务的收入中，或体现在企业使用该项无形资产而减少或节约的成本中，或体现在获得其他利益中。企业要确定无形资产所创造的经济利益是否很可能流入企业，需要实施职业判断，并且需要有确凿的证据支持。在实施判断时，企业管理者应对在无形资产的预计使用寿命期内存在的各种因素作出最稳健的估计。

成本能够可靠计量是确认资产的基本条件之一，对于无形资产而言，这个条件更为重要。如企业自创品牌，因其成本无法可靠计量，不能作为无形资产确认。

企业的人力资源在会计上可否作为无形资产确认?

二、无形资产取得的核算

企业取得无形资产的主要途径有外购、自主研发、接受投资、接受捐赠、债务重组、非货币性资产交换等。无形资产取得的方式不同，其涉及的核算账户设置与账务处理也存在差异。

1．账户设置

取得无形资产核算涉及的主要账户有“无形资产”和“研发支出”。

（1）“无形资产”账户。该账户属于资产类账户，核算无形资产原值的增减变动和结存情况。其借方登记增加无形资产的原值；贷方登记减少无形资产的原值；期末借方余额，反映企业实有无形资产的原值。本账户应按无形资产项目进行明细核算。

（2）“研发支出”账户。该账户属于成本类账户，核算企业无形资产研发过程中发生的各项支出。本账户应按无形资产研发项目分别“费用化支出”和“资本化支出”进行明细核算。其中，“资本化支出”明细账户，核算无形资产达到预定用途之前累计发生的应归属于该资产的开发成本，借方登记实际发生的各项符合资本化条件的开发支出，贷方登记已经达到预定用途转入“无形资产”账户的成本，期末借方余额反映尚未达到预定用途的开发项目的累计成本；“费用化支出”明细账户，核算无形资产研发过程中研究阶段的支出和不符合资本化条件的开发支出，会计期末，应将本明细账户的余额转入“管理费用”账户，结转后本明细账户无余额。

2．无形资产取得典型业务的核算

（1）外购无形资产的核算。外购无形资产应按支付的买价、相关税费以及直接归属于使该资产达到预定用途所发生的其他支出作为实际成本。

【例 3-3-1】3 月 15 日，宏业公司购入一项非专利技术，以银行存款支付买价 800 000 元及相关税费 100 000 元。宏业公司编制如下会计分录。

借：无形资产——非专利技术　　900 000
　　贷：银行存款　　900 000

（2）自主研发无形资产的核算。自主研发无形资产的会计核算应区分研究和开发两个阶段。

研究阶段是指为获取新的科学或技术知识并理解它们而进行的独创性的有计划研究。研究阶段是探索性的，已进行的研究活动将来是否会转入开发，具有较大的不确定性。因此，研究阶段的支出应费用化计入当期损益。

开发阶段是指在进行商业性生产或使用前，将研究成果或其他知识应用于某项计划或设计，以生产出新的或具有实质性改进的材料、装置或产品等。相对研究阶段而言，开发阶段在很大程度上具备了形成一项新产品或新技术的基本条件。因此，对开发阶段的支出符合资本化条件的应当计入无形资产成本，不符合资本化条件的直接计入当期损益。

如果研究阶段和开发阶段的支出确实难以区分，应将其所发生的全部研发支出费用化计入当期损益。研发支出的账务处理程序如图 3-3-1 所示。

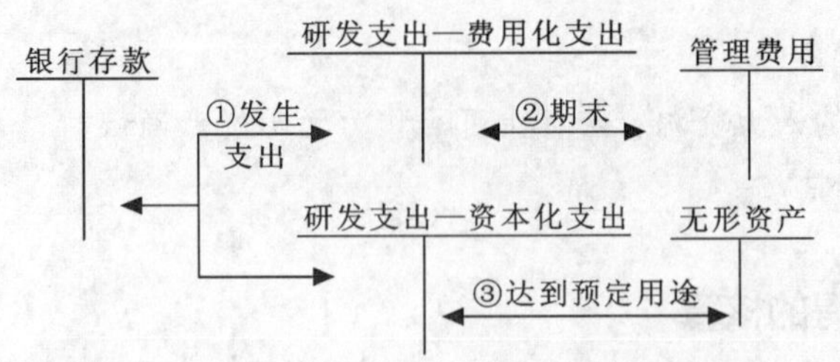

图 3-3-1　无形资产研发支出账务处理程序

【例 3-3-2】宏业公司 2013 年 1 月开始研发一项新产品专利技术，研究阶段发生费用 350 000 元，其中材料费 200 000 元、研发人员工资 100 000 元、其他费用 50 000 元（以银行存款支付）。同年 10 月进入开发阶段，至 12 月该专利技术已达到预定用途并申请专利。此阶段发生材料费 300 000 元、研发人员工资 200 000 元、其他费用 150 000 元（以银行存款支付），总计 650 000 元，其中符合资本化条件的费用为 590 000 元。宏业公司账务处理如下。

① 研究阶段发生支出，编制如下会计分录。

借：研发支出——费用化支出　　350 000
　　贷：原材料　　200 000
　　　　应付职工薪酬　　100 000
　　　　银行存款　　50 000

上述"研发支出——费用化支出"在发生当月月末应转入当期损益，编制如下会计分录。

借：管理费用　　350 000
　　贷：研发支出——费用化支出　　350 000

② 开发阶段发生支出，编制如下会计分录。

借：研发支出——资本化支出　　590 000
　　　　　　——费用化支出　　60 000
　　贷：原材料　　300 000
　　　　应付职工薪酬　　200 000
　　　　银行存款　　150 000

上述专利权开发成功后结转开发支出，编制如下会计分录。

借：无形资产　　590 000
　　管理费用　　60 000
　　贷：研发支出——资本化支出　　590 000
　　　　　　　　——费用化支出　　60 000

（3）其他方式取得无形资产的核算。其他方式取得无形资产的途径有投资者投入、接受捐赠、非货币性资产交换、债务重组、企业合并等。其中，投资者投入的，应当按投资合同或协议约定的价值确定实际成本；接受捐赠的，应按发票金额或公允价值确定实际成本；通过非货币性资产交换、债务重组、企业合并方式取得的，应分别按企业会计准则第 7 号、第 12 号和第 20 号的相关规定确定实际成本。

【例 3-3-3】甲公司与宏业公司签订协议，决定以其拥有的一项发明专利投资于宏业公司，双方协议价格 900 000 元。宏业公司另支付印花税等相关费用 40 000 元，款项通过银行转账支付。假定协议价格与甲公司享有的注册资本金、专利权的公允价值相等。

宏业公司接受甲公司投入专利权的成本=900 000+40 000=940 000（元）

宏业公司编制如下会计分录。

借：无形资产——专利权　　940 000
　贷：实收资本　　900 000
　　　银行存款　　40 000

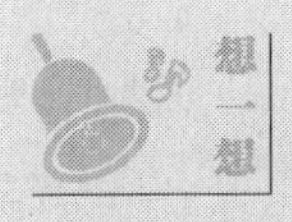

若上例宏业公司接受的是甲公司的捐赠，该作怎样的会计处理？

限于篇幅，对通过非货币性资产交换、债务重组、企业合并方式取得无形资产的核算本教材不作介绍。

三、无形资产摊销和减值的核算

根据使用期限是否有限，无形资产可分为有期限无形资产和无期限无形资产两类。企业会计准则规定，对使用寿命有限的无形资产，其成本应在其预计的使用寿命期内采用一定的方法进行摊销，计入当期损益；对使用寿命无限的无形资产，在持有期限内不需要进行成本摊销，但应在每个会计期末进行减值测试，若发生减值，应计提无形资产减值准备。

1．无形资产摊销的核算

企业无形资产的成本摊销应通过“累计摊销”账户核算。该账户属资产类账户，也是“无形资产”账户的备抵调整账户。其贷方登记企业计提的无形资产摊销额；借方登记处置无形资产转出的累计摊销额；期末余额在贷方，反映企业期末无形资产的累计摊销额。本账户应按无形资产项目进行明细核算。

对于使用寿命有限的无形资产应当自可供使用（即达到预定用途）当月起开始摊销，处置当月不再摊销。无形资产摊销方法包括直线法、生产总量法等。企业选择的无形资产的摊销方法，应当反映与该项无形资产有关的经济利益的预期实现方式，无法可靠确定预期实现方式的，应当采用直线法摊销。

无形资产的摊销额一般应当计入当期损益。一般情况下，自用无形资产的摊销额记入“管理费用”账户；出租无形资产的摊销额记入“其他业务成本”账户。如果某项无形资产是专门用于生产某种产品或其他资产，其所包含的经济利益是通过转入所生产的产品或其他资产中实现的，则该无形资产的摊销额应当计入相关资产成本。

《小企业会计准则》规定，无形资产应当在其使用寿命期内采用年限平均法进行摊销。小企业不能可靠估计无形资产使用寿命的，摊销期不得低于10年。

【例 3-3-4】宏业公司从外单位购得一项新专利技术并用于某产品生产，支付价款 5 000 000

元，该项专利技术法律保护期限为15年，公司预计运用该专利生产的产品在未来10年内会给公司带来经济利益。同时，购入一项商标权，支付价款900000元，款项已支付，估计该商标的使用寿命为15年。假定这两项无形资产的净残值均为零，并采用直线法摊销。宏业公司对上述无形资产的摊销与核算处理如下。

专利技术年摊销额=5000000÷10=500000（元）

商标权年摊销额=900000÷15=60000（元）

按年摊销成本时，编制如下会计分录。

借：制造费用　　500000

　　管理费用　　60000

　　贷：累计摊销　　560000

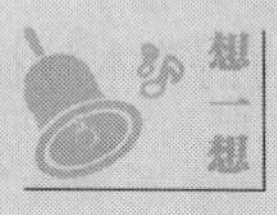

无形资产的摊销与固定资产折旧在会计核算上有何区别？

2．无形资产减值的核算

企业会计准则规定，对使用寿命无限的无形资产，在持有期间内不需进行成本摊销，但在每个会计期末应进行减值测试，估计其可收回金额。如果可收回金额小于其账面价值，应计提无形资产减值准备；如果可收回金额大于其账面价值，则不需进行账务处理。

无形资产减值属于永久性减值，一经确认不得转回，只有在资产处置、出售、对外投资等情况下，才能予以转出。

企业计提的无形资产减值准备应通过“无形资产减值准备”账户核算。

《小企业会计准则》规定，无形资产不计提减值准备，应在实际发生损失时，计入营业外支出。

【例3-3-5】2012年12月31日，宏业公司对一项外购的专利技术进行减值测试，该专利技术的可收回金额为750000元。经查该专利技术的账面价值为800000元，剩余摊销年限为4年。

由于该专利权在资产负债表日的账面价值为800000元，可收回金额为750000元，可收回金额低于其账面价值，应计提减值准备50000元。宏业公司编制如下会计分录。

借：资产减值损失——计提的无形资产减值准备　　50000

　　贷：无形资产减值准备　　50000

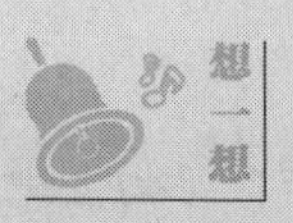

无形资产减值准备与固定资产减值准备计提在会计核算上有何区别？

四、无形资产处置的核算

无形资产的处置是指由于无形资产对外出租、出售、对外投资及无形资产失效时，终止确认并转销其账面价值的行为。

1．无形资产出租的核算

企业将拥有的无形资产的使用权让渡给他人并收取租金，属于与企业日常活动相关的其他经营活动，其取得的租金，在满足收入确认条件下，应确认相关的收入并结转其成本。一般通过“其他业务收入”账户和“其他业务成本”账户核算。

【例 3-3-6】宏业公司将其商标权出租给甲公司使用，合同约定租期为 4 年，每年收取租金 200 000 元。该商标权购入时初始成本为 2 000 000 元，预计使用年限为 20 年，采用直线法摊销，假定暂不考虑相关税费。宏业公司的账务处理如下。

（1）每年取得租金时，编制如下会计分录。

借：银行存款　200 000
　　贷：其他业务收入　200 000

（2）按年对该商标权进行摊销时，编制如下会计分录。

借：其他业务成本　100 000
　　贷：累计摊销　100 000

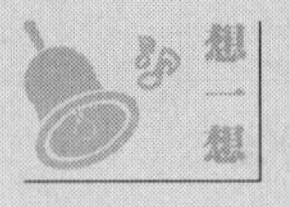

若本例要求计提营业税，该作怎样的会计处理？

2．无形资产出售的核算

企业出售无形资产，表明企业放弃该无形资产的所有权，应将所取得的价款与该无形资产账面价值的差额作为资产处置利得或损失，计入当期损益。

【例 3-3-7】2013 年 3 月 15 日，宏业公司将成本为 3 000 000 元、累计摊销 1 800 000 元、已提减值准备 400 000 元的一项专利权出售给甲企业，售价 1 300 000 元，款项已收存银行，暂不考虑相关税金。宏业公司账务处理如下。

借：银行存款　1 300 000
　　累计摊销　1 800 000
　　无形资产减值准备——专利权　400 000
　　贷：无形资产——专利权　3 000 000
　　　　营业外收入——处置非流动资产利得　500 000

若本例要求计算流转税，请问应计提营业税还是增值税？该作怎样的会计处理？

3．无形资产报废

如果无形资产由于已被其他新技术所替代或超过法律保护期等原因，不能再为企业带来经济利益，应作报废处理，转销其账面价值。

【例 3-3-8】2013 年 3 月 15 日，宏业公司原拥有一项非专利技术已被内部研发成功的新技术所替代，并且根据市场调查，用该非专利技术生产的产品已没有市场，决定予以转销。转销时，该项非专利技术的成本为600 000元，累计摊销350 000元，计提减值准备150 000元，该项非专利技术的残值为0。假定不考虑其他相关因素。宏业公司编制如下会计分录。

借：累计摊销　350 000
　　无形资产减值准备——非专利技术　150 000
　　营业外支出——处置非流动资产损失　100 000
　　贷：无形资产——非专利技术　600 000

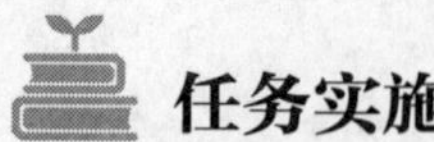

任务实施

任务资料和任务目标见本任务的"任务导入"，具体任务实施过程如下。

（1）2012年发生开发费用支出时，编制如下会计分录。

借：研发支出——资本化支出　500 000
　　　　　　——费用化支出　300 000
　　贷：银行存款　800 000

（2）2012年年末结转费用化开发支出时，编制如下会计分录。

借：管理费用　300 000
　　贷：研发支出——费用化支出　300 000

（3）2012年成功申报专利权，结转资本化开发支出时，编制如下会计分录。

借：无形资产　508 000
　　贷：研发支出——资本化支出　500 000
　　　　银行存款　8 000

（4）2012年年末专利权摊销。

专利权摊销金额 = 508 000 ÷ 5 ÷ 12 × 6 = 50 800（元）

编制如下会计分录。

借：管理费用　50 800
　　贷：累计摊销　50 800

（5）2013年12月1日转让专利权（注：专利转让属现代服务业应交增值税）。

累计摊销=508 000 ÷ 5 ÷ 12 × 17=143 933（元）

编制如下会计分录。

借：银行存款　600 000
　　累计摊销　143 933
　　贷：无形资产　508 000
　　　　应交税费——应交增值税　17 475.73
　　　　营业外收入——处置非流动资产利得　218 457.27

项目四 资金岗位会计

项目导读

资金岗位会计认知

一、资金岗位会计职责

资金岗位会计是对筹资业务和投资业务核算的会计岗位。其主要职责是：拟定资金管理和核算办法；编制资金收支计划；负责资金调度；负责资金筹集的明细分类核算；负责企业各项投资的明细分类核算。

二、资金岗位会计核算内容

1．筹资业务核算内容

企业为了进行正常的生产经营活动，必须拥有一定数量的资金。因此，筹集资金是企业生产经营活动的首要条件。企业筹集资金的渠道有负债筹资和所有者权益筹资两条。

负债筹资主要是指企业从银行等金融机构贷款、向社会发行企业债券以及在生产经营过程中因销货结算而形成的应付款项。本项目所指负债筹资的核算内容主要包括短期借款、长期借款、应付债券和长期应付款的核算。

所有者权益筹资是指企业接受投资者直接投入的现金或非现金资产及企业的内部资金积累。所有者权益筹资的核算内容主要包括实收资本、资本公积、盈余公积和未分配利润的核算。

2．投资业务核算内容

企业筹集到资金后，一方面，为了维持正常的生产经营活动，必须提供必要的物资、技术条件，即购入必需的存货、固定资产等生产资料，从而形成直接的对内投资。对内投资的相关问题属于财产物资岗位会计核算内容，已在本教材项目三中阐述。另一方面，企业为了获得收益或实现资本增值，可以通过购买债券、股票等方式向被投资单位投放资金，从而形成对外投资。资金岗位会计核算的主要任务是对外投资核算。

对外投资包括权益性投资和债权性投资。无论是权益性投资还是债权性投资都可能形成企业的金融资产和长期股权投资。因此，投资业务的核算内容主要包括交易性金融资产、持有至到期投资、可供出售金融资产和长期股权投资的核算。

任务一 负债筹资核算

学习目标

知识目标：了解负债筹资的基本渠道；掌握短期借款、长期借款、应付债券和长期应付款的概念、特点及其核算原理。

技能目标：能根据短期借款、长期借款、应付债券和长期应付款业务的原始凭证进行账务处理。

任务导入

任务资料：甲企业 2013 年发生下列部分经济业务。

（1）1 月 1 日为工程建设需要向建设银行贷款 800 000 元，期限 3 年，年利率 10%（实际利率与合同利率一致），到期一次还本，每年 1 月 1 日实际支付利息。该工程 2013 年 1 月开始动工建造，建设期预计 1 年，2013 年年末完工。

（2）经批准于 4 月 1 日发行面值 100 元、票面利率 8%、期限 3 年、到期一次还本付息债券 10 000 张（假定实际利率与票面利率一致）。债券全部售出，款项收到并存入银行。该企业筹集资金当期全部用于某建设项目，项目将于 2014 年年末完工。

假设以上项目建设期间发生的利息费用均符合资本化条件。

任务目标：

（1）编制与长期借款业务相关的会计分录。

（2）编制与债券发行相关的会计分录。

知识准备

一、短期借款核算

1．短期借款含义及种类

短期借款是指企业向银行或其他金融机构借入的期限在 1 年以内（含 1 年）的各种借款，主要包括以下内容。

（1）临时借款，即企业由于临时性、季节性等原因向金融机构申请取得的借款。

（2）经营周转借款，即企业为了满足生产经营流动资金需要向金融机构申请取得的借款。

（3）票据贴现借款，即企业以商业汇票向银行申请票据贴现取得的款项。

（4）结算借款，即在采用托收承付结算方式办理款项结算的情况下，企业以结算凭证为保证向银行取得的借款。

2．账户设置

企业为总括核算和监督短期借款的取得和偿还信息，应设置“短期借款”账户。该账户属负债类账户。其贷方登记企业取得短期借款的本金；借方登记企业偿还短期借款的本金；期末贷方余额，反映尚未偿还的短期借款本金。本账户应按借款种类、债权人和币种进行明细核算。

3．短期借款典型业务的核算

（1）短期借款取得的核算。企业从银行或其他金融机构取得短期借款时，应按实际收到金额，借记“银行存款”账户，贷记“短期借款”账户。

【例4-1-1】7月1日，宏业公司因季节性生产需要向工商银行借入150 000元，期限6个月，年利率8%。该款项已划入宏业公司临时存款账户。宏业公司编制如下会计分录。

借：银行存款　　150 000

　　贷：短期借款——工商银行　　150 000

（2）借款利息的核算。企业各种短期借款均应按期结算利息。由于短期借款期限在1年以内，且金额不大，因此，其利息一般采取单利计算。公式为

借款利息=借款本金×借款利率×借款期限

短期借款利息的结算办法有三种：按月计算并支付；按月预提分季支付；到期一次还本付息。不同结算方式下的账务处理不同。

① 按月计算并支付，或到期一次还本付息且数额不大的，其利息支出可以在支付时直接计入当期损益，借记“财务费用”账户，贷记“银行存款”账户。

② 按月预提分季支付，或到期一次还本付息且数额较大的，应在资产负债表日预提本期应计利息，借记“财务费用”账户，贷记“应付利息”账户。实际支付利息时，根据已预提的利息，借记“应付利息”账户；根据本期应计利息，借记“财务费用”账户；根据实际支付的利息，贷记“银行存款”账户。

【例4-1-2】承【例4-1-1】资料，宏业公司与工商银行签订的借款合同采用按季付息、到期还本的结算方式。宏业公司账务处理如下。

7月末，计提利息=150 000×8%÷12=1 000（元），编制如下会计分录。

借：财务费用　　1 000

　　贷：应付利息——工商银行　　1 000

8月末，计提利息分录同上。

9月末，实际支付第三季度利息合计3 000元，编制如下会计分录。

借：应付利息——工商银行　　2 000

　　财务费用　　1 000

　　贷：银行存款　　3 000

10月与11月计提利息分录同7月。

（3）借款本金归还的核算（包括最后一期利息）。企业归还短期借款时，应按归还的借款本金，

借记“短期借款”账户；按最后一期的利息，借记“财务费用”账户；按实际支付金额，贷记“银行存款”账户。如果有以前预提本期支付的利息，应借记“应付利息”账户。

【例 4-1-3】承【例 4-1-1】【例 4-1-2】资料，12 月 31 日宏业公司归还借款本金并支付第四季度利息时，编制如下会计分录。

借：短期借款——工商银行　　150 000
　　应付利息——工商银行　　2 000
　　财务费用　　1 000
　　贷：银行存款　　153 000

假设宏业公司上述借款采用到期一次还本付息的利息结算方式，该怎样核算？

二、长期借款核算

1．长期借款的含义

长期借款是指企业向银行或其他金融机构借入的期限在 1 年以上（不含 1 年）的借款。长期借款属于长期负债，为促使企业遵守信贷纪律、提高信用等级，确保长期借款发挥效益，企业应对长期借款的借入、利息的结算和本息的归还情况进行详细的反映。

2．账户设置

企业为了总括地反映长期借款本金取得、利息计提和本息归还信息，应设置“长期借款”账户。该账户属负债类账户。其贷方登记借入长期借款的本金及到期一次付息借款各期计提的利息；借方登记归还长期借款的本金和利息；期末贷方余额，反映企业期末尚未偿还的长期借款本金和利息。该账户应按贷款单位和贷款种类设置明细账，并分别按“本金”和“利息调整”进行明细核算。

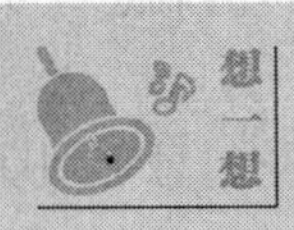

“长期借款”账户与“短期借款”账户在本金与利息核算上有何差异？

3．长期借款典型业务的核算

（1）长期借款取得的核算。企业取得长期借款时，按实际取得借款金额，借记“银行存款”账户；按长期借款本金，贷记“长期借款——本金”账户；按其差额，借记“长期借款——利息调整”账户。

【例 4-1-4】宏业公司为建造办公楼，于 2012 年 12 月 1 日从建设银行取得借款 5 000 000 元，期限 3 年，年利率 8.4%，到期一次还本付息，单利计息。所借款项已存入银行。宏业公司编制如下会计分录。

借：银行存款　　5 000 000
　　贷：长期借款——建设银行（本金）　　5 000 000

【例 4-1-5】甲公司为满足生产资金周转需要，于 2013 年 1 月 1 日从工商银行借入 2 年期借款 100000 元，年利率 8%，到期一次还本付息，单利计息。借款日企业实际收到 95868 元转入银行存款账户。

甲公司取得借款时，编制如下会计分录。

借：银行存款　　95868

　长期借款——工商银行（利息调整）　　4132

　贷：长期借款——工商银行（本金）　　100000

（2）计提利息的核算。长期借款利息可采用分期支付或到期还本时一次支付方式结算。根据权责发生制原则，无论采用何种结算方式，均应将应由本期负担的长期借款利息计入当期费用或资产成本，具体按以下原则处理。

① 非长期资产购建用借款利息，筹建期间的计入管理费用，生产经营期间的计入财务费用。

② 固定资产购建用借款利息，在固定资产尚未达到预定可使用状态前发生，且符合资本化条件的，应计入在建工程；固定资产达到预定可使用状态后发生的，应计入财务费用。

长期借款利息计算方法有单利和复利两种，在我国通常采用单利计算，公式为

$$利息=本金 \times 利率 \times 期数$$

【例 4-1-6】承接【例 4-1-4】资料，宏业公司 2012 年 12 月 31 日计提长期借款利息，编制如下会计分录。

计提当期利息=5000000×8.4%÷12=35000（元）

借：财务费用　　35000

　贷：长期借款——建设银行（应计利息）　　35000

【特别提示】当企业取得长期借款的名义利率与实际利率不一致时，资产负债表日借款利息费用应按实际利率法计算确定，即按长期借款的摊余成本和实际利率计算各期利息费用。其实际利率是指将长期借款在存续期间的未来现金流量折现为该借款当前价值时所使用的利率。但实际利率与名义利率差异较小的，也可采用名义利率计算确定利息费用。

【例 4-1-7】承接【例 4-1-5】资料，假定该贷款的实际利率为 10%，采用实际利率法计提各期利息，如表 4-1-1 所示。

表 4-1-1　　**长期借款利息计算表（实际利率法）**

单位：元

日期	应计利息	利息费用	利息调整	摊余成本
	①=本金×名义利率	②=上期⑤×实际利率	③=②－①	⑤=上期⑤+①+③
2013.01.01				95868
2013.12.31	8000	9586.8	1586.8	105454.8
2014.12.31	8000	10545.2	2545.2	116000

2013 年 12 月 31 日计提当期利息，编制如下会计分录。

借：财务费用　　9586.8

　贷：长期借款——工商银行（应计利息）　　8000

　　　　　　——工商银行（利息调整）　　1586.8

2014 年 12 月 31 日计提当期利息，编制如下会计分录。

借：财务费用　　10545.2

贷：长期借款——工商银行（应计利息） 8 000

——工商银行（利息调整） 2 545.2

（3）归还借款本息的核算。企业归还长期借款本息时，按归还的长期借款本金，借记“长期借款——本金”账户；按已计提的应计利息，贷记“长期借款——应计利息”账户；按实际支付金额，贷记“银行存款”账户，按其差额，借记 “财务费用”、“在建工程”等账户。

【例 4-1-8】承接【例 4-1-4】【例 4-1-6】资料，2015 年 11 月 30 日，宏业公司偿还银行借款本息。宏业公司编制如下会计分录。

借：财务费用 35 000

长期借款——建设银行（本金） 5 000 000

——建设银行（应计利息） 1 225 000

贷：银行存款 6 260 000

【例 4-1-9】承接【例 4-1-5】【例 4-1-7】资料，2015 年 1 月 1 日，借款到期还本付息，编制如下会计分录。

借：长期借款——工商银行（本金） 100 000

——工商银行（应计利息） 16 000

贷：银行存款 116 000

三、应付债券核算

1．应付债券的含义

债券是经济主体为筹集资金而发行的，用以记载和反映债权债务关系的有价证券。由企业发行的债券称为企业债券或公司债券。这里所说的应付债券，是指企业为了筹集长期资金依照法定程序对外发行的，约定在 1 年或长于 1 年的一个营业周期以上的期限内还本付息的有价证券。

提示

企业发行的偿还期在 1 年及以内的债券属于流动负债，会计上作为“交易性金融负债”核算。

链接

《小企业会计准则》第二条规定，本准则适用于在中华人民共和国境内依法设立的、符合《中小企业划型标准规定》所规定的小型企业标准的企业。下列三类小企业除外：股票或债券在市场上公开交易的小企业；金融机构或其他具有金融性质的小企业；企业集团内的母公司和子公司。因此，在小企业中不存在应付债券核算业务。

2．债券发行价格的确定

债券发行价格是指债券发行的实际价格，其计算公式为

债券发行价格=债券面值按市场利率的折现值+债券利息按市场利率的折现值

其中，

债券面值按市场利率的折现值=债券面值×复利现值系数

分期付息情况下，

债券利息按市场利率的折现值=每个付息期的利息额×年金现值系数

一次还本付息情况下，

债券利息按市场利率的折现值=利息总额×复利现值系数

从上述计算公式可知，债券发行价格的高低取决于债券面值、票面利率、票面期限及债券发行时的市场利率等因素。由于债券的面值、票面利率在债券发行前已参照市场利率和发行企业的具体情况确定，并在债券上载明，而实际发行债券时的市场利率与已确定的票面利率不一定完全相等，为了协调债券购销双方在债券利息上的利益，必须对债券发行价格进行调整，即采取溢（折）价发行。

一般情况下，当票面利率等于市场利率时，债券的发行价格等于面值，即平价发行；当票面利率高于市场利率时，债券的发行价格高于面值，即溢价发行；当票面利率低于市场利率时，债券的发行价格低于面值，即折价发行。

从本质上讲，债券溢（折）价是发行债券企业在债券存续期内对债券利息费用的一种调整。溢价是对发行债券企业为以后各期多付利息而预先得到的补偿；折价是发行企业为以后各期少付利息而预先给予债权人的补偿。

【例 4-1-10】宏业公司 2012 年 12 月 31 日经批准发行 3 年期分期付息、到期一次还本的债券 100 万元，债券利息在每年 12 月 31 日支付，票面利率 6%。假定债券发行时的市场利率分别为 5%、6%、7%，分别计算债券的发行价格。

债券到期值=100 万元

每期应付债券利息=100×6%=6（万元）

市场利率为 5%时，发行价格=100×0.8638＋6×2.7232=103（万元）

市场利率为 6%时，发行价格=100×0.8396＋6×2.6730=100（万元）

市场利率为 7%时，发行价格=100×0.8163＋6×2.6243=97.4（万元）

计算债券发行价格中的“0.8638、0.8396 和 0.8163”分别是利率为 5%、6%和 7%，期限为 3 年的复利现值系数；“2.7232、2.6730 和 2.6243”分别是利率为 5%、6%和 7%，期限为 3 年的年金现值系数。

3．账户设置

为总括反映企业债券发行、利息计提和本息偿还等信息，应设置“应付债券”账户。该账户属负债类账户。其贷方登记发行企业债券的面值、产生的溢价、计提的利息及摊销的折价；借方登记企业偿付债券的面值、产生的折价、归还的利息及摊销的溢价；期末余额在贷方，反映企业尚未偿还的长期债券摊余成本。本账户应按债权人设置明细账，并分别“面值”、“利息调整”、“应计利息”进行明细核算。

4．应付债券典型业务核算

（1）债券发行的核算。企业发行债券，应按发行债券实际收到金额，借记“银行存款”账户；按债券面值，贷记“应付债券——债券面值”账户；按实际收到金额与债券面值之间的差额，贷记或借记“应付债券——利息调整”账户。

【例 4-1-11】承【例 4-1-10】资料，2012 年 12 月 31 日，宏业公司不同发行价格情况下的账务处理如下。

按面值发行时，编制如下会计分录。

借：银行存款　　1 000 000

　　贷：应付债券——面值　　1 000 000

溢价发行时，编制如下会计分录。

借：银行存款　　1 030 000

　　贷：应付债券——面值　　1 000 000

　　　　　　　——利息调整　　30 000

折价发行时，编制如下会计分录。

借：银行存款　　974 000

　　应付债券——利息调整　　26 000

　　贷：应付债券——面值　　1 000 000

（2）利息计提及溢（折）价摊销的核算。企业债券应在计息日按规定计算确认应付利息，同时摊销债券的溢（折）价。

债券溢（折）价摊销方法有直线法和实际利率法两种。企业会计准则规定，债券溢（折）价应在债券存续期内采用实际利率法进行摊销。实际利率是指将应付债券在债券存续期间的未来现金流量折现为该债券当前账面价值所使用的利率。实际利率法是指按应付债券的实际利率计算摊余成本及各期利息费用的方法。具体计算公式为

当期应计利息 = 面值 × 票面利率 × 当期期限

当期利息费用 = 应付债券当期期初摊余成本 × 实际利率 × 当期期限

当期溢（折）价摊销额 = 当期应计利息–当期利息费用

企业应在资产负债表日，按应付债券的摊余成本和实际利率计算确定的债券利息费用，借记“在建工程”、“制造费用”、“财务费用”等账户；按票面利率计算的应付未付利息，贷记“应付利息”账户（适用于分期付息一次还本债券）或贷记“应付债券——应计利息”账户（适用于一次还本付息债券）；按其差额，借记“应付债券——利息调整”账户（折价）或贷记“应付债券——利息调整”账户（溢价）。

【例 4-1-12】承【例 4-1-11】资料，宏业公司溢价发行情况下，采用实际利率法计算确定利息费用，如表 4-1-2 所示。

表 4-1-2　　利息费用计算表

单位：元

付息日期	应付利息	利息费用	利息调整	摊余成本
	①=面值×票面利率	②=上期④×实际利率	③=①−②	④=上期④-③
2012.12.31				1 030 000
2013.12.31	60 000	51 500	8 500	1 021 500
2014.12.31	60 000	51 075	8 925	1 012 575
2015.12.31	60 000	47 425※	12 575	1 000 000

注：※为尾数调整 60 000 – 12 575=47 425

若宏业公司发行企业债券所筹集的资金用于生产线建设，建设工期 1 年，生产线于 2013 年 12 月 31 日达到预定可使用状态。宏业公司各年计提利息并摊销溢价的账务处理如下。

2013 年 12 月 31 日计提利息并摊销溢价时，编制如下会计分录。

借：在建工程——生产线工程　　51 500
　　应付债券——利息调整　　8 500
　　贷：应付利息　　60 000

2014 年 12 月 31 日计提利息并摊销溢价时，编制如下会计分录。

借：财务费用　　51 075
　　应付债券——利息调整　　8 925
　　贷：应付利息　　60 000

2015 年 12 月 31 日计提利息并摊销溢价时，编制如下会计分录。

借：财务费用　　47 425
　　应付债券——利息调整　　12 575
　　贷：应付利息　　60 000

提示

对于到期一次还本付息的债券，在计息日计算的应付利息，贷记“应付债券——应计利息”账户，其他账务处理与分期付息、到期还本债券相同。

练一练

承【例 4-1-11】资料，在折价发行情况下，采用实际利率法计算确定利息费用，并编制相关会计分录。

（3）债券到期清偿的核算。债券到期时，无论是按面值发行，还是溢价或折价发行，其“应付债券——利息调整”账户余额应为零。

对于到期一次还本付息债券到期还款时，应按债券面值，借记“应付债券——面值”；按应付未付全部利息，借记“应付债券——应计利息”账户；按实际支付金额，贷记“银行存款”账户。

对于一次还本、分期付息债券到期还款时，按债券面值，借记“应付债券——债券面值”账户；按最后一期利息费用，借记“在建工程”、“财务费用”、“制造费用”等账户；按实际支付金额，贷记“银行存款”账户；按其差额，借记或贷记“应付债券——利息调整”账户。

【例 4-1-13】承【例 4-1-11】和【例 4-1-12】资料，溢价发行情况下，2015 年宏业公司偿还债券本金和利息时，编制如下会计分录。

借：应付债券——面值　　1 000 000
　　应付利息　　60 000
　　贷：银行存款　　1 060 000

练一练

承【例 4-1-11】和【例 4-1-12】资料，在按面值发行或折价发行情况下，宏业公司该作怎样的账务处理？

四、长期应付款核算

1．长期应付款的含义

长期应付款是指企业除长期借款和应付债券以外的其他各种长期应付款，主要包括应付融资租入固定资产的租赁费、以分期付款方式购入固定资产的应付款项及以补偿贸易方式引进国外设备价款。这些应付款项偿还期一般长于一年，构成企业的一项长期负债。

2．账户设置

企业为反映长期应付款的发生和偿还信息，应设置“长期应付款”账户。该账户属负债类账户。其贷方登记长期应付款的增加额；借方登记长期应付款的减少额；期末余额在贷方，反映尚未归还的长期应付款项金额。本账户应按长期应付款的种类及债权单位进行明细核算。

3．长期应付款典型业务核算

（1）融资租入固定资产应付款的核算。

① 融资租赁业务的认定。根据《企业会计准则第 21 号——租赁》规定，一项租赁业务满足下列标准之一的，应认定为融资租赁；否则，就属于经营租赁。

- 在租赁期届满时，租赁资产的所有权转移给承租人。
- 承租人有购买租赁资产的选择权，所订立的购价预计远低于行使选择权时租赁资产的公允价值，因而在租赁开始日就可以合理确定承租人将会行使这种选择权。
- 租赁期占租赁资产尚可使用年限的大部分。但如果租赁资产在租赁开始前已使用年限超过该资产全新时可使用年限的大部分，则该项标准不适用。此处“大部分”是指 75%（含）以上。
- 就承租人而言，租赁开始日最低租赁付款额的现值几乎相当于租赁开始日租赁资产的原账面价值；就出租人而言，租赁开始日最低收款额的现值几乎相当于租赁开始日租赁资产的账面价值。但如果租赁资产在开始租赁前已使用年限超过该资产全新时可使用年限的大部分，则此项标准不适用。此处“几乎相当于”是指 90%（含）以下。

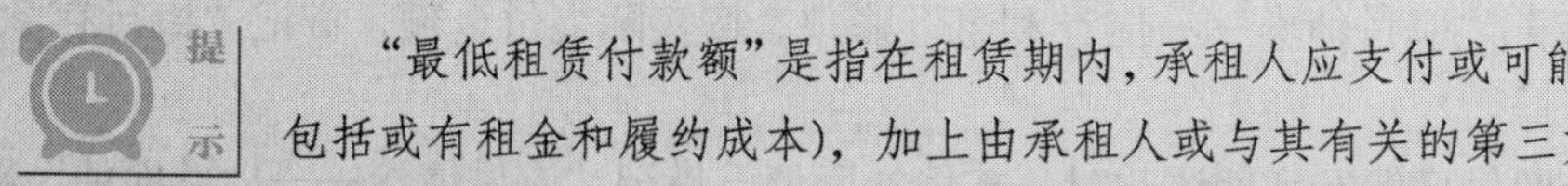

“最低租赁付款额”是指在租赁期内，承租人应支付或可能被要求支付的款项(不包括或有租金和履约成本)，加上由承租人或与其有关的第三方担保的资产余值。

承租人在计算最低租赁付款额的现值时，能够取得出租人租赁内含利率的，应当采用租赁内含利率为折现率；否则，应当采用租赁合同规定的利率为折现率；租赁内含利率与租赁合同规定利率均无法获得的，应当采用同期银行贷款利率为折现率。其中，租赁内含利率是指在租赁开始日，使最低租赁收款额的现值与未担保余值的现值之和等于租赁资产公允价值与出租人的初始直接费用之和的折现率。

未担保余值是指租赁资产余值中扣除就出租人而言的担保余值后的资产余值。

或有租金是指金额不固定、以时间长短以外的其他因素(如销售量、使用量、物价指数等)为依据计算的租金。

履约成本是指租赁期内为租赁资产支付的各种使用费用，如技术咨询和服务费、人员培训费、维修费、保险费等。承租人发生的履约成本通常应计入当期损益。

● 租赁资产性质特殊，如果不作较大改造，只有承租人才能使用。

② 融资租入固定资产典型业务核算。

● 融资租入固定资产取得的核算。以融资租入方式取得固定资产时，应在租赁开始日，按应计入固定资产成本的金额（租赁开始日租赁资产公允价值与最低租赁付款额现值两者中较低者，加上初始直接费用），借记“在建工程”或“固定资产”账户；按最低租赁付款额，贷记“长期应付款”账户；按发生的初始直接费用，贷记“银行存款”等账户；按其差额，借记“未确认融资费用”账户。

提示 初始直接费用是指在租赁谈判和签订合同过程中发生的，可直接归属于租赁项目的手续费、律师费、差旅费、印花税等费用。

提示 “未确认融资费用”账户属负债类账户，是“长期应付款”的调整账户。该账户借方登记形成的未确认融资费用；贷方登记分期转销的未确认融资费用；期末借方余额，反映企业未确认融资费用的摊余价值。本账户应按债权人或长期应付项目进行明细核算。

● 租入固定资产使用期间折旧的计提、未确认融资费用的摊销及分期支付长期应付款的核算。未确认融资费用应在租赁期内各个期采用实际利率法进行分摊，借记“财务费用”账户，贷记“未确认融资费用”账户。

融资租入固定资产应采用与自有固定资产相同的政策计提折旧，其折旧期限按下列原则确定。能够合理确定租赁期满时将会取得租赁资产所有权的，应以租赁资产尚可使用年限为折旧年限；无法合理确定租赁期满时是否能够取得租赁资产所有权的，应以租赁期与租赁资产尚可使用年限两者中较短者为折旧年限。按期计提折旧时，按固定资产的用途不同，借记“制造费用”、“管理费用”等账户，贷记“累计折旧”账户。

按期支付应付款项时，借记“长期应付款——应付融资租赁款”账户，贷记“银行存款”账户。

● 租赁期满的核算。租赁期届满，承租人对租赁资产的处理有三种选择，即返还、优惠续租和留购。

承租人向出租人返还租赁资产的，借记“长期应付款——应付融资租赁款”、“累计折旧”账户，贷记“固定资产——融资租入固定资产”账户。

承租人行使优惠续租选择权的，应视同该项租赁一直存在处理。如果承租人在租赁期届满时没有续租，根据协议规定须向出租人支付违约金的，借记“营业外支出”账户，贷记“银行存款”等账户。

承租人在享有优惠购买选择权的情况下支付购买价款的，借记“长期应付款——应付融资租赁款”账户，贷记“银行存款”等账户；同时，将固定资产从“融资租赁固定资产”明细账户转入有关明细账户。

链接　《小企业会计准则》规定，小企业融资租入固定资产，应在租赁期开始日，按照租赁合同约定的付款总额和在签订租赁合同过程中发生的相关税费等，借记“固定资产”或“在建工程”账户，贷记“长期应付款”账户。

【例 4-1-14】宏业公司于 2009 年 1 月 10 日以融资租赁方式租入需要安装的生产设备一台，按租赁协议约定的设备价款（公允价值）为 1 200 000 元，折现率 10%，租赁期为 5 年，年租赁费 300 000 元，于每年末分期支付。租赁期满后，该设备的所有权转给宏业公司。宏业公司另以银行存款支付运杂费 5 000 元；设备运抵公司后，发生安装调试费 20 000 元，款项通过银行转账支付。根据上述资料，宏业公司相关账务处理如下。

最低租赁付款额=300 000 × 5=1 500 000（元）

最低租赁付款额现值=300 000 × 3.790 8=1 137 240（元）

因为最低租赁付款额现值小于该设备的公允价值，应按最低租赁付款额的现值作为租入设备的入账价值。

未确认融资费用=30 000 × 5 – 1 137 240=362 760（元）

采用实际利率法计算每期未确认融资费用分摊金额，如表 4-1-3 所示。

表 4-1-3　　未确认融资费用摊销计算表

单位：元

日期	租金	确认的融资费用	应付本金减少额	应付本金余额
	①	②=期初④×10%	③=①—②	④=期初④—③
2009.01.10				1 137 240
2009.12.31	300 000	113 724	186 276	950 964
2010.12.31	300 000	95 096	204 904	746 060
2011.12.31	300 000	74 606	225 394	520 666
2012.12.31	300 000	52 067	247 933	272 733
2013.12.31	300 000	27 267※	272 733	0
合计	1 500 000	362 760	1 137 240	

注：※为尾数调整。

2009 年 1 月 10 日租入设备时，编制如下会计分录。

借：在建工程——设备安装工程　　1 137 240
　　未确认融资费用　　362 760
　　贷：长期应付款——应付融资租赁款　　1 500 000

支付运杂费及安装调试费时，编制如下会计分录。

借：在建工程——设备安装工程　　25 000
　　贷：银行存款　　25 000

安装完毕交付使用时，编制如下会计分录。

借：固定资产——融资租入固定资产　　1 162 240

贷：在建工程——设备安装工程　　1 162 240

2009 年 12 月 31 日支付当期租金时，编制如下会计分录。

借：长期应付款——应付融资租赁款　　300 000

　　贷：银行存款　　300 000

2009 年 12 月 31 日摊销未确认融资费用，编制如下会计分录。

借：财务费用　　113 724

　　贷：未确认融资费用　　113 724

2010 年至 2013 年每年支付租金及摊销未确认融资费用分录与上相似（略）。

（2）分期付款方式购买资产的核算。企业购买资产如果延期付款期限超过正常的信用条件，实质上就具有了融资性质，所购买资产的成本应当以延期支付价款的现值作为基础进行调整后确定。即应按购买价款的现值，借记“固定资产”、“在建工程”等账户；按应支付的价款总额，贷记“长期应付款”账户；两者的差额，借记“未确认融资费用”账户。“未确认融资费用”应在信用期内采用实际利率法摊销，根据借款费用资本化条件，或计入相关资产成本，或计入当期损益。

《小企业会计准则》规定，小企业以分期付款方式购入固定资产，以实际支付的购买价款为基础进行计量，不以购买价款现值确定其成本。

（3）应付补偿贸易引进设备款的核算。补偿贸易是一种以信贷为基础的贸易方式，在这种贸易方式下，卖方向买方提供设备，买方在投产后以一定数量的产品分期计价偿还。补偿的方式主要有直接产品补偿、非直接产品补偿和劳务补偿等，其中最常见的是直接产品补偿。

直接产品补偿下，企业以补偿贸易方式引进设备时，应按设备价款以及国外运杂费等外币结算金额，借记“在建工程”账户，贷记“长期应付款”账户；企业支付引进设备关税、国内运杂费等，借记“在建工程”账户，贷记“银行存款”等账户；引进设备验收交付使用时，应按其全部价值，借记“固定资产”账户，贷记“在建工程”账户；企业以该设备生产的产品销售额等归还引进设备款时，借记“长期应付款”账户，贷记“银行存款”等账户。

任务实施

任务资料和任务目标见本任务的“任务导入”，具体任务实施过程如下。

（1）长期借款业务有关账务处理。

- 2013 年

1 月 1 日取得借款，编制如下会计分录。

借：银行存款　　800 000

　　贷：长期借款　　800 000

12 月 31 日计提 2013 年借款利息=800 000×10%=80 000（元）

编制如下会计分录。

借：在建工程　　80 000

　　贷：应付利息　　80 000

● 2014年

1月1日支付2013年借款利息，编制如下会计分录。

借：应付利息　　80 000
　　贷：银行存款　　80 000

12月31日计提2014年借款利息，编制如下会计分录。

借：财务费用　　80 000
　　贷：应付利息　　80 000

● 2015年

1月1日支付2014年借款利息，编制如下会计分录。

借：应付利息　　80 000
　　贷：银行存款　　80 000

12月31日计提2015年借款利息，编制如下会计分录。

借：财务费用　　80 000
　　贷：应付利息　　80 000

● 2016年

1月1日偿还本金，支付2015年利息，编制如下会计分录。

借：应付利息　　80 000
　　长期借款　　800 000
　　贷：银行存款　　880 000

（2）发行债券业务有关账务处理，编制如下会计分录。

● 2013年

4月1日，收到发行债券款，编制如下会计分录。

借：银行存款　　1 000 000
　　贷：应付债券——面值　　1 000 000

12月31日，计提2013年债券利息=1 000 000×8%×9/12=60 000（元）

编制如下会计分录。

借：在建工程　　60 000
　　贷：应付债券——应计利息　　60 000

● 2014年12月31日，计提2014年债券利息=1 000 000×8%×1=80 000（元）

编制如下会计分录。

借：在建工程　　80 000
　　贷：应付债券——应计利息　　80 000

● 2015年12月31日，计提2015年债券利息80 000元。

编制如下会计分录。

借：财务费用　　80 000
　　贷：应付债券——应计利息　　80 000

● 2016年4月1日，偿还本息，编制如下会计分录。

借：财务费用　　20 000

应付债券——面值 800000

——应计利息 220000

贷：银行存款 1040000

任务二 权益筹资核算

学习目标

知识目标：了解权益筹资的方式及所有者权益的构成内容；掌握实收资本（股本）、资本公积和留存收益核算的内容及方法。

技能目标：能根据实收资本（股本）、资本公积、盈余公积及利润分配业务的原始资料进行账务处理。

任务导入

任务资料：2013 年华能有限责任公司与权益筹资相关的部分业务资料如下。

（1）收到宏业公司投资款 90 万元，根据合同约定，宏业公司在本公司的注册资本中所占的份额为 80 万元。

（2）接受伟达公司投入的专利权一项，该专利权的公允价值为 70 万元。

（3）年末根据市场资料，公司持有的可供出售金融资产公允价值变动增加 10 万元。

（4）年末结转本年实现净利润 80 万元。同时，按 10%提取法定盈余公积，按 5%提取任意盈余公积，决定发放利润 10 万元。

任务目标：编制华能有限责任公司与上述业务有关的会计分录。

知识准备

一、所有者权益认知

1. 所有者权益的概念及特征

所有者权益是指企业资产扣除负债后由所有者享有的剩余权益。股份公司的所有者权益也称股东权益。

所有者权益和负债都是企业从事生产经营活动所需资金的来源，相对于负债，所有者权益有以下特征。

（1）所有者权益一般不要求企业直接偿还，除非发生法定行为的减资、清算等事项，但负债到期必须偿还。从法律角度看，负债对企业资产的要求权优先于所有者权益。例如，当企业进行清算时，资产在扣除了破产清算费用后将优先用于偿还负债，剩余的资产，才能在投资者之间按出资比例进行分配。因此，所有者权益从数量上表现为企业的全部资产减去全部负债后的余额。

基于上述原因，所有者权益也被称为净资产。

（2）所有者权益表明投资者与企业之间的产权投资与被投资关系，企业的投资者可以凭借对企业的所有权参与企业的经营管理，而债权人通常无权参与企业的经营管理。

（3）投资者通常以股利或利润的形式参与企业利润分配，而债权人不参与企业的利润分配，只能按预先约定的条件取得利息收入。

2．所有者权益的构成内容

所有者权益按来源渠道不同分为投入资本和留存收益两部分。

投入资本分为所有者投入资本和直接计入所有者权益的利得和损失。其中，所有者投入资本是指所有者投入企业的全部资金，直接计入所有者权益的利得和损失是指不应计入当期损益、会导致所有者权益发生增减变动的、与所有者投入资本或向所有者分配利润无关的利得或损失。

留存收益是企业经营过程中所实现的利润留存在企业形成的，包括盈余公积和未分配利润。其中，盈余公积是已指定用途的留存收益，未分配利润是未指定用途的留存收益。

在资产负债表中，所有者权益通常按实收资本（或股本）、资本公积、盈余公积和未分配利润列示。所有者权益的构成内容归纳如图 4-2-1 所示。

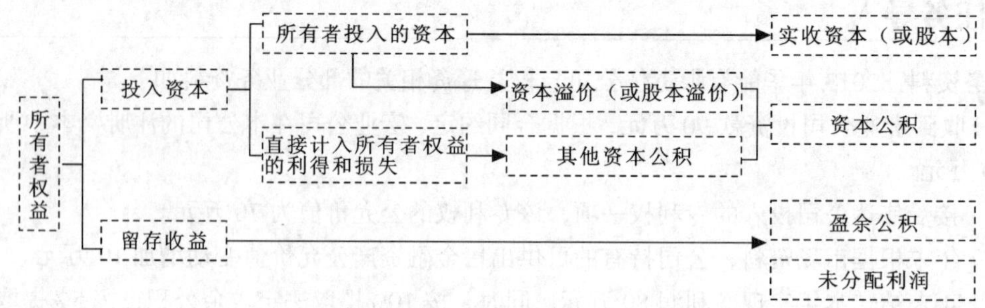

图 4-2-1　所有者权益构成内容

3．公司组织形式与其所有者权益的特点

企业的组织形式是企业财产的组织方式，通常分为公司制企业和非公司制企业两类。当今企业的主要组织形式是公司制企业。根据我国《公司法》规定，公司制企业分为有限责任公司和股份有限公司两类。

有限责任公司，又称有限公司，是指由法律规定的一定人数的股东组成，股东以其认缴的出资额为限对公司债务承担责任，公司以其全部资产对其债务承担责任的企业法人。有限责任公司的股东之间可以相互转让其全部或部分股权。但是股东向股东以外的人转让股权时，应当经其他股东过半数同意。股东在企业中所享有的权益称为所有者权益，分为实收资本、资本公积、盈余公积和未分配利润。在公司设立时，股东投入的资本全部表现为实收资本。

股份有限公司，是指公司资本由股份组成，股东以其认购的股份为限对公司债务承担责任，公司以其全部资产对其债务承担责任的企业法人。股份有限公司可以采取发起设立或募集设立。发起设立是指由发起人认购公司应发行的全部股份而设立的公司；募集设立是指由发起人认购公司应发行股份的一部分，其余股份向社会公开募集或向特定对象募集而设立的公司。股份有限公司的资本划分为股份，每一股份的金额相等。股东在企业中所享有的权益称为股东权益，证明股东权益的载体是股票。股份有限公司股票的面值称为股本。股东权益分为股本、资本公积、盈余公积和未分配利润。股东初始投入资本包括面值和溢价两部分，分别表现为股本和资本公积。

二、实收资本（股本）核算

1. 实收资本（股本）的认知

我国《企业法人登记管理条例》明确规定，企业申请开业，必须具备符合国家规定并与其生产经营和服务规模相适应的资金数额。

实收资本是指投资者按照企业章程或合同、协议的约定实际投入企业的资本，在股份制企业中称为股本。

我国目前实行的是注册资本金制度。注册资本是指企业在工商行政管理部门登记的注册资金。根据《公司法》规定，有限责任公司的注册资本是指在公司登记机关登记的全体股东认缴的出资额；发起设立的股份有限公司注册资本为其在公司登记机关登记的全体发起人认购的股本总额；募集方式设立的股份有限公司注册资本为其在公司登记机关登记的实收股本总额。

根据我国《企业法人登记管理条例》规定，除国家另有规定外，企业的注册资金与实收资本应保持一致。

2. 账户设置

企业为了核算投资者投入资本的增减变动情况，应设置 “实收资本”（或“股本”）账户。该账户属所有者权益类账户。其贷方登记实收资本（或股本）的增加额；借方登记实收资本（或股本）的减少额；期末贷方余额，反映企业期末实收资本（或股本）的实有数额。本账户应按投资者进行明细核算。

企业收到投资者出资额超过其注册资本或股本的部分应通过“资本公积”账户核算。

3. 实收资本（或股本）典型业务核算

（1）实收资本（或股本）增加的核算。实收资本增加的途径主要有接受投资者投入、资本公积或盈余公积转增资本等。此处只介绍接受投资者投入资本的核算。投资者投入资本的出资方式主要有现金投入和非现金资产投入。

① 接受现金投资的核算。股份有限公司接受现金投资主要通过发行股票实现。根据我国《公司法》规定，股票可以面值发行或溢价发行。股票发行收入大于股本总额的为按溢价发行；股票发行收入等于股本总额的为按面值发行。股份有限公司发行股票时，应按实际收到的现金，借记“银行存款”等账户；按股票面值，贷记“股本”账户；若有差额，贷记“资本公积——股本溢价”账户。

【例 4-2-1】宏业股份有限公司发行普通股 200 000 股，每股面值 1 元，每股发行价格 5 元。假定股票发行成功，股款 1 000 000 元已全部收到，不考虑发行过程中的税费等因素。宏业股份有限公司编制如下会计分录。

借：银行存款　　　　1 000 000
　　贷：股本　　　　　　200 000
　　　　资本公积——股本溢价　　800 000

有限责任公司接受投资者现金资产投资的核算，与上述股票发行的核算基本相同。所不同的是，有限责任公司在创立时，投资者的出资额与注册资本一致，一般不会产生资本溢价，出资者认缴的出资额全部记入“实收资本”账户。

练一练 伟达有限责任公司由甲、乙、丙共同投资设立，其注册资本为300000元，甲、乙、丙持股比例分别为60%、25%和15%。按章程规定甲、乙、丙投入资本分别为180000元、75000元和45000元，全部投资款已如期足额收到。编制伟达公司接受投资的相关会计分录。

② 接受非现金资产投资的核算。企业接受非现金资产投资时，应按投资合同或协议约定价值确定非现金资产价值（但投资合同或协议约定价值不公允的除外）及投资者在注册资本中应享有的份额。对投资者在注册资本中应享有的份额部分，记入“实收资本”（或“股本”）账户，超过部分记入“资本公积”账户。

【例4-2-2】宏业公司于设立时收到甲公司投入的不需要安装的机器设备一台，合同约定该机器设备的价值为300000元、增值税51000元，合同约定的固定资产价值与公允价值相符，不考虑其他因素。宏业公司在收到投资固定资产时，编制如下会计分录。

借：固定资产	300000	
应交税费——应交增值税（进项税额）	51000	
贷：实收资本——甲公司		351000

提示 实收资本（或股本）确认时间的规定：以现金投入的应在收到现金时确认；以实物资产投入的应在办理实物产权转让手续时确认；以无形资产投入的应在移交有关凭证时确认。

练一练 甲企业设立时收到A公司投入的原材料一批，A公司提供增值税专用发票注明价款400000元、增值税税额68000元。该批原材料投资合同约定价值与不含税发票金额相等。假定不考虑其他因素，甲企业原材料按实际成本核算。编制甲企业接受投资时的会计分录。

（2）实收资本（或股本）减少的核算。企业减少实收资本（或股本）应按法定程序报经批准，股份有限公司可以采用库存股的方式收购本公司股票实现减资。库存股是指由公司购回而没有注销，并由该公司持有的已发行股份。库存股不是资产，仅仅是股东权益的减项，公司回购股票时不应确认利得或损失，只能视作企业资产减少和股东权益减少。

股份有限公司应设置“库存股”账户核算企业收购、转让和注销的本公司股份金额。该账户借方登记收购的本公司股份；贷方登记转让或注销的库存股；期末借方余额，反映企业持有尚未转让或注销的本公司股份金额。

股份有限公司采用收购本公司股票方式减资的，按股票面值和注销股数计算的股票面值总额，借记“股本”账户；按注销库存股的账面余额与所冲减股本的差额，借记“资本公积——股本溢价”账户，股本溢价不足冲减的，再依次借记“盈余公积”、“利润分配——未分配利润”账户。如果购回股票支付的价款低于面值总额，所注销库存股的账面余额与所冲减股本的差额作为股本溢价增加处理。

【例 4-2-3】甲公司 2012 年 12 月 31 日的股本为 10 000 万股，面值为 1 元，资本公积（股本溢价）3 000 万元，盈余公积 4 000 万元。经股东大会批准，甲公司拟以现金回购本公司股票 2 000 万股并注销。假定甲公司按每股 2 元回购股票，不考虑其他因素，甲公司的账务处理如下。

回购本公司股票时，应冲减库存股成本=20 000 000×2=40 000 000（元）

借：库存股　　40 000 000
　　贷：银行存款　　40 000 000

注销本公司股票时，应冲减资本公积=20 000 000×2−20 000 000×1=20 000 000（元）

借：股本　　20 000 000
　　资本公积——股本溢价　　20 000 000
　　贷：库存股　　40 000 000

【例 4-2-4】承【例 4-2-3】资料，若甲公司按每股 3 元回购股票，其他条件不变，甲公司的账务处理如下。

回购本公司股票时，应冲减库存股成本=20 000 000×3=60 000 000（元）

借：库存股　　60 000 000
　　贷：银行存款　　60 000 000

注销本公司股票时，应冲减资本公积及盈余公积合计=20 000 000×3−20 000 000×1=40 000 000（元）

借：股本　　20 000 000
　　资本公积——股本溢价　　30 000 000
　　盈余公积　　10 000 000
　　贷：库存股　　60 000 000

【例 4-2-5】承【例 4-2-3】资料，若甲公司按每股 0.9 元回购股票，其他条件不变，甲公司的账务处理如下。

回购本公司股票时，应冲减库存股成本=20 000 000×0.9=18 000 000（元）

借：库存股　　18 000 000
　　贷：银行存款　　18 000 000

注销本公司股票时，应增加资本公积=20 000 000×1−20 000 000×0.9=2 000 000（元）

借：股本　　20 000 000
　　贷：库存股　　18 000 000
　　　　资本公积——股本溢价　　28 000 000

三、资本公积核算

1．资本公积的认知

资本公积是归企业投资者共享的、非收益转化的资本金。从法律上讲，资本公积不是法定资本，不能核定在实收资本或股本之内，但它可以按法定程序转增资本。从形成渠道上看，资本公积包括资本溢价（或股本溢价）和直接计入所有者权益的利得和损失。其中，资本溢价（或股本溢价）是企业收到投资者超出其在企业注册资本（或股本）中所占份额的投资，直接计入所有者权益的利得和损失是指不应计入当期损益、会导致所有者权益发生增减变动的、与所有者投入资本或向所有者分配利润无关的利得或损失。

《小企业会计准则》规定，资本公积仅核算资本（股本）溢价。

2．账户设置

为了核算企业收到投资者超出其在企业注册资本（或股本）中所占份额以及直接计入所有者权益的利得和损失等信息，应设置“资本公积”账户。该账户属所有者权益类账户。其贷方登记资本公积的增加金额；借方登记资本公积的减少金额；期末贷方余额，反映企业资本公积的实存金额。本账户应按“资本溢价（或股本溢价）”、“其他资本公积”进行明细核算。

3．资本公积典型业务核算

（1）资本溢价（或股本溢价）形成的核算。

① 资本溢价。除股份有限公司外的其他类型的企业，在企业创立时，投资者认缴的出资额与注册资本一致，一般不会产生资本溢价。但在企业重组或有新的投资者加入时，常常会出现资本溢价。因为在企业进行正常生产经营后，其资本利润率通常要高于企业初创阶段，另外，企业有内部积累，新投资者加入企业后，要分享这些积累，往往要付出大于原投资者的出资额，才能取得与原投资者相同的出资比例，投资者多缴的部分就形成了资本溢价。

【例 4-2-6】甲有限责任公司由两位投资者投资 200 000 元设立，每人各出资 100 000 元。一年后，为扩大经营规模，经批准，该公司注册资本增加到 300 000 元，并引入第三位投资者加入。按照投资协议，新投资者需缴入现金 120 000 元，同时享有该公司三分之一的股份。假定不考虑其他因素，甲有限责任公司收到第三位投资者投入资金时应编制如下会计分录。

借：银行存款　　120 000
　　贷：实收资本　　100 000
　　　　资本公积——资本溢价　　20 000

② 股本溢价。股份有限公司溢价发行股票时，实际收到款将超过股票面值总额，该部分差额就是股本溢价。

注意

发行股票发生的手续费、佣金等发行费用，溢价发行股票的，可从溢价中抵扣，冲减资本公积（股本溢价）；无溢价发行股票或溢价金额不足以抵扣的，应将不足抵扣的部分冲减盈余公积和未分配利润。

【例 4-2-7】宏业公司首次公开发行普通股 5 000 000 股，每股面值 1 元，每股发行价格为 2 元。该公司以银行存款支付发行手续费、咨询费等费用共计 400 000 元。假定发行收入已全部收到，发行费用已全部支付，不考虑其他因素，宏业公司的账务处理如下。

收到发行收入款时，编制如下会计分录。

借：银行存款　　10 000 000

　　贷：股本　　5 000 000

　　　　资本公积——股本溢价　　5 000 000

支付发行费用时，编制如下会计分录。

借：资本公积——股本溢价　　400 000

　　贷：银行存款　　400 000

（2）其他资本公积的核算。其他资本公积是指除资本溢价（或股本溢价）项目以外所形成的资本公积，其中主要是直接计入所有者权益的利得和损失。其主要形成渠道有权益法核算的长期股权投资产生的资本公积、投资性房地产转换产生的资本公积、可供出售金融资产公允价值变动产生的资本公积等，这些具体内容将在其他相关部分讲述，此处暂略。

（3）资本公积转增资本的核算。根据我国《公司法》的规定，资本公积的用途主要是用来转增资本，不得用于公司亏损弥补。

【例 4-2-8】甲有限责任公司由 A、B、C 三人共同出资设立，三人的持股比例分别为 50%、30%、20%。2013 年 5 月 1 日，因扩大经营规模需要，决定按原持股比例将资本公积 4 000 000 元转增资本。假定已按法定程序办理增资和变更手续，甲公司应编制如下会计分录。

借：资本公积　　4 000 000

　　贷：实收资本——A　　2 000 000

　　　　　　　　——B　　1 200 000

　　　　　　　　——C　　800 000

用于转增资本的资本公积仅指"股本溢价"或"资本溢价"，"其他资本公积"不得用于转增资本。

四、留存收益核算

留存收益是企业通过其生产经营活动而创造积累、尚未分配给股东的净收益，包括盈余公积和未分配利润两部分。未分配利润和盈余公积都属于企业的留存收益，但未分配利润相对盈余公积而言属于非指定用途的留存收益，企业在使用这部分资金时有较大的自主权。

1．利润分配及未分配利润核算

（1）利润分配及未分配利润。利润分配是指企业根据国家有关规定和企业章程、投资者协议等，对企业当年可供分配利润在投资主体和企业之间进行的划分。通过利润分配，一方面满足了投资者获得投资回报的要求，另一方面提供了企业留存收益的源泉。

企业当年实现的净利润加上年初未分配利润，构成企业可供分配利润。如果企业存在以前年度亏损，而企业的法定公积金不足弥补的，在提取法定盈余公积金之前，应先用当年利润弥补亏损。可供分配利润可按下列公式确定。

可供分配利润=当年实现的净利润+年初未分配利润（或-年初未弥补亏损）+其他转入

企业当年实现的净利润应按下列顺序依次进行分配，提取法定盈余公积，提取任意盈余公积，向投资者分配利润。经过弥补亏损、提取法定盈余公积、提取任意盈余公积和向投资者分配利润等利润分配之后剩余的利润，即形成未分配利润。

（2）账户设置。企业应设置“利润分配”账户核算企业利润的分配（或亏损的弥补）和历年分配（或弥补）后的未分配利润（或未弥补亏损）。该账户应分别“提取法定盈余公积”、“提取任意盈余公积”、“应付现金股利或利润”、“盈余公积补亏”、“未分配利润”等进行明细核算。

（3）利润分配典型业务核算。利润分配业务核算主要包括当年实现净利润结转、按法定顺序分配利润、未分配利润结转。

【例 4-2-9】宏业公司年初未分配利润为 0，本年实现净利润 4 000 000 元，本年提取法定盈余公积 400 000 元，宣告发放现金股利 900 000 元。假定不考虑其他因素，宏业公司账务处理如下。

① 结转本年利润时，编制如下会计分录。

借：本年利润　　4 000 000
　贷：利润分配——未分配利润　　4 000 000

提示　如企业当年发生亏损，则应借记“利润分配——未分配利润”账户，贷记“本年利润”账户。

② 提取法定盈余公积、宣告发放现金股利时，编制如下会计分录。

借：利润分配——提取法定盈余公积　　400 000
　　　　　——应付股利　　900 000
　贷：盈余公积——法定盈余公积　　400 000
　　　应付股利　　900 000

③ 结转利润分配时，编制如下会计分录。

借：利润分配——未分配利润　　1 300 000
　贷：利润分配——提取法定盈余公积　　400 000
　　　　　　——应付股利　　900 000

提示　对于以前年度发生的未弥补亏损，表现为“利润分配——未分配利润”账户的借方余额。如果用当年实现的净利润弥补以前年度发生的未弥补的亏损，不需要单独作弥补亏损的账务处理。

2．盈余公积的核算

（1）盈余公积认知。盈余公积是指企业按规定从净利润中提取的企业积累资金，包括法定盈余公积和任意盈余公积。按照《公司法》规定，公司制企业应按当年净利润（减弥补以前年度亏损，下同）的 10%提取法定盈余公积。非公司制企业法定盈余公积的提取比例可超过净利润的 10%，法定盈余公积累计额达到注册资本 50%时可以不再提取。公司制企业可根据股东大会的决议，非公司制企业经类似权力机构批准，提取任意盈余公积。

企业提取的盈余公积经批准可用于弥补亏损、转增资本、发放现金股利或利润等。用盈余公积转增资本后其余额不得低于注册资本（转增前）的25%。

（2）账户设置。企业为核算盈余公积的提取和使用等增减变动情况，应设置"盈余公积"账户。该账户属所有者权益类账户。具贷方登记提取的盈余公积金额；借方登记使用的盈余公积金额；期末贷方余额，反映盈余公积的结存金额。本账户应分别"法定盈余公积"、"任意盈余公积"进行明细核算。

（3）盈余公积典型业务核算。

① 提取盈余公积。

【例4-2-10】宏业公司当年实现净利润为7 000 000元。公司按当年净利润的10%提取法定盈余公积。同时经股东会议决定，按净利润的10%提取任意盈余公积。假定不考虑其他因素，宏业公司编制如下会计分录。

借：利润分配——提取法定盈余公积　　700 000
　　　　　　——提取任意盈余公积　　700 000
　贷：盈余公积——法定盈余公积　　700 000
　　　　　　——任意盈余公积　　700 000

② 盈余公积补亏。

【例 4-2-11】宏业公司经股东大会批准，用以前年度提取的任意盈余公积弥补当年亏损600 000元。假定不考虑其他因素，宏业股份有限公司编制如下会计分录。

借：盈余公积——任意盈余公积　　600 000
　贷：利润分配——盈余公积补亏　　600 000

③ 盈余公积转增资本。

【例 4-2-12】宏业公司因扩大经营规模需要，经股东大会批准，将法定盈余公积500 000元转增股本。假定不考虑其他因素，宏业公司编制如下会计分录。

借：盈余公积——法定盈余公积　　500 000
　贷：股本　　500 000

任务实施

任务资料和任务目标见本任务的【任务导入】，具体任务实施过程如下。

（1）根据进账单及相关合同，编制如下会计分录。

借：银行存款　　900 000
　贷：实收资本——宏业公司　　800 000
　　　资本公积——资本溢价　　100 000

（2）根据合同，编制如下会计分录。

借：无形资产——专利权　　700 000
　贷：实收资本——伟达公司　　700 000

（3）根据市场估价，编制如下会计分录。

借：可供出售金融资产——公允价值变动　　100 000
　贷：资本公积——其他资本公积　　100 000

（4）结转本年利润，编制如下会计分录。

借：本年利润　　800 000
　　贷：利润分配——未分配利润　　800 000

提取盈余公积、分配利润，编制如下会计分录。

借：利润分配——提取法定盈余公积　　80 000
　　　　　　——提取任意盈余公积　　40 000
　　　　　　——分配投资者利润　　100 000
　　贷：盈余公积——法定盈余公积　　80 000
　　　　　　　　——任意盈余公积　　40 000
　　　　应付利润　　100 000

任务三　金融资产核算

学习目标

知识目标：**熟悉交易性金融资产、可供出售金融资产和持有至到期投资计量原则；掌握交易性金融资产、可供出售金融资产和持有至到期投资核算内容及方法。**

技能目标：**能根据交易性金融资产、可供出售金融资产和持有至到期投资业务的原始凭证进行正确的账务处理。**

任务导入

任务资料：2012 年 5 月 10 日万盛达公司以 240 万元购入甲公司股票 30 万股，并作为交易性金融资产管理，另支付手续费 5 万元；6 月 30 日该股票每股市价为 7.5 元；8 月 10 日甲公司宣告分派现金股利，每股 0.20 元；8 月 20 日万盛达公司收到分派的现金股利；至 12 月 31 日，万盛达公司仍持有该交易性金融资产，期末每股市价 8.5 元。2013 年 1 月 5 日该公司以 250 万元出售该交易性金融资产，扣除手续费 1 万元后，实际收到款项 249 万元存入银行。假定万盛达公司每年 6 月 30 日和 12 月 31 日对外提供财务报告。

任务目标：编制万盛达公司与交易性金融资产业务相关的会计分录。

知识准备

政策依据：《企业会计准则第 22 号——金融工具确认和计量》及其应用指南。

一、金融资产认知

1．金融资产分类

根据《企业会计准则第 22 号——金融工具确认和计量》规定，金融资产主要包括库存现金、银行存款、应收账款、应收票据、其他应收款、债权投资、股权投资、衍生金融资产等。除了货币资金和长期股权投资外，企业取得的其他金融资产应结合自身业务特点和风险管理要求进行分类管理。根据金融资产初始确认计量原则不同可分为以公允价值计量且其变动计入当期损益的金融资产、持有至到期投资、可供出售金融资产、贷款与应收款项四类。其中贷款与应收款项部分已在项目二做介绍，本任务所讲述的金融资产仅指除贷款与应收款项外的其他三类金融资产。

2．金融资产的计量

（1）金融资产的初始计量。企业金融资产初始确认时应按公允价值计量。

公允价值应以市场交易价格为基础确定，其中发生的相关交易费用，除以公允价值计量且其变动计入当期损益的金融资产应直接计入当期损益外，对于其他类别金融资产的相关交易费用应当计入初始成本。企业取得金融资产所支付的价款中包含的已宣告但未发放的现金股利或已到期尚未领取的利息，应当单独计入应收股利或应收利息。

交易费用是指可直接归属于购买、发行或处置金融工具新增的外部费用，包括支付给代理机构、咨询公司、券商等的手续费、佣金及其他必要支出。

（2）金融资产的后续计量。金融资产的后续计量与金融资产的分类密切相关，具体应遵循下列原则。以公允价值计量且其变动计入当期损益的金融资产和可供出售金额资产，应当按公允价值计量；持有至到期投资与贷款和应收款项，应当采用实际利率法，按摊余成本计量。

提示

实际利率法是指按金融资产或金融负债的实际利率计算其摊余成本及各期利息收入或利息费用的方法。实际利率是指将金融资产或金融负债在预期存续期间或适用的更短期间内的未来现金流量，折现为该金融资产或金融负债当前账面价值所使用的利率。摊余成本是指该金融资产或金融负债的初始确认金额扣除已偿还的本金、加上或减去采用实际利率法将该初始确认金额与到期日金额之间的差额进行摊销形成的累计摊销额，再扣除已发生的减值损失后的余额。

二、交易性金融资产核算

1．以公允价值计量且其变动计入当期损益的金融资产内容

以公允价值计量且其变动计入当期损益的金融资产包括交易性金融资产和直接指定为以公允价值计量且其变动计入当期损益的金融资产两类。

（1）交易性金融资产。通常情况下，满足以下条件之一的金融资产，应划分为交易性金融资产。

① 取得该金融资产的目的主要是为了近期内出售。

② 属于进行集中管理的可辨认金融工具组合的一部分，且有客观证据表明企业近期采用短期获利方式对该组合进行管理。

③ 属于金融衍生工具。但不包括被企业指定为有效套期关系中的套期工具的衍生工具。

提示

企业以赚取差价为目的从二级市场上购入的股票、债券、基金等通常应确认为交易性金融资产。

（2）直接指定为以公允价值计量且其变动计入当期损益的金融资产。企业只有在满足下列条件之一时，才能将某项金融资产直接指定为以公允价值计量且其变动计入当期损益的金融资产。

① 该指定可以消除或明显减少由于该金融资产的计量基础不同而导致的相关利得或损失在确认和计量方面的不一致情况。

② 企业的风险管理或投资策略的正式书面文件已载明，该金融资产组合等以公允价值为基础进行管理、评价并向关键管理人员报告。

提示

在活跃市场中没有报价、公允价值不能可靠计量的权益工具投资，不得指定为以公允价值计量且其变动计入当期损益的金融资产。

2．账户设置

企业核算以公允价值计量且其变动计入当期损益的金融资产应设置如下主要账户。

（1）“交易性金融资产”账户。该账户属于资产类账户，核算企业交易性金融资产的公允价值。其借方登记交易性金融资产的取得成本及资产负债表日公允价值增加额；贷方登记资产负债表日公允价值减少额及结转出售交易性金融资产成本；出售交易性金融资产结转的公允价值变动损益，收益记借方，损失记贷方；期末借方余额，反映企业持有的交易性金融资产的公允价值。本账户应按交易性金融资产的类别和品种，分别设置“成本”、“公允价值变动”进行明细核算。

提示

企业持有的直接指定为以公允价值计量且其变动计入当期损益的金融资产也在本账户核算。

（2）“公允价值变动损益”账户。该账户属于损益类账户，核算企业交易性金融资产等因公允价值变动而形成的应计入当期损益的利得或损失。该账户借方登记资产负债表日企业持有的交易性金融资产等的公允价值低于账面余额的差额；贷方登记资产负债表日企业持有的交易性金融资产等的公允价值高于账面余额的差额；期末结转到“本年利润”账户后本账户无余额。

3．交易性金融资产典型业务核算

（1）交易性金融资产取得的核算。企业取得交易性金融资产时，按取得该交易性金融资产时的公允价值，借记“交易性金融资产——成本”账户；按发生的交易费用，借记“投资收益”账户；按已到付息期但尚未领取的债券利息或已宣告但未发放的现金股利，借记“应收利息”或“应收股利”账户；按实际支付的金额，贷记“银行存款”等账户。

（2）交易性金融资产持有期间取得现金股利或债券利息的核算。交易性金融资产持有期间被投资单位宣告发放现金股利，或在资产负债表日按分期付息、一次还本债券投资的票面利率计算利息时，借记“应收股利”或“应收利息”账户，贷记“投资收益”账户。企业收到现金股利或债券利息时，借记“银行存款”账户，贷记“应收股利”或“应收利息”账户。

（3）资产负债表日交易性金融资产公允价值变动的核算。资产负债表日，当交易性金融资产的公允价值增加时，按公允价值增加的金额，借记“交易性金融资产——公允价值变动”账户，贷记“公允价值变动损益”账户；当交易性金融资产的公允价值减少时，按公允价值减少的金额，借记“公允价值变动损益”账户，贷记“交易性金融资产——公允价值变动”账户。

（4）交易性金融资产出售的核算。出售交易性金融资产时，应按实际收到的金额，借记“银行存款”账户；按该金融资产的账面余额，贷记“交易性金融资产——成本”、“交易性金融资产——公允价值变动”账户；按其差额，贷记或借记“投资收益”账户。同时，应将原计入该金融资产的公允价值变动转出，借记“公允价值变动损益”账户，贷记 “投资收益”账户，或作相反分录。

【例 4-3-1】宏业公司 2013 年发生的有关交易性金融资产业务资料如下。5 月 10 日为赚取比银行存款更高的收益将闲置的部分资金以每股 3.1 元的价格（含已宣告但尚未发放的现金股利 0.1 元）购入甲公司股票 200 万股，同时支付手续费 6 万元。5 月 30 日收到现金股利 20 万元。6 月 30 日甲公司股票市价每股 3.2 元。10 月 8 日以每股 3.8 元的价格转让甲公司股票 100 万股，同时支付相关税费 3 万元，款项以银行存款收付。假定宏业公司每年 6 月 30 日和 12 月 31 日对外提供财务报告。宏业公司账务处理如下。

5 月 10 日，购入股票时，编制如下会计分录。

借：交易性金融资产——甲公司（成本）　6 000 000
　　应收股利——甲公司　200 000
　　投资收益　60 000
　　贷：银行存款　6 260 000

5 月 30 日，收到现金股利时，编制如下会计分录。

借：银行存款　200 000
　　贷：应收股利——甲公司　200 000

6 月 30 日，应确认公允价值变动=640－600=40（万元），编制如下会计分录。

借：交易性金融资产——甲公司（公允价值变动）　400 000
　　贷：公允价值变动损益　400 000

10 月 8 日，出售股票时，编制如下会计分录。

借：银行存款　3 770 000
　　贷：交易性金融资产——甲公司（成本）　3 000 000
　　　　　　　　　　　——甲公司（公允价值变动）　200 000
　　　　投资收益　570 000
借：公允价值变动损益　200 000
　　贷：投资收益　200 000

部分出售交易性金融资产时，应按比例结转相关成本。

【例 4-3-2】2012 年 2 月 1 日，宏业公司以 106 万元从二级市场（含已到付息期但尚未领取的利息 4 万元、交易费用 2 万元）购入乙公司发行的企业债券，将其划分为交易性金融资产管理。该债券面值 100 万元，剩余期限为 2 年，票面利率 4%，按年付息；2 月 5 日收到乙公司支付的债券利息 4 万元；12 月 31 日债券公允价值 110 万元（不含利息）。2013 年 2 月 5 日收到债券利息 4 万元；4 月 30 日宏业公司将该债券全部出售，取得价款 118 万元（含利息 1 万元）。假定不考虑其他因素，则宏业公司账务处理如下。

2012 年

2 月 1 日，购入债券时，编制如下会计分录。

借：交易性金融资产——乙公司（成本）　1 000 000
　　应收利息——乙公司　40 000
　　投资收益　20 000
　贷：银行存款　1 060 000

2 月 5 日，收到 2011 年债券利息时会计分录（略）。

2 月至 12 月末，分别计提债券利息=1 000 000*4%/12=3 333.33（元）

借：应收利息——乙公司　3 333.33
　贷：投资收益　3 333.33

12 月 31 日，确认债券公允价值变动损益，编制会计分录。

借：公允价值变动损益　100 000
　贷：交易性金融资产——乙公司（公允价值变动）　100 000

2013 年

1 月 31 日，计提当月利息=1 000 000 × 4%/12=3 333.33（元）

借：应收利息——乙公司　3 333.33
　贷：投资收益　3 333.33

2 月 5 日，收到债券利息时，编制如下会计分录。

借：银行存款　40 000
　贷：应收利息——乙公司　40 000

4 月 30 日，计提 2013 年 2 月至 4 月债券利息=1 000 000 × 4% × 3/12=10 000（元）

借：应收利息——乙公司　10 000
　贷：投资收益　10 000

4 月 30 日，出售债券收到款项时，编制如下会计分录。

借：银行存款　1 180 000
　贷：交易性金融资产——乙公司（成本）　1 000 000
　　　　　　　　　——乙公司（公允价值变动）　100 000
　　投资收益　70 000
　　应收利息——乙公司　10 000

借：公允价值变动损益　100 000
　贷：投资收益　100 000

三、持有至到期投资核算

1. 持有至到期投资的概念及特点

持有至到期投资是指到期日固定、回收金额固定或可确定，且企业有明确的意图和能力持有至到期的非衍生金融资产。持有至到期投资有以下特征。

（1）到期日固定、回收金额固定或可确定。“到期日固定、回收金额固定或可确定”是指从投资合同中投资者可以清楚地了解在该投资期内现金流入额是确定的，并且会在某个确定的时点兑现。通常情况下，企业持有的、在活跃市场上有公开报价的国债、公司债券、金融债券等债务工具，有可能划分为持有至到期投资。

由于权益工具投资没有固定的到期日，因而不能将其划分为持有至到期投资。

（2）有明确意图持有至到期。“有明确意图持有至到期”是指投资者在取得投资时持有至到期的意图是明确的，除非遇到企业不能控制、预期不会重复发生且难以合理预计的独立事件。通常存在下列情况之一的，表明企业没有明确意图将该金融资产持有至到期。

① 持有该金融资产的期限不确定。

② 发生市场利率变化、流动性需要变化、替代投资机会及其投资收益率变化、融资来源和条件变化、外汇风险变化等情况时将出售该金融资产，但无法控制、预期不会重复发生且难以合理预计的独立事件引起的金融资产出售除外。

③ 该金融资产的发行方可以按明显低于摊余成本的金额清偿。

④ 其他表明企业没有明确意图将该金融资产持有至到期的情况。

（3）有能力持有至到期。“有能力持有至到期”是指企业有足够的财务资源，并不受外部因素影响将投资持有至到期。通常存在下列情况之一的，表明企业没有能力将具有固定期限的金融资产持有至到期。

① 没有可利用的财务资源持续为该金融资产投资持有至到期提供资金保证。

② 受法律、行政法规的限制使企业难以将该金融资产投资持有至到期。

③ 其他表明企业没有能力将该金融资产持有至到期的情况。

企业应当于每个资产负债表日对持有至到期投资的意图和能力进行评价，发生变化的，应当将其重分类为可供出售金融资产进行管理。

2. 账户设置

企业为核算持有至到期投资的摊余成本，应设置“持有至到期投资”账户。该账户属于资产类账户。其借方登记取得持有至到期投资的成本、应计利息与应收利息相关的利息调整；贷方登记持有至到期投资的出售及转入可供出售金融资产结转的金额；期末借方余额，反映持有至到期投资的摊余成本。本账户应按持有至到期投资的类别和品种，分别“成本”、“利息调整”、“应计利息”等进行明细核算。其中，持有至到期投资的面值，通过“成本”明细账户核算；持有至到期投资初始投资成本与面值的差额部分（即债券的溢折价），通过“利息调整”明细账户核算；到期一次还本付息债券计提的利息通过“应计利息”明细账户核算。

提示　分期付息债券计提的利息通过“应收利息”账户核算。

3．持有至到期投资典型业务核算

（1）持有至到期投资取得的核算。企业取得持有至到期投资时，应按该投资债券的面值，借记“持有至到期投资——成本”账户；按支付价款中包含的已到付息期但尚未领取的利息，借记“应收利息”账户；按实际支付的金额，贷记“银行存款”等账户；按其差额，借记或贷记“持有至到期投资——利息调整”账户。

（2）利息计提和溢（折）价摊销的核算。企业购入债券的方式有面值购入、溢价购入和折价购入三种。无论以何种形式购入债券，均应在规定的债券计息日计提当期的应收利息。计算公式为

本期应计利息=面值×票面利率×当期期限

当企业以溢价或折价方式购入债券时，还应在各期计提利息的同时进行溢价或折价摊销，以调整当期的投资收益。债券溢（或折）价的摊销方法有直线法和实际利率法两种。我国《小企业会计制度》规定小企业债券溢（或折）价摊销可以用直线法，而《企业会计准则》规定，债券溢（或折）价摊销应采用实际利率法。

采用直线法摊销溢（或折）价时，债券的溢（或折）价应在其存续期的每个计息期平均摊销，公式为

本期溢（或折）价摊销额=溢（或折）价总额÷持有至到期投资的付息期总次数

本期确认的投资收益=本期应计利息－本期溢价摊销额（+本期折价摊销额）

采用实际利率法摊销溢（或折）价时，企业持有至到期投资在各期的投资收益应按各期期初摊余成本和实际利率计算确定，各期溢（或折）价的摊销额等于当期确认的投资收益与当期应计利息的差额，公式为

本期确认的投资收益=本期期初摊余成本×实际利率

本期溢（或折）价摊销额=应计利息－本期确认的投资收益

提示　摊余成本是指该金融资产的初始确认金额经下列调整后的余额。扣除已偿还的本金；加上或减去采用实际利率法将该初始确认金额与到期日金额之间的差额进行摊销形成的累计摊销额；扣除已发生的减值损失。从账户结构上看，摊余成本一般就是“持有至到期投资”账户的账面价值。

企业在计息日或资产负债表日，应按持有至到期投资面值和票面利率计算确定的应收利息，借记“应收利息”账户或“持有至到期投资——应计利息”账户；按持有至到期投资摊余成本和实际利率计算确定的利息收入，贷记“投资收益”账户；按其差额，借记或贷记“持有至到期投资——利息调整”账户。

（3）持有至到期投资终止确认的核算。持有至到期投资终止确认主要是持有期满收回投资款。持有至到期投资期满时，应按实际收到的金额借记“银行存款”账户；按债券的面值贷记“持有至到期投资——成本”账户；按收到的利息贷记“应收利息”账户或“持有至到期投资——应计利息”账户。

【例 4-3-3】2012 年 1 月 1 日，宏业公司支付价款 1 000 000 元（含交易费用）购入甲公司同时发行的面值 100 元、5 年期、票面利率 4.72%的债券 12 500 张。该债券每年底付息一次，到期还本。宏业公司将其划为持有至到期投资管理，有关账务处理如下。

① 2012 年 1 月 1 日购入甲公司债券时，编制如下会计分录。

借：持有至到期投资——甲公司债券（成本）　　1 250 000

　　贷：银行存款　　1 000 000

　　　　持有至到期投资——甲公司债券（利息调整）　　250 000

② 采用插值法计算实际利率，并采用实际利率法摊销债券折价。

$$59\,000\times(1+r)^{-1}+59\,000\times(1+r)^{-2}+59\,000\times(1+r)^{-3}+59\,000\times(1+r)^{-4}+(59\,000+1\,250\,000)\times(1+r)^{-5}=1\,000\,000$$

采用插值法计算实际利率 r=10%。

计提各期利息并摊销折价计算过程如表 4-3-1 所示。

表 4-3-1　　债券利息及折价摊销（实际利率法）

单位：元

年　份	投资收益	应收利息	已摊折价	摊余成本
	①=上期④×实际利率	②=面值×票面利率	③=①－②	④= 上期④+③
2012.01.01				1 000 000
2012.12.31	100 000	59 000	41 000	1 041 000
2013.12.31	104 100	59 000	45 100	1 086 100
2014.12.31	108 610	59 000	49 610	1 135 710
2015.12.31	113 571	59 000	54 571	1 190 281
2016.12.31	118 719#	59 000	59 719	1 250 000
合　计	545 000	295 000	250 000	—

\# 尾数调整：1 250 000 + 59 000 − 1 190 281 = 118 719（元）。

③ 计提各期利息并摊销折价的账务处理如下。

2012 年 12 月 31 日，计提利息并摊销折价，确认投资收益，编制如下会计分录。

借：应收利息——甲公司　　59 000

　　持有至到期投资——甲公司债券（利息调整）　　41 000

　　贷：投资收益　　100 000

实际收到利息，编制如下会计分录。

借：银行存款　　59 000

　　贷：应收利息——甲公司　　59 000

注：限于篇幅，以下 2013 年至 2015 年实际收到利息时的分录省略。

2013 年 12 月 31 日，计提利息并摊销折价，确认投资收益，编制如下会计分录。

借：应收利息——甲公司　　59 000
　　持有至到期投资——甲公司债券（利息调整）　　45 100
　　贷：投资收益　　104 100

2014 年 12 月 31 日，计提利息并摊销折价，确认投资收益，编制如下会计分录。

借：应收利息——甲公司　　59 000
　　持有至到期投资——甲公司债券（利息调整）　　49 610
　　贷：投资收益　　108 610

2015 年 12 月 31 日，计提利息并摊销折价，确认投资收益，编制如下会计分录。

借：应收利息——甲公司　　59 000
　　持有至到期投资——甲公司债券（利息调整）　　54 571
　　贷：投资收益　　113 571

2016 年 12 月 31 日，计提利息并摊销折价，确认投资收益，编制如下会计分录。

借：应收利息——甲公司　　59 000
　　持有至到期投资——甲公司债券（利息调整）　　59 719
　　贷：投资收益　　118 719

2016 年 12 月 31 日债券到期收回本金及最后一期利息，编制如下会计分录。

借：银行存款　　1 309 000
　　贷：应收利息——甲公司　　59 000
　　　　持有至到期投资——甲公司债券（成本）　　1 250 000

【例 4-3-4】承【例 4-3-3】资料，若宏业公司计算各期利息，并采用直线法摊销折价。

每期摊销额=250 000 ÷ 5=50 000（元）

每期应计利息=1 250 000 × 4.72%=59 000（元）

每期应确认的投资收益=59 000+50 000=109 000（元）

比较上述【例 4-3-3】与【例 4-3-4】的计算结果，采用实际利率法和直线法对折价摊销，在债券的持有期内两种方法确认的投资收益总额相等，均为 545 000 元（即应计利息总额 295 000 元+利息调整 250 000 元），但在直线法下每期确认的投资收益相同，而实际利率法下由于折价摊销，使得持有至到期投资的账户余额随之递增，各期确认的投资收益额也随着投资占用资金的递增而逐期递增。由此可以看出，采用实际利率法对溢（折）价进行摊销，更能够准确反映各期投资收益与投资占用资金的关系。

承【例 4-3-3】资料，若其他条件不变，该债券为到期一次还本付息，宏业公司该作怎样的账务处理？

4．持有至到期投资减值的核算

持有至到期投资，由于其到期值固定，债券投资遇到暂时性的市场价格波动，一般不对其加以反映，但如果出现非临时性的价格下跌，并且根据客观证据判断该持有至到期投资存在减值迹象的，应将其账面价值（即摊余成本）高于其预计未来现金流量现值的差额确认为减值损失，计入当期损益。对以摊余成本计量的持有至到期投资确认减值损失后，如有客观证据表明其价值又恢复，且客观上与确认该损失发生的事项有关，原确认的减值损失应当予以转回，计入当期损益，但该转回后的账面价值不应当超过假定不计提减值准备情况下该金融资产在转回日的摊余成本。

持有至到期投资发生减值时计提的减值准备核算，应设置“持有至到期投资减值准备”账户。该账户属于资产类账户，是“持有至到期投资”账户的备抵调整账户。该账户贷方登记计提的持有至到期投资减值准备；借方登记恢复增加和终止确认转销的减值准备；期末贷方余额，反映企业已计提但尚未转销的持有至到期投资减值准备。本账户可按持有至到期投资的类别和品种进行明细核算。

【例 4-3-5】宏业公司于 2012 年 1 月 5 日从证券市场购入甲公司于当年 1 月 1 日发行的债券作为持有至到期投资。该债券期限为 3 年，面值为 1 000 万元，票面利率 4%，到期日为 2015 年 1 月 1 日，到期一次还本付息。企业实际支付价款 967.5 万元（含相关费用 20 万元），市场实际利率为 5%。2012 年年末，甲公司财务发生困难，预计该债券未来现金流量的现值为 900 万元。2013 年 12 月 31 日减值因素消失，预计未来现金流量的现值为 1 100 万元，假定采用实际利率法对债券折价进行摊销，按年单利计提利息。

根据上述资料，宏业公司相关账务处理如下。

（1）2012 年 1 月 5 日购入债券时，编制如下会计分录。

借：持有至到期投资——甲公司债券（面值）　　10 000 000
　　贷：银行存款　　9 675 000
　　　　持有至到期投资——甲公司债券（利息调整）　　325 000

（2）2012 年 12 月 31 日

确认投资收益=967.5×5%=48.38（万元）
确认应计利息=1 000×4%=40（万元）
利息调整摊销额=48.38－40=8.38（万元）

借：持有至到期投资——甲公司债券（应计利息）　　400 000
　　　　　　　　　——甲公司债券（利息调整）　　83 800
　　贷：投资收益　　483 800

预计未来现金流量现值=900（万元）
持有至到期投资账面价值（或摊余成本）=967.5+48.38=1 015.88（万元）
确认减值损失=1 015.88－900=115.88（万元）

借：资产减值损失　　1 158 800
　　贷：持有至到期投资减值准备　　1 158 800

（3）2013 年 12 月 31 日

确认投资收益=900×5%=45（万元）
确认应计利息=1000×4%=40（万元）
利息调整摊销额=45－40=5（万元）

借：持有至到期投资——甲公司债券（应计利息）　　400 000
　　　　　　　　　——甲公司债券（利息调整）　　50 000

贷：投资收益　　450 000

2012 年 12 月 31 日价值回升，此时

持有至到期投资的摊余成本=900+45=945（万元）

预计未来现金流量现值=1 100（万元）

其摊余成本低于预计未来现金流量的现值，减值准备可以转回。但转回金额应满足转回后的账面价值不应超过假定不计提减值准备情况下该债券投资转回日的摊余成本。

不计提减值准备情况下该金融资产在转回日的摊余成本计算如下。

在不计提减值准备情况下，2013 年 12 月 31 日

确认投资收益=（967.5+48.38）×5%=50.79（万元）

利息调整摊销额=50.79－40=10.79（万元）

在不计提减值准备情况下，该债券投资在转回日的摊余成本=967.5+48.38+50.79=1 066.67（万元）

则在转回日，转回减值准备后该金融资产的账面价值不应超过 1 066.67 万元。

转回金额=1 066.67－945=121.67（万元）

其中，已提减值准备 115.88 万元，应予全部转回，其余的 5.79 万元应调整利息。

借：持有至到期投资减值准备　　1 158 800

贷：资产减值损失　　1 158 800

借：持有至到期投资——利息调整　　57 900

贷：投资收益　　57 900

四、可供出售金融资产核算

1．可供出售金融资产的概念

可供出售金融资产是指在初始确认时即被指定为可供出售的非衍生金融资产，以及除了货币资金与长期股权投资以外没有被划分为交易性金融资产、持有至到期投资、贷款和应收款项的金融资产。相对于其他类别的金融资产，可供出售金融资产的持有意图不明确。

2．账户设置

为核算企业持有的可供出售金融资产的公允价值，企业应设置“可供出售金融资产”账户。该账户属于资产类账户。其借方登记取得可供出售金融资产的公允价值及交易费用、公允价值变动增值、到期一次还本付息可供出售债券计提的利息、债券折价摊销额和已确认减值的恢复；贷方登记出售后结转的可供出售金融资产成本、债券溢价摊销额和公允价值变动减值；期末借方余额，反映企业可供出售金融资产的公允价值。本账户可按可供出售金融资产的类别和品种，分别按“成本”、“利息调整”、“应计利息”和“公允价值变动”进行明细核算。

3．可供出售金融资产典型业务核算

（1）可供出售金融资产取得的核算。企业以现金直接购入可供出售的金融资产，应当区分债券和股票两种情况作不同的账务处理。

企业购入作为可供出售金融资产管理的股票，应按其公允价值与交易费用之和，借记“可供出售金融资产——成本”账户；按支付价款中包含的已宣告但尚未发放的现金股利，借记“应收股利”账户；按实际支付的金额，贷记“银行存款”或“其他货币资金”等账户。

企业购入作为可供出售金融资产管理的债券，应按债券的面值，借记“可供出售金融资产——成本”账户；按支付价款中包含的已到付息期但尚未领取的利息，借记“应收利息”账户；按实际支付的金额，贷记“银行存款” 或“其他货币资金”等账户；按差额，借记或贷记“可供出售金融资产——利息调整”账户。

取得可供出售金融资产与取得交易性金融资产发生的交易费用会计处理有何区别？

（2）利息计提及溢（折）价摊销的核算。企业持有作为可供出售金融资产管理的债券，应按债券约定的计息期计提利息，并摊销溢（折）价。债券溢（折）价的摊销方法的选择与持有至到期投资相同，不再赘述。

在计息日或资产负债表日，按可供出售金融资产面值和票面利率计算确定的应收利息，借记“应收利息”账户或“可供出售金融资产——应计利息”账户；按可供出售金融资产摊余成本和实际利率计算确定的利息收入，贷记“投资收益”账户；按其差额，借记或贷记“可供出售金融资产——利息调整”账户。

（3）持有期间公允价值变动的核算。资产负债表日，当可供出售金融资产的公允价值高于其账面余额时，按其差额，借记“可供出售金融资产——公允价值变动”账户，贷记“资本公积——其他资本公积”账户；当可供出售金融资产公允价值低于其账面余额时，作与上相反的会计分录。

资产负债表日可供出售金融资产与交易性金融资产公允价值变动会计处理有何差别？

（4）可供出售金融资产出售的核算。企业出售可供出售金融资产，应按实际收到的金额，借记“银行存款”账户；按其账面余额，贷记“可供出售金融资产”账户下的“成本”、“公允价值变动”、“利息调整”、“应计利息”等明细账户；按应从所有者权益中转出的公允价值累计变动额，借记或贷记“资本公积——其他资本公积”账户；按其差额，贷记或借记“投资收益”账户。

【例 4-3-6】宏业公司发生的有关可供出售金融资产业务资料如下。

2011 年 5 月 20 日从深圳证券交易所购入 A 公司股票 1 000 000 股，占 A 公司表决权股份的 5%，合计支付价款 5 080 000 元，其中证券交易税等交易费用 8 000 元，已宣告但尚未发放现金股利 72 000 元。宏业公司将购入的 A 公司股票划分为可供出售金融资产；6 月 20 日收到 A 公司发放的现金股利 72 000 元；12 月 31 日 A 公司股票收盘价为每股 5.20 元。

2012 年 4 月 20 日 A 公司宣告发放现金股利 2 000 000 元，5 月 10 日收到 A 公司发放的现金股利；12 月 31 日 A 公司股票收盘价为 4.90 元。

2013 年 4 月 10 日以每股 4.50 元的价格将 A 公司股票全部出售，同时支付证券交易税等交易费用 7 200 元。

① 宏业公司 2011 年相关账务处理如下。

5 月 20 日购入 A 公司股票，编制如下会计分录。

借：可供出售金融资产——A 公司股票（成本） 5 008 000

应收股利——A 公司　72 000

贷：银行存款　5 080 000

A 公司股票单位成本=（5 080 000－72 000）÷1 000 000＝5.008（元/股）

6 月 20 日收到现金股利，编制如下会计分录。

借：银行存款　72 000

贷：应收股利——A 公司　72 000

12 月 31 日确认 A 公司股票公允价值变动损益=（5.2–5.008）×1 000 000=192 000（元）

编制如下会计分录。

借：可供出售金融资产——A 公司股票（公允价值变动）　192 000

贷：资本公积——其他资本公积　192 000

② 2012 年相关账务处理如下。

4 月 20 日确认 A 公司发放现金股利，宏业公司应享有的份额=2 000 000×5%=100 000（元）

编制如下会计分录。

借：应收股利——A 公司　100 000

贷：投资收益　100 000

5 月 10 日收到 A 公司发放的现金股利，编制如下会计分录。

借：银行存款　100 000

贷：应收股利——A 公司　100 000

12 月 31 日确认 A 公司股票公允价值变动损益=（4.9–5.2）×1 000 000=－300 000（元）

编制如下会计分录。

借：资本公积——其他资本公积　300 000

贷：可供出售金融资产——A 公司股票（公允价值变动）　300 000

③ 2013 年相关账务处理如下。

4 月 10 日出售 A 公司股票时，编制如下会计分录。

借：银行存款　4 492 800

投资收益　407 200

可供出售金融资产——A 公司股票（公允价值变动）　108 000

贷：可供出售金融资产——A 公司股票（成本）　5 008 000

借：投资收益　108 000

贷：资本公积——其他资本公积　108 000

【例 4-3-7】2013 年 1 月 1 日，宏业公司购入甲公司发行的 3 年期公司债券 1 000 张，每张支付价款 1 028.244 元。该公司债券每张面值 1 000 元，票面利率 4%，实际利率为 3%，利息每年年末支付，本金到期支付。宏业公司将该公司债券划分为可供出售金融资产，相关账务处理如下。

2013 年 1 月 1 日购入债券时，编制如下会计分录。

借：可供出售金融资产——甲公司（成本）　1 000 000

——甲公司（利息调整）　28 244

贷：银行存款　1 028 244

假设该债券在 2013 年 12 月 31 日每张的市场价格为 1 000.094 元，则应确认的投资收益和应计利息计算如下。

投资收益=1 028 244 × 3%=30 847.32（元）

应收利息=1 000 000 × 4%=40 000（元）

编制如下会计分录。

借：应收利息——甲公司　　40 000

　　贷：投资收益　　30 847.32

　　　　可供出售金融资产——甲公司（利息调整）　　9152.68

2013 年 12 月 31 日应确认债券公允价值变动金额=1 028 244 − 9 152.68 − 1 000.094 × 1 000= −18 997.32（元）

编制如下会计分录。

借：资本公积——其他资本公积　　18 997.32

　　贷：可供出售金融资产——甲公司（公允价值变动）　　18 997.32

本任务的核算内容与《小企业会计准则》规定有很大区别。在《小企业会计准则》下，将对外投资按期限分为短期投资和长期投资。长期投资按投资对象分为长期债券投资和长期股权投资。

短期投资是指小企业购入的能随时变现并且持有时间不准备超过 1 年（含 1 年）的投资。小企业应设置“短期投资”账户，并按股票、债券、基金等短期投资种类进行明细核算。短期投资按以下规定进行会计处理：（1）以支付现金取得的短期投资，应当按照购买价款和相关税费作为成本计量。实际支付价款中包含的已宣告但尚未发放的现金股利或已到付息期尚未领取的债券利息，应当单独确认为应收股利或应收利息，不计入短期投资成本。（2）在短期投资持有期间，被投资单位宣告分派的现金股利或在债务人应付利息日按照分期付息、一次还本债券投资的票面利率计算的利息收入，应当计入投资收益。（3）出售短期投资，出售价款扣除其账面余额、相关税费后的净额，应当计入投资收益。

长期债券投资是指小企业准备长期（在 1 年以上）持有的债券投资。小企业应设置“长期债券投资”账户核算准备长期持有的债券投资，并按债券的种类和被投资单位，分别按“面值”、“溢折价”、“应计利息”进行明细核算。长期债券投资按以下规定进行会计处理：（1）长期债券投资应按购买价款和相关税费作为成本进行计量。实际支付价款中包含的已到付息期但尚未领取的债券利息，应当单独确认为应收利息，不计入长期债券投资成本。（2）长期债券投资在持有期间发生的应收利息应当确认为投资收益。分期付息、一次还本的长期债券投资，在债务人应付利息日按照票面利率计算的应收未收利息应当确认为应收利息，不增加长期债券投资的账面余额。一次还本付息的长期债券投资，在债务人应付利息日按照票面利率计算的应收未收利息收入应当增加长期债券投资的账面余额。债券的折价或溢价在债券存续期间内于确认相关债券利息收入时采用直线法进行摊销。（3）长期债券投资到期，小企业收回长期债券投资，应冲减其账面余额。处置长期债券投资，处置价款扣除其账面余额、相关税费后的净额，应当计入投资收益。（4）长期债券投资损失应当于实际发生时计入营业外支出，同时冲减长期债券投资账面余额。

长期股权投资核算内容见任务四相关链接。

任务实施

任务资料和任务目标见本任务的“任务导入”，具体任务实施过程如下。

（1）2012年5月购入股票时，编制如下会计分录。

借：交易性金融资产——甲公司（成本）　2 400 000
　　投资收益　50 000
　　贷：银行存款　2 450 000

（2）2012年6月30日确认公允价值变动损益=30×7.5－240=－15（万元）

编制如下会计分录。

借：公允价值变动损益　150 000
　　贷：交易性金融资产——甲公司（公允价值变动）　150 000

（3）2012年8月10日宣告分派现金股利时，万盛达公司应享有份额=30×0.20=6（万元）

编制如下会计分录。

借：应收股利——甲公司　60 000
　　贷：投资收益　60 000

（4）2012年8月20日收到现金股利时，编制如下会计分录。

借：银行存款　60 000
　　贷：应收股利——甲公司　60 000

（5）2012年12月31日确认公允价值变动损益=30×8.5–225=30（万元）

编制如下会计分录。

借：交易性金融资产——甲公司（公允价值变动）　300 000
　　贷：公允价值变动损益　300 000

（6）2013年1月5日出售时，编制如下会计分录。

借：银行存款　2 490 000
　　投资收益　60 000
　　贷：交易性金融资产——甲公司（成本）　2 400 000
　　　　　　　　　　　——甲公司（公允价值变动）　150 000

借：公允价值变动损益　150 000
　　贷：投资收益　150 000

任务四　长期股权投资核算

学习目标

知识目标：了解长期股权投资的分类，掌握长期股权投资初始计量、后续计量和出售及减值的确认原理及核算方法。

技能目标：能根据长期股权投资初始计量、后续计量和出售及减值业务的原始凭证进行账务处理。

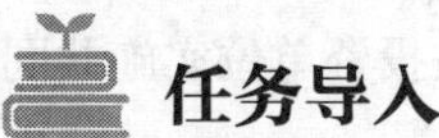

任务导入

任务资料：南山公司发生下列与长期股权投资相关的经济业务。

（1）2012 年 1 月 3 日，购入乙公司股票 580 万股，每股买入价 8 元（包含已宣告但尚未发放的现金股利 0.25 元），另外发生相关税费 7 万元，款项均以银行存款支付。南山公司购入乙公司股票后取得乙公司 25%的表决权股份。当日，乙公司所有者权益的账面价值（与其公允价值不存在差异）为 18000 万元。南山公司将该股票作为长期股权投资管理。

（2）2012 年 3 月 16 日，收到乙公司宣告分派的现金股利。

（3）2012 年度，乙公司实现净利润 3000 万元。

（4）2013 年 2 月 16 日，乙公司宣告分派 2012 年度股利，每股分派现金股利 0.20 元。

（5）2013 年 3 月 12 日，南山公司收到乙公司分派的 2012 年度的现金股利。

（6）2013 年 11 月 4 日，南山公司出售所持有的全部乙公司的股票，取得价款 5200 万元(不考虑长期股权投资减值及相关税费)。

任务目标：根据上述资料，编制南山公司与上述长期股权投资业务相关的会计分录。

知识准备

政策依据：《企业会计准则第 2 号——长期股权投资》及其应用指南。

一、长期股权投资认知

长期股权投资是指企业通过取得被投资单位的股权，并按持股比例享有权益或承担责任的一种长期性权益投资。依据投资方对被投资单位的影响程度，长期股权投资可分为对子公司投资、对合营企业投资、对联营企业投资以及不具有控制、共同控制或重大影响且在活跃市场中没有报价、公允价值不能可靠计量的权益性投资四类。

（1）对子公司的投资。对子公司投资是指投资方能够对被投资单位实施控制的投资。

控制是指有权决定一个企业的财务和经营决策，并能够据以从该企业的经营活动中获取利益。在控制状态下，投资企业与被投资单位构成母子公司关系。一般情况下，当投资企业满足下列条件之一时，就可认为其能够对被投资单位实施控制。

① 投资企业直接拥有被投资单位 50%以上的表决权资本。

② 投资企业虽然只直接拥有被投资单位 50%或以下的表决权资本，但满足下列条件之一。

- 投资企业通过与其他投资者协议，拥有被投资单位 50%以上表决权资本的控制权；
- 根据章程或协议，投资企业有权控制被投资单位的财务和经营政策；
- 有权任免被投资单位董事会等类似权力机构的多数成员；
- 在被投资单位董事会或类似权力机构会议上有半数以上投票权。

练一练

甲公司拥有乙公司 70%的表决权股份，拥有丙公司 30%的表决权股份；乙公司拥有丁公司 80%的表决权股份，拥有丙公司 30%的表决权股份。请分析甲公司与乙公司、丙公司和丁公司的投资关系性质。

（2）对合营企业投资。对合营企业投资是指投资方与其他合营方一同对被投资单位实施共同控制的投资。

共同控制是指按合同约定对某项经济活动共有的控制。投资企业与其他方实施共同控制的被投资单位为其合营企业。在确定是否构成共同控制时，一般可以考虑以下情况作为确定基础。

① 任何经济活动的决策需要合营各方一致同意。

② 涉及合营企业基本经营活动的决策需要合营各方一致同意。

③ 合营各方可通过合同或协议的形式任命其中的一个合营方对合营企业的日常活动进行管理，但其必须在合营各方已经一致同意的财务和经营政策范围内行使管理权。

（3）对联营企业的投资。对联营企业投资是指投资方对被投资单位具有重大影响的投资。

重大影响是指对一个企业的财务和经营政策有参与决策的权力，但并不能够控制或与其他方共同控制这些政策的制定。通常当投资企业直接或通过子公司间接拥有被投资单位20%以上但低于50%的表决权资本时，就可以认定其对被投资单位具有重大影响。投资企业拥有被投资单位表决权资本的比例低于20%，但满足下列情况之一的，也可被认为对被投资单位具有重大影响。

① 在被投资单位的董事会或类似权力机构中派有代表参与决策；

② 参与被投资单位的政策制定过程；

③ 与被投资单位发生重要交易，且该交易对被投资单位的日常经营具有重要性，进而在一定程度上可以影响到被投资单位的生产经营决策；

④ 向被投资单位派出管理人员参与被投资单位相关决策的制定与执行；

⑤ 向被投资单位提供关键技术资料，被投资单位的生产经营需要依赖投资方的该项技术。

（4）投资方对被投资单位不具有控制、共同控制或重大影响，且在活跃市场中没有报价、公允价值不能可靠计量的权益性投资。

如何区分长期股权投资与金融资产中的股权投资？

二、长期股权投资初始计量

长期股权投资取得时，应按初始投资成本入账。其初始成本应分别企业合并和非企业合并两种情况确定。

1．企业合并方式取得长期股权投资的核算

（1）同一控制下企业合并取得长期股权投资的核算。在合并前后均受同一方或相同多方最终且非暂时控制的企业参与的合并叫同一控制下企业合并。其中，合并后的控股方为合并方，其他合并参与方为被合并方。对同一控制下的企业合并，应根据实质重于形式的原则界定。

同一控制下的企业合并，合并方取得的资产与负债，应当按合并日其在被合并方的账面价值计量；按合并方取得净资产的账面价值与支付合并对价的账面价值，或发行股票面值总额之间的差额，调整资本公积的资本（或股本）溢价，资本公积不足冲减的，再调整留存收益。

① 合并方以支付现金、转让非现金资产或承担债务方式为合并对价取得被合并方控股权。此

方式下，合并方应在合并日，按取得被投资方所有者权益账面价值的份额为长期股权投资的初始成本，借记"长期股权投资"账户；按享有被投资单位已宣告但未发放的现金股利，借记"应收股利"账户；按支付合并对价的账面价值，贷记有关资产或负债账户；按其差额，贷记"资本公积——资本（或股本）溢价"账户；如为借方差额，借记"资本公积——资本（或股本）溢价"账户，当资本（或股本）溢价不足冲减时，借记"盈余公积"、"利润分配——未分配利润"账户。

【例 4-4-1】甲公司与乙公司为宏业公司下属两个子公司，因业务拓展需要，甲公司与乙公司协议合并。2013 年 3 月 15 日为合并日，甲公司以账面余额 35 万元的专利一项、乙公司前欠的货款 55 万元及银行存款 1 000 万元出资取得乙公司 60%的表决权资本。合并日，乙公司所有者权益为 1 800 万元。甲公司"资本公积——股本溢价"账户余额为 300 万元。

合并日，甲公司应编制如下会计分录。

借：长期股权投资——乙公司　　10 800 000
　资本公积——股本溢价　　100 000
　贷：无形资产——专利权　　350 000
　　应收账款——乙公司　　550 000
　　银行存款　　10 000 000

② 合并方通过发行权益性证券为对价取得被合并方控股权。此方式下，合并方应在合并日，按取得被合并方所有者权益账面价值的份额为初始投资成本，借记"长期股权投资"账户；按发行股份的面值，贷记"股本"账户；按两者的差额，贷记"资本公积——股本溢价"账户；如为借方差额，借记"资本公积——资本（或股本）溢价"账户，资本（或股本）溢价不足冲减时，借记"盈余公积"、"利润分配——未分配利润"账户。

【例 4-4-2】2013 年 6 月 1 日，甲公司向同一集团内 A 公司的原股东定向增发 1 500 万股普通股（每股面值 1 元，市价 12.01 元），取得 A 公司 80%的股权，并于当日起能够对 A 公司实施控制。两公司在合并前采用的会计政策相同。合并日，甲公司与 A 公司所有者权益的构成如表 4-4-1 所示。

表 4-4-1　　所有者权益构成表

单位：元

项　目	甲　公　司	A　公　司
股本	50 000 000	29 000 000
资本公积	10 000 000	19 000 000
其中：股本溢价	4 000 000	0
盈余公积	11 000 000	3 900 000
未分配利润	19 000 000	13 100 000
合计	90 000 000	65 000 000

甲公司应确认的初始投资成本=6 500 × 80%=5 200（万元）；股本=1 500 × 1=1 500（万元）

应确认的资本公积=5 200 − 1 500=3 700（万元）

合并日，甲公司编制如下会计分录。

借：长期股权投资——A 公司　　52 000 000

贷：股本　　15 000 000

　　资本公积——股本溢价　　37 000 000

承【例 4-4-2】资料，若甲公司以银行存款 7 000 万元取得 A 公司所 100%股权，其他条件不变，合并日甲公司应编制怎样的会计分录？

（2）非同一控制下企业合并取得的长期股权投资的核算。非同一控制下的企业合并，购买方应按企业合并成本作为长期股权投资的初始投资成本。企业合并成本包括购买方支付的资产、发生或承担的负债、发行的权益性证券的公允价值以及为合并发生的各项直接相关费用。

支付非货币性资产为对价的，所支付非货币性资产在购买日的公允价值与其账面价值的差额应作为资产处置损益。其中，以存货为合并对价的，其公允价值作为销售收入确认，账面价值结转其销售成本；以固定资产、无形资产为合并对价的，处置损益直接计入营业外收入或营业外支出；以可供出售金融资产为对价的，公允价值与账面价值的差额应计入投资收益，涉及原计入资本公积的金额一并转出。

【例 4-4-3】甲公司于 2013 年 6 月 30 日取得了 B 公司 70%的股权。合并中，甲公司支付的有关资产在购买日的账面价值与公允价值如表 4-4-2 所示。甲公司聘请专业资产评估机构对 B 公司进行资产评估，支付评估费用 1 100 000 元。合并前甲公司与 B 公司不存在任何关联方关系。

表 4-4-2　　甲公司购买日支付的有关资产情况表

单位：元

项　目	账面价值	公允价值
土地使用权	20 000 000（成本 30 000 000，累计摊销 10 000 000）	32 000 000
专利技术	8 000 000（成本 10 000 000，累计摊销 2 000 000）	10 000 000
银行存款	8 000 000	8 000 000
合　计	36 000 000	50 000 000

合并日应确认的长期股权投资的初始成本=50 000 000+1 100 000=51 100 000（元）

甲公司编制如下会计分录。

借：长期股权投资——B 公司　　51 100 000

　　累计摊销　　12 000 000

　　贷：无形资产　　40 000 000

　　　　银行存款　　9 100 000

　　　　营业外收入——处置非流动资产利得　　14 000 000

2．非企业合并方式取得长期股权投资的核算

（1）以支付现金取得长期股权投资的核算。支付现金取得长期股权投资，应当按照实际支付的购买价款为初始投资成本，包括与取得长期股权投资直接相关的费用、税金及其他必要支出，但不包括已宣告但未发放的现金股利。

【例 4-4-4】2013 年 3 月 15 日甲公司实际支付价款 9 000 万元（含 A 公司已宣告但未发放的现金股利 6 万元）自公开市场中买入 A 公司 20%股份，另支付交易费用 100 万元。甲公司购入股票后能够对A公司施加重大影响。

甲公司取得长期股权投资时，编制如下会计分录。

借：长期股权投资——A公司　　90 940 000

　　应收股利——A公司　　60 000

　　贷：银行存款　　91 000 000

（2）以发行权益性证券方式取得长期股权投资的核算。以发行权益性证券方式取得长期股权投资，应按发行权益性证券的公允价值为初始投资成本。为发行权益性证券支付的手续费、佣金等应从权益性证券的溢价发行收入中扣除，溢价收入不足冲减的，冲减盈余公积和未分配利润。

【例4-4-5】2013年3月，甲公司以增发400万股（每股面值1元）本企业普通股为对价取得B公司20%股权。按增发前一定时期的平均股价计算，该400万股普通股的公允价值为610万元。为增发该部分普通股，甲公司支付了10万元的佣金和手续费。甲公司取得该部分股票后能对B公司施加重大影响。

甲公司取得长期股权投资时，编制如下会计分录。

借：长期股权投资——B公司　　6 100 000

　　贷：股本　　4 000 000

　　　　资本公积——股本溢价　　2 000 000

　　　　银行存款　　100 000

（3）接受投资者投入长期股权投资的核算。接受投资者投入的长期股权投资是指投资者以其持有的对第三方的投资作为出资额投入企业。接受投资的企业在确定所取得长期股权投资的成本时，原则上应按投资各方在投资合同或协议中约定的价值为初始投资成本。合同或协议价值不公允的，应以公允价值为基础确定初始成本。

【例4-4-6】甲公司设立时，A公司以其持有的对B公司的长期股权投资出资投资甲公司。投资合同中约定，A公司的该长期股权投资作价1 500万元（该作价是按照B公司股票的市价调整后确定的）。甲公司注册资本为4 800万元。A公司出资占甲公司注册资本的25%。取得该项投资后，A公司能够派人参与甲公司的财务和生产经营决策。

甲公司编制如下会计分录。

借：长期股权投资——B公司　　15 000 000

　　贷：实收资本——A公司　　12 000 000

　　　　资本公积——资本溢价　　3 000 000

三、长期股权投资后续计量

长期股权投资的后续计量方法依据其对被投资方的影响程度不同可分别采用成本法和权益法核算。

1．成本法

（1）成本法的含义及适用范围。成本法是指长期股权投资按成本计价的方法。成本法强调投资方与被投资方是相互独立的法人实体，被投资方创造的股东财富只要不分配，投资方就不应确认为投资收益。因此，在成本法下，除初始投资、追加投资以及处置投资外，投资方一般不调整长期股权投资的成本。

成本法适用于投资方对被投资单位具有控制权，或对被投资单位不存在共同控制或重大影响的长期股权投资的核算。

（2）成本法下长期股权投资典型业务核算。成本法下“长期股权投资”账户只需按被投资单位进行明细核算。

① 初始投资和追加投资的核算。初始投资或追加投资时，应按初始投资或追加投资时的成本增加长期股权投资的账面价值。具体核算方法与“长期股权投资初始计量”相同，此处不再重述。

② 持有期间被投资单位宣告发放现金股利的核算。成本法下核算的长期股权投资，除取得投资时实际支付的价款或对价中包含的已宣告但未发放的现金股利外，投资企业应当按享有被投资单位宣告发放的现金股利确认投资收益。

③ 长期股权投资处置的核算。投资方处置长期股权投资时，应将长期股权投资的账面价值注销，实际取得的价款与账面价值的差额计入当期损益（投资收益）。

【例 4-4-7】2012 年 3 月 15 日，宏业公司以银行存款购买诚新股份股票 20 万股，每股买入价为 10 元（含已宣告未发放的现金股利 0.2 元），另支付相关税费 14 000 元。购入诚新股份股票后宏业公司取得 2%表决权资本，并准备长期持有。2012 年 4 月 20 日收到诚新股份分派的现金股利 40 000 元。2013 年 3 月 20 日诚新股份宣告分派 2012 年现金股利每股 0.3 元。2013 年 4 月 23 日收到诚新股份发放的现金股利。宏业公司相关的账务处理如下。

2012 年 3 月 15 日购入诚新股份股票时，编制如下会计分录。

借：长期股权投资——诚新股份　　1 974 000
　　应收股利——诚新股份　　40 000
　　贷：银行存款　　2 014 000

2012 年 4 月 20 日收到现金股利时，编制如下会计分录。

借：银行存款　　40 000
　　贷：应收股利——诚新股份　　40 000

2013 年 3 月 20 日确认应收股利时，编制如下会计分录。

借：应收股利——诚新股份　　60 000
　　贷：投资收益　　60 000

2013 年 4 月 23 日收到现金股利时，编制如下会计分录。

借：银行存款　　60 000
　　贷：应收股利——诚新股份　　60 000

2．权益法

（1）权益法的含义及适用范围。权益法是指长期股权投资以初始投资成本计量后，投资方在投资持有期间应根据其享有被投资单位所有者权益的份额的变动对投资的账面价值进行调整的方法。权益法将被投资单位与投资方视同一个整体，被投资单位的净资产发生变动就意味着投资方的权益也发生变化，这种方法强调投资方的长期股权投资应当与被投资单位的净资产配比。因此，当被投资单位净资产发生变动时，投资方应当按投资比例确定长期股权投资的变动。

投资方对被投资单位具有共同控制或重大影响的长期股权投资应采用权益法核算。

（2）账户设置。权益法下，“长期股权投资”账户除按被投资单位分户核算外，还应按“成本”、“损益调整”和“其他权益变动”进行明细核算。

其中，“长期股权投资——成本”账户核算长期股权投资的初始成本；

“长期股权投资——损益调整”账户核算在被投资单位实现利润、发生亏损以及分配现金股利时，投资方按持股比例应享有或承担的份额；

“长期股权投资——其他权益变动”账户核算因被投资单位发生除净损益以外的其他所有者权益变动时，投资方按持股比例计算应分享的份额。

（3）权益法下长期股权投资典型业务核算。

① 初始投资成本调整的核算。投资企业取得对联营企业或合营企业的投资后，对于取得投资时的初始投资成本与应享有被投资单位可辨认净资产公允价值份额之间的差额，应区别以下两种情况处理。

- 长期股权投资的初始投资成本大于取得投资时应享有被投资单位可辨认净资产公允价值份额的，该部分差额本质上是投资企业在取得投资过程中通过购买作价体现的与所取得股权份额相对应的商誉，该差额直接构成长期股权投资的成本，初始投资成本不需要调整。
- 长期股权投资的初始投资成本小于取得投资时应享有被投资单位可辨认净资产公允价值份额的，两者之间的差额体现为双方在交易作价过程中转让方的让步，该差额投资方应计入取得投资当期的营业外收入，同时调整增加长期股权投资的成本。

【例 4-4-8】宏业公司 2011 年 4 月 1 日以银行存款 1 000 万元从证券二级市场购买天一公司股票 250 万股，取得 25%的表决权资本，另外购买股票时发生相关税费 32 000 元。2011 年 4 月 1 日天一公司可辨认净资产公允价值总额为 4 500 万元。宏业公司账务处理如下。

享有天一公司净资产公允价值份额=4 500 × 25%=1 125（万元）

借：长期股权投资——天一公司（成本）　　11 250 000
　　贷：银行存款　　10 032 000
　　　　营业外收入——股权投资利得　　1 218 000

若上例中 2011 年 4 月 1 日天一公司可辨认净资产公允价值总额为 4 000 万元，宏业公司应编制如下会计分录。

借：长期股权投资——天一公司（成本）　　10 023 000
　　贷：银行存款　　10 023 000

② 被投资单位实现净损益的核算。权益法下，投资企业取得长期股权投资后，应按应享有或应分担的被投资单位实现净利润或发生净亏损的份额调整长期股权投资的账面价值，并确认当期投资损益。具体处理如下。

- 被投资单位实现净利润。投资企业应按其享有的份额，增加长期股权投资账面余额，并确认当期投资收益，借记“长期股权投资——损益调整”账户，贷记“投资收益”账户。
- 被投资单位发生净亏损。投资企业应按其享有的份额，减少长期股权投资账面余额，并确认当期投资损失，借记“投资收益”账户，贷记“长期股权投资——损益调整”账户。如果被投资单位发生连续亏损，投资企业确认的投资损失应以长期股权投资账面价值减记至零为限，还需要承担投资损失的，应将其他实质上构成被投资单位净投资的“长期应收款”等账面价值减记至零为限；除按以上步骤已确认的损失外，按投资合同或协议约定还将承担的损失，应确认为预计负债。以后各年度，发生亏损的被投资单位实现净利润，投资企业应在计算的收益份额超过未确认的亏损分担额后，按超过未确认的亏损分担额的金额，以与上述规定相反的顺序逐步恢复长期股权投资的账面余额。

- 被投资单位宣告分派现金股利。投资企业按以持股比例计算的份额，冲减长期股权投资的账面余额，借记“应收股利”账户，贷记“长期股权投资——损益调整”账户。

提示

被投资单位宣告发放的股票股利，投资企业不必作账务处理。

【例 4-4-9】承【例 4-4-8】资料，天一公司 2011 年实现净利润 500 万元；2012 年 2 月 25 日宣告分派现金股利 400 万元，3 月 10 日收到现金股利；2012 年度天一公司由于意外事件，全年亏损 5 000 万元；2013 年扭亏为盈，实现净利润 1 000 万元。若宏业公司在对天一公司投资时，该公司的各种可辨认净资产公允价值与账面价值相同，则宏业公司相关账务处理如下。

2011 年 12 月 31 日，投资收益=500×25%=125（万元）

编制如下会计分录。

借：长期股权投资——天一公司（损益调整）　　1 250 000

　　贷：投资收益——股权投资收益　　1 250 000

2012 年 2 月 25 日宣告分派现金股利，应收股利=400×25%=100（万元）

编制如下会计分录。

借：应收股利——天一公司　　1 000 000

　　贷：长期股权投资——天一公司（损益调整）　　1 000 000

2012 年 3 月 10 日收到现金股利，编制如下会计分录。

借：银行存款　　1 000 000

　　贷：应收股利——天一公司　　1 000 000

2012 年 12 月 31 日，确认应负担的亏损=5 000×25%=1 250（万元）

可冲减的账面余额为 1 150 万元，即“长期股权投资——天一公司”账户余额=1 125+125-100=1 150（万元）

若宏业公司在天一公司无其他实质上构成净投资的项目，但仍要继续承担额外义务，则剩余的 100 万元应确认为预计负债。编制如下会计分录。

借：投资收益——股权投资收益　　12 500 000

　　贷：长期股权投资——天一公司　　11 500 000

　　　　预计负债——天一公司　　1 000 000

若宏业公司不再承担额外义务，则可将剩余的 100 万元在备查账簿中进行表外登记。

2013 年 12 月 31 日，天一公司盈利，首先转销预计负债 100 万元，再恢复“长期股权投资——天一公司”账面余额。可恢复的余额=1 000×25% - 100=150（万元）

借：长期股权投资——天一公司（损益调整）　　1 500 000

　　预计负债——天一公司　　1 000 000

　　贷：投资收益——股权投资收益　　2 500 000

● 被投资单位净利润调整的核算。权益法下核算长期股权投资，如果被投资单位各种可辨认净资产的公允价值与账面价值不一致，或投资企业与被投资单位采用的会计政策不相同，投资企业在确认被投资单位净损益的份额时，应将净损益以公允价值为基础进行调整。

【例 4-4-10】宏业公司 2012 年 12 月 28 日，以银行存款 2 000 万元取得伟业公司 40%的股权，宏业公司派有代表参与伟业公司的管理。投资日伟业公司各种可辨认净资产的账面价值与公允价值如表 4-4-3 所示。伟业公司 2013 年实现净利润 700 万元，其中宏业公司取得投资时的账面存货对外销售了 70%，且两家公司在该会计年度中采用相同的会计政策。

表 4-4-3　　伟业公司净资产价值对比表

单位：万元

资产类别	账面价值	已提折旧或摊销	公允价值	预计使用年限
存货	1 500		1 800	
固定资产	1 000	200	1 200	20
无形资产	500	100	600	8
合计	3 000	300	3 600	

宏业公司账务处理如下。

调整后的伟业公司的净利润=700 –（1800 – 1500）× 70% –（1200 – 1000）÷ 20 –（600 – 500）÷ 8=467.5（万元）

宏业公司应享有的调整后的净利润份额=467.5 × 40%=187（万元）

编制如下会计分录。

借：长期股权投资——伟业公司（损益调整）　　1 870 000

　　贷：投资收益——股权投资收益　　1 870 000

③ 被投资单位除净损益外其他所有者权益变动的核算。权益法下核算长期股权投资，在持股比例不变的情况下，被投资单位除净损益外其他所有者权益的变动，投资企业应按持股比例计算享有的份额，借记“长期股权投资——其他权益变动”账户，贷记“资本公积——其他资本公积”账户，或作相反的会计分录。

【例 4-4-11】承【例 4-4-8】资料，2011 年天一公司可供出售金融资产的公允价值增加了 400 万元。宏业公司按照持股比例确认相应的资本公积 100 万元，编制如下会计分录。

借：长期股权投资——天一公司（其他权益变动）　　1 000 000

　　贷：资本公积——其他资本公积　　1 000 000

四、长期股权投资处置核算

企业处置长期股权投资时，应按实际收到的金额，借记“银行存款”账户；按其应转销的长期股权投资的账面余额，贷记“长期股权投资”账户下的“成本”、“损益调整”、“其他权益变动”等明细账户；按其差额，借记或贷记“投资收益”账户。如果有计提的长期股权投资减值准备也应予以结转。

权益法核算的长期股权投资处置时，除作上述处理外，还应将原计入资本公积的金额转入当期损益，借记“资本公积——其他资本公积”账户，贷记“投资收益”账户，或作相反会计分录。

【例 4-4-12】承【例 4-4-8】、【例 4-4-9】、【例 4-4-11】资料，2012 年 5 月 10 日，宏业公司以 300 万元的价格将天一公司 15%的股权转让给万圣公司。经查账，处置日宏业公司“长期股权投资——天一公司”明细账资料如下，成本 1 125 万元（借方），损益调整 975 万元（贷方），其他权益变动 10 万元（借方）。处置时宏业公司账务处理如下。

应转销的投资成本=1 125 ÷ 25% × 15%=675（万元）

应转销的损益调整=975 ÷ 25% × 15%=585（万元）

应转销的其他权益变动=10 ÷ 25% × 15%=6（万元）

编制如下会计分录。

借：银行存款　　3 000 000

　　长期股权投资——天一公司（损益调整）　　5 850 000

　　贷：长期股权投资——天一公司（成本）　　6 750 000

　　　　　　　　　　——天一公司（其他权益变动）　　60 000

　　　　投资收益——股权投资收益　　2 040 000

同时将原计入资本公积的部分按比例转入当期损益。

借：资本公积——其他资本公积　　60 000

　　贷：投资收益　　60 000

五、长期股权投资减值核算

1．企业对子公司、合营企业及联营企业长期股权投资的减值

企业对子公司、合营企业及联营企业的投资，当出现减值迹象时，应按《企业会计准则第 8 号——资产减值》的规定，计算投资的可收回金额。在比较其可收回金额与账面价值的基础上确定其应予计提的减值准备金额。

2．企业对被投资单位不具有共同控制或重大影响、在活跃市场中没有报价、公允价值不能可靠计量的长期股权投资的减值

企业对被投资单位不具有共同控制或重大影响、在活跃市场中没有报价、公允价值不能可靠计量的长期股权的投资，当出现减值迹象时，应按《企业会计准则第 22 号——金融工具确认和计量》的规定进行减值测试，并确定其应予计提的减值准备。

企业应当设置“长期股权投资减值准备”和“资产减值损失”账户核算长期股权投资的减值。

“长期股权投资减值准备”账户属于资产类账户，也是“长期股权投资”的备抵调整账户。其贷方登记计提的长期股权投资减值准备，借方登记处置长期股权投资而转销的长期股权投资减值准备，期末贷方余额反映企业已计提但尚未转销的长期股权投资减值准备。本账户可按被投资单位进行明细核算。

长期股权投资减值损失一经确认，在以后会计期间不得转回。

企业计提长期股权投资减值准备，应编制如下会计分录。

借：资产减值损失

　　贷：长期股权投资减值准备

链接 在《小企业会计准则》下，长期股权投资是指小企业准备长期持有的权益性投资。长期股权投资应按下列规定进行会计处理：（1）长期股权投资应当按照成本进行计量。以支付现金取得的长期股权投资，应当按照购买价款和相关税费作为成本计量。实际支付价款中包含的已宣告但尚未发放的现金股利，应当单独确认为应收股利，不计入长期股权投资成本。通过非货币性资产交换取得的长期股权投资，应当按照换出非货币资产的评估价值和相关税费作为成本计量。（2）长期股权投资应当采用成本法进行会计处理。在长期股权投资持有期间，被投资单位宣告分派的现金股利或利润，应当按照应分得的金额确认投资收益。（3）处置长期股权投资，处置价款扣除其成本、相关税费后的净额，应当计入投资收益。（4）长期股权投资损失应当于实际发生时计入营业外支出，同时冲减长期股权投资账面余额。

任务实施

任务资料和任务目标见本任务的“任务导入”，具体任务实施过程如下。

第一步，确定核算方法。根据南山公司持有乙公司的表决权资本份额判断，南山公司的长期股权投资应采用权益法核算。

第二步，具体账务处理。

（1）2012 年 1 月 3 日，购入股票初始投资成本=580 × 8+7−580 × 0.25=4 502（万元）

购买日应享有被投资单位所有者权益份额=18 000 × 25%=4 500（万元）

初始投资成本大于取得投资时应享有被投资单位可辨认净资产份额，该部分差额直接计入投资成本，编制如下会计分录。

借：长期股权投资——乙公司（成本）　　45 020 000
　　应收股利——乙公司　　1 450 000
　　贷：银行存款　　46 470 000

（2）2012 年 3 月 16 日，收到现金股利，编制如下会计分录。

借：银行存款　　1 450 000
　　贷：应收股利——乙公司　　1 450 000

（3）2012 年 12 月 31 日，根据乙公司的净利润计算确认投资收益，编制如下会计分录。

借：长期股权投资——乙公司（损益调整）　　7 500 000
　　贷：投资收益——股权投资收益　　7 500 000

（4）2013 年 2 月 16 日，确认应收股利，编制如下会计分录。

借：应收股利——乙公司　　1 160 000
　　贷：长期股权投资——乙公司（损益调整）　　1 160 000

（5）2013 年 3 月 12 日，收到现金股利，编制如下会计分录。

借：银行存款　　1 160 000
　　贷：应收股利——乙公司　　1 160 000

（6）2013 年 11 月 4 日，出售乙公司股票，编制如下会计分录。

借：银行存款　　52 000 000

　　贷：长期股权投资——乙公司（成本）　　45 020 000

　　　　　　　　　　——乙公司（损益调整）　　6 340 000

　　　　投资收益——股权投资收益　　640 000

项目五 财务成果岗位会计

项目导读

财务成果岗位会计认知

一、财务成果岗位会计职责

财务成果岗位会计可分为费用会计岗位和收入、利润会计岗位。其会计职责如下。

（1）费用会计岗位职责：负责制定费用管理制度和核算办法；会同有关部门制定费用计划，严格控制费用开支；负责日常支出的审查报批登记工作；负责编制和审核与费用业务相关的原始凭证；负责费用业务的明细核算；负责编制各类成本费用报表，做好费用的分析与考核工作。

（2）收入、利润会计岗位职责：会同有关部门编制收入、利润计划；负责销售款项结算业务；负责编制和审核与收入、利润业务相关的原始凭证；负责收入、利润及利润分配业务的明细核算；编制收入、利润及利润分配表，并进行利润的分析和考核；协助有关部门对存货进行盘点清查。

二、财务成果岗位会计核算内容

财务成果是指企业在一定时期内从事生产经营活动所取得的利润或发生的亏损。财务成果核算的内容主要包括收入核算、费用核算、利润及利润分配核算。

1．收入

收入是指企业在日常活动中形成的、会导致所有者权益增加的、与所有者投入资本无关的经济利益的总流入。

日常活动是指企业为完成其经营目标所从事的经常性活动以及与之相关的其他活动。按企业从事日常活动的性质，收入可分为销售商品收入、提供劳务收入和让渡资产使用权收入。按企业从事日常活动在企业中的重要性，收入可分为主营业务收入和其他业务收入。

2．费用

费用是指企业在日常活动中发生的、会导致所有者权益减少的、与向所有者分配利润无关的经济利益的总流出。广义的费用包括成本、费用和损失，狭义的费用仅指与本期营业收入配比的那部分耗费。

按经济用途的不同，费用可分为生产成本和期间费用。生产成本是指计入产品成本的费用，包括直接材料、直接人工和制造费用；期间费用是指直接计入当期损益的费用，包括管理费用、财务费用和销售费用。

3．利润

利润是指企业在一定会计期间的经营成果，包括收入减去费用后的净额、直接计入当期损益的利得和损失。收入减去费用后的净额为营业利润，反映企业日常活动的经营业绩；直接计入当期损益的利得和损失是指企业应当计入当期损益的、会导致所有者权益发生增减变动的、与所有者投入资本或向所有者分配利润无关的利得或损失，反映企业非日常活动的盈亏结果。

利润从其形成过程可分为营业利润、利润总额和净利润三个层次。

4．利润分配

利润分配是指企业根据法律、董事会或有关权力机构提请股东大会或有关机构批准、对企业可供分配利润指定其特定用途和分配给投资者的行为。

任务一 收入核算

学习目标

知识目标：了解收入的基本内容；掌握销售商品收入、提供劳务收入和让渡资产使用权收入确认计量的原理与核算方法。

技能目标：能准确计算销售商品收入、提供劳务收入和让渡资产使用权收入的入账金额；能编制营业收入的相关原始凭证，并进行账务处理；能根据相关资料登记主营业务收入和其他业务收入总账和明细账。

任务导入

任务资料：东方有限责任公司是一家生产电器产品的一般纳税人企业，商品适用增值税税率为 17%。2013 年 7 月发生如下与收入相关的经济业务。

3 日，向甲公司销售商品一批，不含税售价 100 000 元，商品已发出，同时以银行存款为甲公司代垫运费1 500元。

4日，持相关票据，填制托收承付结算凭证，办妥向上述甲公司托收货款及运费的手续。

8日，向乙公司销售商品一批，不含税售价80 000元，开具增值税专用发票注明“2/10，1/20，n/30”的字样，货款未收。

15日，外地A公司持一份面值为100 000元的银行汇票到本公司购货，实际销售商品不含税售价80 000元，收妥银行汇票，实际结算金额93 600元，当日填制进账单送银行办理进账手续。

17日，收到乙公司转账支票一张计92 000元，系收回本月8日的销货款，填制进账单送存银行进账。

20日，销售原材料一批，销售额20 000元，增值税税额3 400元，款项收妥存入银行。该批材料的实际成本为10 800元。

25日，转让专利使用权一项，收取转让费60 000元存入银行。

任务目标：根据上述资料编制东方有限责任公司与收入相关业务的会计分录。

知识准备

政策依据：《企业会计准则第14号——收入》及其应用指南。

一、销售商品收入核算

1. 销售商品收入的确认

根据企业会计准则规定，销售商品收入只有在同时满足以下五个条件时才能予以确认。

（1）企业已将商品所有权上的主要风险和报酬转移给购货方。“风险”是指商品所有者承担所购商品可能发生的损失，如商品减值或毁损。“报酬”是指商品所有者预期可获得的所购商品中包含的未来经济利益，如商品转售或使用等形成的经济利益。只有当与商品所有权相关的主要风险和报酬全部转移给购货方，本条件才成立。“主要风险和报酬”是相对于“次要风险和报酬”而言的，如对附有退货条件的商品销售，若根据经验判断，在规定的时间内发生退货的可能性极小，则可认为该销售行为中只存在次要风险，在其他条件成立的情况下，仍可以在当期确认收入。

判断“主要风险和报酬”是否转移，应遵循实质重于形式的原则，并结合所有权凭证的转移和实物交付进行。通常情况下，若商品所有权凭证转移并已交付实物，则可认为商品所有权上的主要风险和报酬随之转移，如大多数商品零售。但下列情形应特别注意。

① 交款提货方式销售，商品所有权凭证已转移，但实物未交付，应认为商品所有权上的主要风险和报酬已转移。

② 支付手续费方式委托代销，实物已交付委托方，但商品所有权凭证并未转移，应认为商品所有权上的主要风险和报酬未转移。

（2）企业既没有保留通常与所有权相联系的继续管理权，也没有对已售出的商品实施控制。企业虽将商品所有权上的主要风险和报酬转移给了购货方，但仍对商品具有继续管理权或控制权，使购货方不能自主处置所购商品，则本条件不成立，如售后回租与售后回购业务。

（3）收入的金额能够可靠计量。收入的金额能够可靠计量是指能够对收入的金额予以合理地估计。通常情况下，销售商品明码标价，其金额能够可靠计量。但如果销售商品过程中存在某些不确定因素或发生商品销售价格变动等，造成在销售商品时无法确定新的销售价格，此时在新的商品销售价格未确定前通常不应确认销售商品收入。

（4）相关的经济利益很可能流入企业。商品交易中的经济利益主要表现为销售商品的货款。“很可能流入”是指销售商品货款收回的可能性超过50%。

企业在确定销售商品货款收回的可能性时，应结合与买方交往的经验、政府有关政策等因素综合判断。通常情况下，若企业销售的商品符合合同或协议要求，且已将发票账单交付买方，买方承诺付款，则表明相关的经济利益很可能流入企业。如果企业根据以往的经验判断买方信誉不佳、最近发生巨额亏损、资金周转不灵等，企业应待排除这些不确定因素后才能确认销售商品收入。

（5）相关的已发生或将发生的成本能够可靠计量。根据收入和费用配比原则，与同一项销售有关的收入和费用应在同一会计期间予以确认。因此，若成本不能可靠计量，则相关的收入就不应确认。

相关的已发生或将发生的成本能够可靠计量，是指与销售商品有关的已发生或将发生的成本能够合理估计。销售商品相关的已发生或将发生的成本，通常情况下认为能够合理估计，如库存商品的成本、商品运输费用等。若销售商品相关的已发生或将发生的成本不能够合理估计，则不应确认收入，已收到的款项只能确认为负债。

链接

《小企业会计准则》没有规定收入确认的具体条件。仅在其第五十八条规定：小企业应当在发出商品并且收到货款或取得收款权利时，确认销售商品收入。（1）销售商品采用托收承付方式的，在办妥托收手续时确认收入；（2）销售商品采用预收款方式的，在发出商品时确认收入；（3）销售商品采用分期收款方式的，在合同约定的收款日期确认收入；（4）销售商品需要安装和检验的，在购买方接受商品以及安装和检验完毕时确认收入；（5）销售商品采用支付手续费方式委托代销的，在收到代销清单时确认收入；（6）销售商品以旧换新的，销售的商品作为商品销售处理，回收的商品作为购进商品处理；（7）采取产品分成方式取得收入，在分得产品之日按照产品的市场价格或评估价值确定销售商品收入。

2. 销售商品收入的计量

企业销售商品满足收入确认条件时，应当按照已收或应收合同或协议价款的公允价值确定销售商品收入金额。通常情况下，从购货方已收或应收的合同或协议价款即为其公允价值，应以此确定销售商品收入的金额。但在涉及商业折扣、现金折扣、销售折让时，销售商品收入金额的确定有特殊规定。

（1）商业折扣。商业折扣是指企业为促进商品销售而在商品标价上给予的价格扣除。商业折扣不影响销售商品收入的计量，企业应按扣除商业折扣后的金额确定销售商品收入金额。

（2）现金折扣。现金折扣是指在销售商品收入金额确定的情况下，债权人为鼓励债务人在规定的期限内及早付款而向债务人提供的债务扣除。通常以“折扣率/付款期限”表示。如“2/10，1/20，n/30”表示销货方允许客户最长的付款期限为30天，若客户在10天内付款，销货方可按销货款给予客户2%的折扣；若客户在11天至20天内付款，销货方可按销货款给予客户1%的折扣；

若客户在 21 天至 30 天内付款，将不能享受现金折扣。此处“销货款”是否含税一般由购销双方自行约定。

现金折扣会计处理方法有两种。一是净价法，即按合同总价款扣除现金折扣后的净额计量收入；二是总价法，即按合同总价款全额计量收入。我国企业会计准则规定应采用总价法。

（3）销售折让。销售折让是指企业因售出商品的质量不合格等原因而在售价上给予的减让。通常情况下，销售折让发生在销售收入确认之后，因此应在销售折让发生时，按折让金额直接冲减当期销售商品收入。

3．销售商品收入核算账户设置

为核算企业销售商品收入业务应设置如下主要账户。

（1）“主营业务收入”账户。该账户核算企业在销售商品、提供劳务等主营业务活动中取得的收入，属损益类账户。该账户贷方登记销售商品、提供劳务等主营业务活动实现的收入；借方登记销售退回、折让以及期末转入“本年利润”的收入金额；期末结转后本账户无余额。本账户通常按产品类别或劳务种类进行明细核算。

（2）“其他业务收入”账户。该账户核算企业确认的除主营业务活动以外的其他经营活动实现的收入，属损益类账户。该账户贷方登记提供其他经营活动业务实现的收入；借方登记期末转入“本年利润”的收入金额；期末结转后本账户无余额。本账户通常按其他经营业务类别进行明细核算。

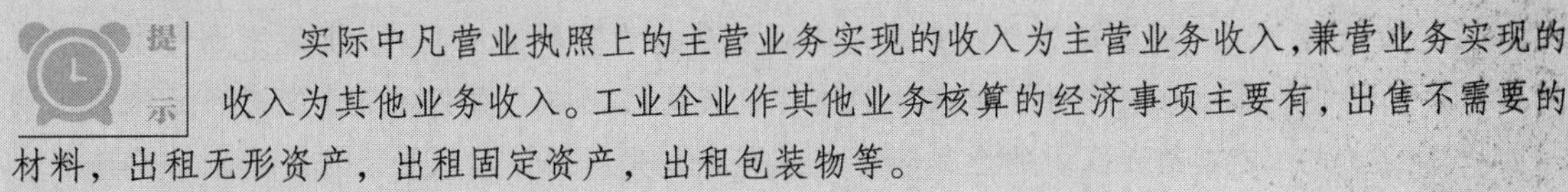

提示　实际中凡营业执照上的主营业务实现的收入为主营业务收入，兼营业务实现的收入为其他业务收入。工业企业作其他业务核算的经济事项主要有，出售不需要的材料，出租无形资产，出租固定资产，出租包装物等。

（3）“发出商品”账户。该账户核算企业一般销售方式下未满足收入确认条件、但已发出商品的成本，属资产类账户。该账户借方登记发出商品的成本；贷方登记确认商品销售收入时结转的发出商品成本；期末借方余额，反映企业发出商品的成本。本账户可按购货方、商品类别和品种进行明细核算。

（4）“代理业务资产”账户。该账户核算企业不承担风险的代理业务形成的资产，属资产类账户。该账户借方登记收到的代理业务资产成本；贷方登记代理业务完成而转销的代理业务资产成本；期末借方余额，反映企业尚未完成转销代理业务资产的成本。本账户可按委托方、资产类别等进行明细核算。

提示　该账户也可设为“受托代销商品”账户。

（5）“代理业务负债”账户。该账户核算企业不承担风险的代理业务收到的款项，属负债类账户。贷方登记收到的代理业务资金；借方登记划转、核销或退还代理业务资金；期末贷方余额，反映企业收到的代理业务资金。本账户可按委托方、资产管理类别等进行明细核算。【提示】该账户也可设为“受托代销商品款”账户。

4．销售商品收入典型业务核算

（1）现销业务的核算。销售商品采用现金结算或通过支票、银行本票和银行汇票等方式结算货款的，均属现销业务。企业应根据不同的收款方式，按实际收到的款项，借记“库存现金”或“银行存款”账户；按确认的销售收入，贷记“主营业务收入”账户；按确认的增值税，贷记“应交税费——应交增值税（销项税额）”账户。

【例 5-1-1】12 月 5 日，宏业公司销售 A 商品一批，开具的增值税专用发票注明价款 100000 元、增值税税额 17000 元。商品已发出，货款已转账收讫。该批商品的成本为 70000 元。宏业公司账务处理如下。

确认销售商品收入时，编制如下会计分录。

借：银行存款　　117000

　　贷：主营业务收入　　100000

　　　　应交税费——应交增值税（销项税额）　　17000

结转销售商品成本时，编制如下会计分录。

借：主营业务成本　　70000

　　贷：库存商品——A 商品　　70000

提示　销售商品业务应该按两条线进行核算，一是核算销售商品收入，二是核算销售商品成本。两者配比的结果就是企业销售行为实现的毛利。以上规则还可以推广到其他存货的销售业务中。理论教学通常逐笔结转销售商品成本，而实际工作中更多是采用定期结转成本的方式。定期结转成本的金额确定方法有先进先出法、加权平均法、个别计价法等，具体可参见本教材项目三。

（2）赊销业务的核算。商品销售采用托收承付、委托收款、汇兑和商业汇票等方式结算货款时便形成赊销业务。企业以赊销方式销售商品，应根据不同的结算方式，按应当收到的款项，借记“应收账款”、“应收票据”账户；按确认的销售商品收入，贷记“主营业务收入”账户；按确认的增值税，贷记“应交税费——应交增值税（销项税额）”账户。

【例 5-1-2】12 月 7 日，宏业公司以托收承付方式向外地甲公司销售 A 商品一批，开具增值税专用发票注明价款 20000 元、增值税税额 3400 元；同时以银行存款代垫运杂费 3000 元。宏业公司账务处理如下。

办妥托收手续时，编制如下会计分录。

借：应收账款——甲公司　　26400

　　贷：主营业务收入　　20000

　　　　应交税费——应交增值税（销项税额）　　3400

　　　　银行存款　　3000

收回上述款项时，编制如下会计分录。

借：银行存款　　26400

　　贷：应收账款——甲公司　　26400

若上例双方协议采用商业汇票结算方式，宏业公司该作怎样的账务处理？

（3）销售折让、商业折扣和现金折扣的核算。

【例 5-1-3】 12 月 5 日，宏业公司向乙公司销售 A 商品一批，开具增值税专用发票注明价款 100 000 元、增值税税额 17 000 元，款未收，收入当日入账。12 月 10 日，乙公司验收货物发现质量不符合合同约定，经协商宏业公司同意给予不含税价款总额 10%的折让，当日收到款项存入银行。宏业公司账务处理如下。

12 月 5 日确认销售商品收入时，编制如下会计分录。

借：应收账款——乙公司　　117 000
　　贷：主营业务收入　　100 000
　　　　应交税费——应交增值税（销项税额）　　17 000

12 月 10 日根据开具的红字增值税专用发票确认销售折让，编制如下会计分录。

借：主营业务收入　　10 000
　　应交税费——应交增值税（销项税额）　　1 700
　　贷：应收账款——乙公司　　11 700

12 月 10 日收到货款时，编制如下会计分录。

借：银行存款　　105 300
　　贷：应收账款——乙公司　　105 300

提示

销售折让的账务处理有以下三种情况。①企业发生销售折让时，若此项业务销售收入尚未确认，则在销售折让发生时按扣除折让额后的金额直接确认当期销售商品收入即可；②若企业在确认销售商品收入后发生销售折让，应按折让额冲减销售商品收入，符合税法规定条件的还应冲减已确认的增值税销项税额；③若销售折让属于资产负债表日后事项，应按企业会计准则“资产负债表日后事项”相关规定处理。

【例 5-1-4】 12 月 1 日，宏业公司销售给甲公司 A 商品 1 000 件。销售条件为，购买 1~500 件，单价 100 元；购买 501~2 000 件，单价为 95 元；购买 2 001 件以上，单价为 90 元。同时给予“2/10，1/20，n/30”的现金折扣条件，公司采用总价法核算，甲公司于 12 月 8 日付清货款。宏业公司账务处理如下。

12 月 1 日确认销售商品收入时，编制如下会计分录。

借：应收账款——甲公司　　111 150
　　贷：主营业务收入　　95 000
　　　　应交税费——应交增值税（销项税额）　　16 150

12 月 8 日收到货款时，编制如下会计分录。

借：银行存款　　109 250
　　财务费用　　1 900

贷：应收账款——甲公司　　111 150

若上例宏业公司于12月18日收到货款，收款日应如何进行账务处理？若12月28日收到货款又该怎样处理？

（4）销售退回。企业发生的销售退回，应分别不同情况处理。对未确认销售商品收入的销售退回，应借记“库存商品”账户，贷记“发出商品”账户。对已确认销售商品收入的销售退回，除属于资产负债表日后事项外，一般应在发生时冲减退回当期销售商品收入，同时冲减当期销售商品成本，若按规定允许扣减增值税，应同时冲减已确认的增值税。若该项销售退回有已发生的现金折扣，应同时调整相关财务费用。

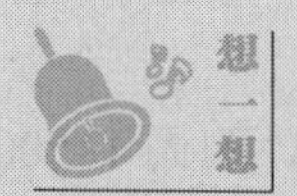

在《小企业会计准则》下，小企业已以确认销售商品收入的售出商品发生退回，不论属于本年度还是属于以前年度的销售，均应当在发生时冲减当期销售商品收入，不区分是否属于资产负债表日后期间发生。

【例 5-1-5】续【例 5-1-3】资料，12月10日，乙公司验收货物发现货物与合同约定不符要求退货，宏业公司同意退货。宏业公司根据乙公司提供的税务机关出具的“销货退回证明单”，开出红字增值税专用发票注明价款100 000元、增值税税额17 000元。宏业公司账务处理如下。

根据红字专用发票，冲减已确认的销售商品收入及税金，编制如下会计分录。

借：应收账款　　[117 000]

　　贷：主营业务收入　　[100 000]

　　　　应交税费——应交增值税（销项税额）　　[17 000]

若该批商品成本70 000元，收到退回商品验收入库时，编制如下会计分录。

借：库存商品——A商品　　70 000

　　贷：主营业务成本　　70 000

想一想

如果在尚未确认收入时发生退货行为，宏业公司该如何进行账务处理？如果销售商品收到货款后发生退货，宏业公司又该如何进行账务处理？

（5）预收款方式销售商品。预收款销售方式下，销售方在收到最后一笔款项才将商品交付购货方，表明商品所有权上的主要风险和报酬只有在收到最后一笔款项时才转移给购货方。因此，销售方通常应在发出商品时确认收入，在此之前预收的货款记入“预收账款”账户。

【例 5-1-6】12月9日，宏业公司与乙公司签订购销合同采取预收货款方式向乙公司销售B商品200件，每件售价250元，当日收到乙公司开具的转账支票预付定金30 000元。宏业公司账务处理如下。

收到预付定金时，编制如下会计分录。

借：银行存款　　30 000

　　贷：预收账款——乙公司　　30 000

若在12月30日，宏业公司发出商品，开具增值税专用发票注明价款50000元、增值税税额8500元，同日收到乙公司支付的结余货款，编制如下会计分录。

借：预收账款——乙公司　　30000
　　银行存款　　28500
　　贷：主营业务收入　　50000
　　　　应交税费——应交增值税（销项税额）　　8500

提示　预收款业务的核算习惯上也可采用“应收账款”往来账户核算，不单独设置“预收账款”账户。

（6）代销商品核算。代销商品通常有视同买断和收取手续费两种方式。

① 视同买断。该方式下，由委托方与受托方签订代销协议，委托方按协议价收取代销商品货款，实际售价由受托方自定，实际售价与协议价之间的差额归受托方所有。

如果委托方和受托方之间的协议明确标明，受托方在取得代销商品后，无论是否能够卖出或是否获利，均与委托方无关，则委托方与受托方之间的代销商品交易，实质上与委托方直接销售商品给受托方没有区别，因此，在符合销售商品收入确认条件时，委托方应确认相关销售商品收入。如果委托方与受托方之间的协议明确标明，将来受托方没有将商品售出时可以将商品退回给委托方，或受托方因代销商品出现亏损时可以要求委托方补偿，则委托方在交付商品时不确认收入，受托方不作购进商品处理，受托方将商品销售后，按实际售价确认销售收入，并向委托方开具代销清单，委托方收到代销清单时，再确认本企业销售收入。

提示　为核算视同买断方式的商品代销业务，委托方应设置“发出商品”账户，受托方应当设置“代理业务资产”（或受托代销商品）和“代理业务负债”（或受托代销商品款）账户。

【例5-1-7】12月2日，宏业公司委托大成公司代销B商品1000件，每件成本200元，协议价300元。代销协议规定，大成公司可以将未能销售的B商品退还给宏业公司。商品于12月5日发出，当月大成公司实际代销B商品500件，对外销售价350元。12月31日将“代销商品清单”送交宏业公司，宏业公司据此开具增值税专用发票，货款尚未结算。

● 宏业公司（委托方）账务处理如下。

12月5日发出代销商品时，编制如下会计分录。

借：发出商品——大成公司　　200000（1000×200）
　　贷：库存商品——B商品　　200000

12月31日收到代销清单，开具增值税专用发票注明价款150000元、增值税税额25500元，确认销售商品收入，同时结转成本，编制如下会计分录。

借：应收账款——大成公司　　175500
　　贷：主营业务收入　　150000
　　　　应交税费——应交增值税（销项税额）　　25500

借：主营业务成本　　100 000
　贷：发出商品——大成公司　　100 000

● 大成公司（受托方）账务处理如下。

12 月 5 日收到代销商品时，编制如下会计分录。

借：代理业务资产——宏业公司　　300 000（1 000 × 300）
　贷：代理业务负债——宏业公司　　300 000

当月实际销售代销商品时，确认销售商品收入并结转销售商品成本，编制如下会计分录。

借：银行存款　　204 750
　贷：主营业务收入　　175 000
　　应交税费——应交增值税（销项税额）　　29 750

借：主营业务成本　　150 000
　贷：代理业务资产——宏业公司　　150 000

12 月 31 日向宏业公司送交代销清单，取得增值税专用发票时，编制如下会计分录。

借：代理业务负债——宏业公司　　150 000
　应交税费——应交增值税（进项税额）　　25 500
　贷：应付账款——宏业公司　　175 500

② 收取手续费。该方式下，由委托方与受托方签订代销协议，委托方确定代销商品的售价，商品销售后，受托方不作销售处理，只按约定的费率计算代销手续费，并确认提供劳务收入。委托方根据收到的受托方开具的“代销商品清单”确认商品销售收入，并结转成本。

【例 5-1-8】12 月 12 日，宏业公司委托丁公司代销 C 商品 1 000 件，商品已发出，每件成本 60 元。合同约定丁公司应按每件 100 元售价对外销售，宏业公司按售价的 10%向丁公司支付手续费。12 月 25 日，丁公司将代销商品全部售出，开具的增值税专用发票注明价款 100 000 元、增值税税额 17 000 元，同日宏业公司收到丁公司送来的代销清单，同时开具金额相同的增值税专用发票，并结清全部款项。

● 宏业公司（委托方）账务处理如下。

12 月 12 日发出商品时，编制如下会计分录。

借：发出商品——丁公司　　60 000（1 000 × 60）
　贷：库存商品——C 商品　　60 000

12 月 25 日收到代销清单，开具增值税专用发票，计算应付手续费，编制如下会计分录。

借：应收账款——丁公司　　117 000
　贷：主营业务收入　　100 000
　　应交税费——应交增值税（销项税额）　　17 000

借：主营业务成本　　60 000
　贷：发出商品——丁公司　　60 000

借：销售费用　　10 000
　贷：应收账款——丁公司　　10 000

收到丁公司交来代销款，同时结清应付手续费，编制如下会计分录。

借：银行存款　　107 000

贷：应收账款——丁公司 107 000

● 丁公司（受托方）账务处理如下。

12 月 12 日收到代销商品时，编制如下会计分录。

借：代理业务资产 100 000（1 000 × 100）

贷：代理业务负债 100 000

当月实际销售代销商品时，编制如下会计分录。

借：银行存款 117 000

贷：应付账款——宏业公司 100 000

应交税费——应交增值税（销项税额） 17 000

12 月 25 日收到宏业公司开具增值税专用发票时，编制如下会计分录。

借：应交税费——应交增值税（进项税额） 17 000

贷：应付账款——宏业公司 17 000

借：代理业务负债 100 000

贷：代理业务资产 100 000

当月计算代销手续费并支付货款时，编制如下会计分录。

借：应付账款——宏业公司 117 000

贷：其他业务收入 10 000

银行存款 107 000

（7）销售商品不符合收入确认条件的核算。如果企业售出商品不符合销售商品收入确认条件，则不应确认收入。为了单独反映已经发出但尚未确认销售收入的商品成本，企业应设置“发出商品”账户。

【例 5-1-9】甲公司于 12 月 5 日以赊销方式向乙公司销售 A 商品一批，开出的增值税专用发票注明价款 100 000 元、增值税税额 17 000 元。该批商品成本 70 000 元。销售发生时，甲公司已知乙公司财务发生严重危机，此项货款很可能收不回来，但为了维护多年的客户关系，同时也为了帮助乙公司摆脱困境，决定还是将商品发往乙公司。假设甲公司销售 A 商品的纳税义务已经发生。甲公司账务处理如下。

发出商品时，编制如下会计分录。

借：发出商品——乙公司 70 000

贷：库存商品——A 商品 70 000

借：应收账款——乙公司 17 000

贷：应交税费——应交增值税（销项税额） 17 000

如果企业增值税纳税义务并未发生，则不需要作这笔处理。

假设当年 12 月 8 日，乙公司财务状况得到很大改善，承诺近期付款，则甲公司应该确认该笔销售收入，并结转成本。

借：应收账款——乙公司　　100 000
　　贷：主营业务收入　　100 000
借：主营业务成本　　70 000
　　贷：发出商品——乙公司　　70 000

二、提供劳务收入核算

1. 劳务收入的确认与计量

为方便会计核算，企业提供的劳务通常按劳务是否跨年度分为跨年度劳务与不跨年度劳务两类。其中，开始和完成分属不同会计期间的劳务称为跨年度劳务；开始并完成在同一会计期间的劳务称为不跨年度劳务。

不跨年度的劳务应在提供劳务交易完成时确认收入，通常以合同或协议总金额为确认劳务收入的依据；跨年度劳务，应按提供的劳务在期末能否可靠计量，分别以下两种情况采用不同原则和方法确认。

（1）提供劳务交易结果能够可靠估计的。期末对提供劳务的结果能够可靠估计，应采用“完工百分比法”确认劳务收入。所谓“提供劳务交易的结果能够可靠估计”是指同时满足以下条件。

① 收入的金额能够可靠计量。即提供劳务收入的总额能够合理估计。通常企业应当按双方签订的劳务合同或协议注明的交易总金额确定劳务收入总额。若在劳务提供过程中增加或减少交易总金额，应及时调整劳务收入总额。

② 相关的经济利益很可能流入企业。即劳务收入总额收回的可能性大于不能收回的可能性。通常企业提供的劳务符合合同或协议要求，接受劳务方承诺付款，即可判断为经济利益很可能流入企业。

③ 交易的完工进度能够可靠确定。提供劳务交易的完工进度确定方法常见有以下三种：由专业测量师利用专业的测量方法对已经提供的劳务进行测量；按已经提供的劳务占应提供劳务总量的比例为标准确定提供劳务交易的完工程度；按已经发生的成本占预计总成本的比例为标准确定提供劳务交易的完工程度。

④ 交易中已发生和将发生的成本能够可靠计量。即指交易中已经发生和将要发生的成本能够合理估计。为此，企业应当建立完善的内部成本核算制度和有效的内部财务预算及报告制度，准确提供每期发生的成本，并对完成剩余劳务将要发生的成本做出科学、合理的估计。同时应随着劳务的不断提供或外部情况的不断变化，随时对将要发生的成本进行修订。

提示　完工百分比法是指按照提供劳务交易的完工进度确认收入与费用的方法。完工百分比法下，本期应确认的劳务收入及费用的计算公式为

本期确认的收入＝劳务总收入×本期末止完工进度－以前期间累计确认的收入

本期确认的费用＝劳务总成本×本期末止完工进度－以前期间累计确认的费用

（2）提供劳务交易结果不能够可靠估计的。企业在资产负债表日提供劳务交易结果不能可靠估计的，不能采用完工百分比法确认提供劳务收入，应分别下列情况处理。

① 已经发生的劳务成本预计全部能够得到补偿的，应按已收或预计能够收回的金额确认提供劳务收入，并结转已经发生的劳务成本。

② 已经发生的劳务成本预计只能部分得到补偿的，应按能够得到补偿的劳务成本金额确认提供劳务收入，并结转已经发生的劳务成本。

③ 已经发生的劳务成本预计全部不能得到补偿的，应将已经发生的劳务成本计入当期损益（主营业务成本或其他业务成本），不确认提供劳务收入。

提示　与《企业会计准则》比较，《小企业会计准则》没有规定提供劳务收入的确认条件，也没有区分提供劳务的结果是否能够可靠计量，凡是劳务的开始和完成分属不同会计年度的，均按照完工百分比法确认劳务收入。

2．劳务收入核算账户设置

核算企业劳务收入除应设置“主营业务收入”、“其他业务收入”等与销售商品收入相同账户外，还应设置“劳务成本”账户。

“劳务成本”属成本类账户，核算企业对外提供劳务发生的成本。该账户借方登记发生的劳务成本；贷方登记结转到主营业务成本或其他业务成本的劳务成本；期末借方余额，反映尚未完成或尚未结转的劳务成本。本账户可按劳务种类进行明细核算。

3．提供劳务收入典型业务核算

（1）提供不跨年度劳务的核算。企业提供劳务应确认的收入，应根据其业务性质通过“主营业务收入”账户或“其他业务收入”账户核算；企业提供劳务发生的支出同时结转“主营业务成本”账户或“其他业务成本”账户。

【例 5-1-10】3 月 10 日，甲广告公司受托为宏业公司制作广告牌匾，合同约定总价款 10 000 元，款项已经收存银行。该劳务当月完成，共发生制作费用 6 000 元。甲广告公司账务处理如下。

项目完成收到劳务款时确认收入，并结转当期劳务成本，编制如下会计分录。

借：银行存款　　10 000
　　贷：主营业务收入　　10 000
借：主营业务成本　　6 000
　　贷：银行存款（应付账款等）　　6 000

提示　对“营改增”试点地区广告制作属于现代服务业应缴纳增值税。

（2）提供跨年度劳务的核算。企业对预收的款项应先通过“预收账款”账户核算，待确认本期劳务收入时，再将应确认的劳务收入金额转入“主营业务收入”账户或“其他业务收入”账户。对提供劳务发生的支出一般先通过“劳务成本”予以归集确认为费用，再由“劳务成本”转入“主营业务成本”账户或“其他业务成本”账户。

① 提供劳务交易结果能够可靠估计。

【例 5-1-11】网桥科技开发公司于 2011 年 11 月 1 日与甲企业签订一项软件开发合同，合同约定开发期 2 年，合同总金额为 150 000 元，甲企业分三次等额支付开发费用，2011 年 11 月 1 日支付首次款项 50 000 元，第二次款项约定于 2012 年 11 月 1 日支付，第三次款项将于项目完成验收时支付。公司估计开发总成本为 90 000 元（均为开发人员薪酬）。各年度发生的劳务成本分别为 2011 年 7 500 元，2012 年 45 000 元，2013 年 37 500 元。公司按年度编制财务报表，按时间比例确定完工进度，不考虑其他因素。网桥科技开发公司各年的账务处理如下。

● 2011 年度

11 月 1 日，收到首次劳务款项时，编制如下会计分录。

借：银行存款　　50 000

　　贷：预收账款——甲企业　　50 000

实际发生劳务成本时，编制如下会计分录。

借：劳务成本　　7 500

　　贷：应付职工薪酬　　7 500

当年应确认的提供劳务收入和应结转的劳务成本计算如下。

提供劳务的完工进度=2 ÷ 24=8.33%

确认提供劳务收入=150 000 × 8.33% − 0=12 500（元）

结转提供劳务成本=90 000 × 8.33% − 0=7 497（元）

编制如下会计分录。

借：预收账款——甲企业　　12 500

　　贷：主营业务收入　　12 500

借：主营业务成本　　7 497

　　贷：劳务成本　　7 497

● 2012 年度

11 月 1 日，收到第二批劳务款项时，编制如下会计分录。

借：银行存款　　50 000

　　贷：预收账款——甲企业　　50 000

实际发生劳务成本时，编制如下会计分录。

借：劳务成本　　45 000

　　贷：应付职工薪酬　　45 000

当年应确认的提供劳务收入和应结转的劳务成本计算如下。

提供劳务的完工进度=14 ÷ 24=58.33%

确认提供劳务收入=150 000 × 58.33% − 12 500=74 995（元）

结转提供劳务成本=90 000 × 58.33% − 7 497=45 000（元）

编制如下会计分录。

借：预收账款——甲企业　　74 995

　　贷：主营业务收入　　74 995

借：主营业务成本　　45 000

　　贷：劳务成本　　45 000

- 2013 年度

收到最后一批劳务款项时，编制如下会计分录。

借：银行存款　　50 000

　　贷：预收账款　　50 000

实际发生劳务成本时，编制如下会计分录。

借：劳务成本　　37 500

　　贷：应付职工薪酬　　37 500

当年应确认的提供劳务收入和应结转的劳务成本计算如下。

确认提供劳务收入=150 000−12 500−74 995=62 505（元）

结转提供劳务成本=90 000−7 497−45 000=37 503（元）

编制如下会计分录。

借：预收账款　　62 505

　　贷：主营业务收入　　62 505

借：主营业务成本　　37 503

　　贷：劳务成本　　37 503

② 提供劳务交易结果不能可靠估计。

【例 5-1-12】思远咨询有限公司于 2011 年 12 月 1 日接受甲公司委托培训一批学员，培训期 6 个月，当日开学。双方协议约定甲公司应支付培训费总额为 90 000 元，分三次等额支付。开学当天支付第一期款项，第二期款项在 2012 年 2 月 15 日支付，第三期款项在培训结束时支付。2011 年思远咨询有限公司实际发生培训成本 40 000 元（全部为支付培训人员薪酬、资料及场地费）。2011 年 12 月 31 日，思远咨询有限公司已获知甲公司当年经营发生困难，后两期培训费是否能收回难以确定。假定思远公司按年编制财务报表，不考虑其他因素。思远咨询有限公司 2011 年的账务处理如下。

2011 年 12 月 1 日收到甲公司预付的第一期培训款时，编制如下会计分录。

借：银行存款　　30 000

　　贷：预收账款——甲公司　　30 000

实际发生培训支出时（假设已全部以银行存款支付），编制如下会计分录。

借：劳务成本　　40 000

　　贷：银行存款　　40 000

2011 年 12 月 31 日确认提供劳务收入并结转劳务成本时，编制如下会计分录。

借：预收账款——甲公司　　30 000

　　贷：主营业务收入　　30 000

借：主营业务成本　　40 000

　　贷：劳务成本　　40 000

（3）提供特殊劳务交易的核算。企业提供下列劳务，当满足收入确认条件时，应按规定确认收入。

① 安装费，应在资产负债表日根据安装工程的完工进度确认收入。若安装是销售商品附带条件，安装费应在销售商品收入实现时确认。

② 宣传媒介的收费，应在相关广告或商业行为开始出现于公众面前时确认收入。但广告制作费应在资产负债表日根据广告制作的完工进度确认收入。

③ 包括在商品售价内可区分的服务费，应在提供服务期间分期确认收入。

④ 艺术表演、招待宴会和其他特殊活动的收费，应在相关活动发生时确认收入。收费涉及几项活动的，其预收款应合理分配给每项活动，分别确认收入。

⑤ 缴纳入会费或会员费只允许取得会籍，所有其他服务或商品都要另行收费的，应在款项收回不存在重大不确定性时确认收入。缴纳入会费或会员费能使会员在有效期内得到各种服务或商品，或以低于非会员的价格购买商品或接受服务的，应在整个受益期内分期确认收入。

⑥ 属于提供设备和其他有形资产的特许权使用费，应在交付资产或转移资产所有权时确认收入；属于提供初始及后续服务的特许权使用费，应在提供服务时确认收入。

⑦ 长期为客户提供重复劳务而收取的劳务费，应在相关劳务活动发生时确认收入。

【例 5-1-13】万家客餐饮有限公司与甲企业签订协议允许其经营连锁店。协议约定，万家客餐饮有限公司共向甲企业收取特许权使用费 200 000 元，其中提供选址、人员培训、广告等初始服务收费 110 000 元，提供后续服务收费 50 000 元，提供家具等收费 40 000 元，合计 200 000 元。实际发生的相关成本如下：为提供初始服务支付人员工资 60 000 元、广告费 40 000 元，为提供后续服务支付人员工资 28 000 元，提供家具成本 30 000 元。协议签订当日甲企业一次性支付全部款项。

假定不考虑其他因素，万家客餐饮有限公司账务处理如下。

收到款项时，编制如下会计分录。

借：银行存款　　200 000
　　贷：预收账款——甲企业　　200 000

提供初始服务时，编制如下会计分录。

借：劳务成本　　100 000
　　贷：应付职工薪酬　　60 000
　　　　银行存款　　40 000
借：预收账款　　110 000
　　贷：主营业务收入　　110 000
借：主营业务成本　　100 000
　　贷：劳务成本　　100 000

提供后续服务时，编制如下会计分录。

借：劳务成本　　28 000
　　贷：应付职工薪酬　　28 000
借：预收账款　　50 000
　　贷：主营业务收入　　50 000
借：主营业务成本　　28 000
　　贷：劳务成本　　28 000

提供家具时，编制会计分录：

借：劳务成本　　30 000

贷：银行存款　　30 000

借：预收账款　　40 000

贷：主营业务收入　　40 000

借：主营业务成本　　30 000

贷：劳务成本　　30 000

三、让渡资产使用权收入核算

1．让渡资产使用权收入的确认和计量

让渡资产使用权收入主要包括利息收入和使用费收入两类。企业对外出租资产取得的租金、进行债权投资收取的利息、进行股权投资取得的现金股利，也属让渡资产使用权收入，本节主要讲述前两种情况。

让渡资产使用权收入同时满足下列条件才能予以确认：相关的经济利益很可能流入企业；收入的金额能够可靠计量。

2．让渡资产使用权收入典型业务核算

（1）利息收入。企业应在资产负债表日，按他人使用本企业货币资金时间和实际利率计算确定利息收入金额。

提示　本部分详细内容将在银行会计中讲述。

【例 5-1-14】某商业银行 2013 年 6 月 1 日向本市甲企业贷款 30 万元，期限 1 年，年利率 6%。假定银行按季对外报送财务报表，则该银行应在每季终了按该笔贷款的本金、已贷期限和利率计算并确认利息收入。

2013 年 6 月 1 日对外贷款时，编制如下会计分录。

借：贷款　　300 000

贷：吸收存款　　300 000

2013 年 6 月 30 日确认利息收入 1 500（300 000 × 6% × 1/12）元时，编制如下会计分录。

借：应收利息　　1 500

贷：利息收入　　1 500

2013 年 9 月 30 日确认利息收入 4 500（300 000 × 6% × 3/12）元时，编制如下会计分录。

借：应收利息　　4 500

贷：利息收入　　4 500

2013 年 12 月 31 日确认利息收入分录同上。

（2）使用费收入。使用费收入应按照有关合同或协议约定的收费时间和方法计算确定。使用费收入具体确认方法有以下三种。

① 合同或协议规定一次性收取使用费，且不提供后续服务的，应当视同销售该项资产一次性确认收入。

② 一次性收取使用费，且提供后续服务的，应在合同或协议规定的有效期内分期确认收入。

③ 合同或协议规定分期收取使用费的，应按合同或协议规定的收款时间和金额或规定的收费方法计算确定的金额分期确认收入。

【例 5-1-15】2013 年 1 月 1 日，甲公司向乙公司转让某专利的使用权，合同约定转让期限为 5 年，每年年末收取使用费 100 000 元。2013 年该专利每月摊销 5 000 元。甲公司账务处理如下。

2013 年年末确认使用费收入，编制如下会计分录。

借：银行存款（应收账款）　　100 000
　　贷：其他业务收入　　100 000

2013 年每月计提专利摊销额，编制如下会计分录。

借：其他业务成本　　5 000
　　贷：累计摊销　　5 000

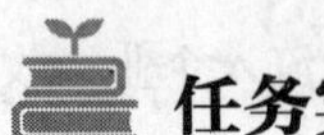

任务实施

任务资料和任务目标见本任务的“任务导入”，具体任务实施过程如下。

（1）7 月 4 日，办妥向甲公司托收货款手续，编制如下会计分录。

借：应收账款——甲公司　　118 500
　　贷：主营业务收入　　100 000
　　　　应交税费——应交增值税（销项税额）　　17 000
　　　　银行存款　　1 500

（2）7 月 8 日，向乙公司销售商品，编制如下会计分录。

借：应收账款——乙公司　　93 600
　　贷：主营业务收入　　80 000
　　　　应交税费——应交增值税（销项税额）　　13 600

（3）7 月 15 日，向 A 公司销售商品，编制如下会计分录。

借：银行存款　　93 600
　　贷：主营业务收入　　80 000
　　　　应交税费——应交增值税（销项税额）　　13 600

（4）7 月 17 日，收到乙公司转账支票，编制如下会计分录。

借：银行存款　　92 000
　　财务费用　　1 600
　　贷：应收账款——乙公司　　93 600

（5）7 月 20 日，转让原材料，编制如下会计分录。

借：银行存款　　23 400
　　贷：其他业务收入　　20 000
　　　　应交税费——应交增值税（销项税额）　　3 400

借：其他业务成本　　10 800
　　贷：原材料　　10 800

（6）7 月 25 日，转让专利使用权，编制如下会计分录。

借：银行存款　　60 000

　　贷：其他业务收入　　60 000

任务二　费用核算

学习目标

知识目标：**掌握费用的确认计量原理、账户设置和核算方法。**

技能目标：**能准确计算各类费用项目的金额；能编制各类费用项目的相关原始凭证；能根据相关资料进行各类费用的明细核算。**

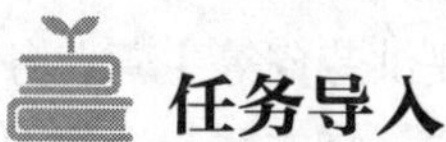

任务导入

任务资料：万达日化有限责任公司 2013 年 6 月发生如下与费用相关的经济业务。

（1）销售一批原材料，结转该批材料成本 1 800 元。

（2）销售化妆品一批，不含税售价 100 000 元，计提消费税 30 000 元。

（3）结转已销化妆品销售成本 68 000 元。

（4）以银行存款支付广告费 10 000 元，支付销售商品运杂费 700 元。

（5）以银行存款支付管理部门业务招待费 3 800 元。

（6）向开户银行申请办理银行汇票，以银行存款支付手续费 3.50 元。

（7）计提本月固定资产折旧费 8 600 元，其中办公用房折旧 2 000 元，其余为厂房机器设备折旧费。

（8）分配本月工资费用 120 000 元，其中，工人工资 80 000 元，车间管理人员工资 5 000 元，企业管理人员工资 25 000 元，销售人员工资 10 000 元。

（9）根据工资分配结果，按 25%计提职工社保费，按 10%计提住房公积金，按 2%和 1.5%计提工会经费和职工教育费。

（10）收到银行利息结算单，收到第二季度的存款利息 560 元。

（11）计提本年 1—6 月份应交房产税 2 000 元，城镇土地使用税 1 800 元。

任务目标：编制万达日化有限责任公司上述业务的相关会计分录。

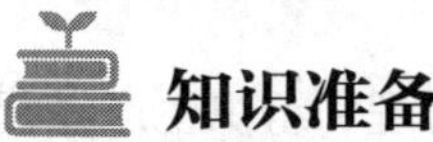

知识准备

政策依据：《企业会计准则——基本准则》及其应用指南。

一、费用的确认原则与方法

费用的确认应坚持权责发生制原则的要求，即企业发生的属于本期的各项费用，不论其是否

实际支付，均应确认为本期费用；不属于本期的费用，即使款项已在本期支付，也不应确认为本期费用。

从时间角度看，费用的确认方法有以下三种情况。

（1）按与收入的配比关系确认。即凡是与本期的收入有直接关系的耗费，都应确认为本期费用，如主营业务成本与其他业务成本的确认。

（2）按一定的方法分配后确认。如果一项资产能够在若干会计期间为企业带来经济利益，其成本应采用一定的分配方法计算分摊后分别计入各个会计期间，如固定资产折旧、无形资产摊销等。

（3）在支出发生时直接确认。如销售费用、管理费用、财务费用等期间费用的确认。

二、费用核算的内容及账户设置

广义的费用包括成本、费用和损失，狭义的费用仅指与本期营业收入配比的那部分耗费。本任务核算内容主要指营业成本、营业税金及附加和期间费用，应设置的主要账户如下。

（1）“主营业务成本”账户。该账户属损益类账户，核算企业销售商品、提供劳务等主营业务活动发生的成本支出。该账户借方登记销售商品、提供劳务过程中结转的成本；贷方登记销售退回商品成本以及期末转入“本年利润”的成本金额；期末结转后本账户无余额。本账户通常按商品类别或劳务种类进行明细核算。

（2）“其他业务成本”账户。该账户属损益类账户，核算企业确认的除主营业务活动以外的其他经营活动所发生的支出，包括出售原材料成本、出租无形资产摊销成本、出租固定资产累计折旧、出租包装物成本。该账户借方登记发生的其他业务成本；贷方登记期末结转“本年利润”的其他业务成本；期末结转后本账户无余额。本账户通常按其他业务的种类进行明细核算。

（3）“营业税金及附加”账户。该账户属损益类账户，核算企业经营活动应负担的消费税、营业税、城市维护建设税、资源税和教育费附加等相关税费。该账户借方登记按税法规定计算应负担的营业税金及附加；贷方登记企业收到多征退回或先征后返的上述税金及结转“本年利润”的金额；期末结转后本账户无余额。本账户通常按税种类别进行明细核算。

链接

《小企业会计准则》规定，营业税金及附加是指小企业开展日常生产经营活动应负担的消费税、营业税、城市维护建设税、资源税、土地增值税、城镇土地使用税、房产税、车船税、印花税和教育费附加、矿产资源税补偿费、排污费等。小企业核算营业税金及附加业务应设置“营业税金及附加”账户，该账户核算范围包含了《企业会计准则》下在管理费用中核算的税金。

（4）“管理费用”账户。该账户属损益类账户，核算企业行政管理部门为管理和组织生产经营活动所发生的费用。该账户借方登记发生的管理费用；贷方登记期末转入“本年利润”账户的费用金额；期末结转后本账户无余额。本账户应按费用项目进行明细核算。

（5）“财务费用”账户。该账户属损益类账户，核算为筹集生产经营所需要资金而发生的各项费用。该账户借方登记发生的财务费用；贷方登记期末转入“本年利润”账户的费用金额；期末结转后本账户无余额。本账户应按费用项目进行明细核算。

（6）“销售费用”账户。该账户属损益类账户，核算为销售商品或提供劳务等日常经营过程中所发生的各项费用以及专设销售机构的各项费用。该账户借方登记发生的销售费用；贷方登记期末转入“本年利润”的费用金额；期末结转后本账户无余额。本账户应按费用项目进行明细核算。

三、费用典型业务核算

1．主营业务成本核算

企业销售商品成本，除代销等特殊业务要随时结转外，一般的现销与赊销业务通常于会计期末（一般为月末）按一定的方法计算并结转，借记“主营业务成本”账户，贷记“库存商品”账户。

【例 5-2-1】宏业公司 12 月份销售 A 商品 600 件，采用个别计价法计算商品销售成本 190 000 元。根据出库单，编制如下会计分录。

借：主营业务成本　　190 000
　　贷：库存商品——A 商品　　190 000

2．其他业务成本核算

企业发生主营业务以外的销售及提供劳务业务取得其他业务收入时，应同时结转其相关成本，借记“其他业务成本”账户，贷记“原材料”、“周转材料”、“累计折旧”等账户。

【例 5-2-2】12 月 5 日，宏业公司出售多余材料一批，实际成本 8 500 元，售价 10 000 元，当日收到材料款存入银行。根据发料单结转材料成本，编制如下会计分录。

借：其他业务成本　　8 500
　　贷：原材料　　8 500

怎样编制出售材料收到款项确认收入的会计分录？

3．营业税金及附加核算

【例 5-2-3】12 月 31 日，宏业公司根据其当月实际缴纳的增值税税额，计提城市维护建设税 8 400 元，教育费附加 3 600 元。编制如下会计分录。

借：营业税金及附加　　12 000
　　贷：应交税费——应交城建税　　8 400
　　　　　　　　——应交教育费附加　　3 600

4．期间费用核算

期间费用包括管理费用、销售费用和财务费用。

管理费用是指企业为组织和管理生产经营活动而发生的各种费用，包括企业董事会和行政管理部门在企业经营管理中发生的，或应由企业统一负担的公司经费（包括行政管理部门职工工资、修理费、物料消耗、低值易耗品摊销、办公费和差旅费等）、工会经费、职工教育经费、待业保险费、劳动保险费、董事会会费（包括董事会成员津贴、会议费和差旅费等）、聘请中介机构费、咨询费（含顾问费）、诉讼费、业务招待费、房产税、车船税、城镇土地使用税、印花税、技术转让费用、矿产资源补偿费、研究费用、排污费以及企业生产车间和行政管理部门发生的固定资产修理费等。

销售费用是指企业在销售商品和材料、提供劳务过程中所发生的各项费用，包括保险费、包装费、展览费、广告费、预计产品质量保证损失、商品维修费、运输费、装卸费，以及为销售商品而专设销售机构的职工薪酬、业务费、折旧费和与专设销售机构相关的固定资产修理费等。

财务费用是指企业为筹集生产经营所需资金而发生的筹资费用，包括利息支出（减利息收入）、汇兑损失（减汇兑收益）、金融机构手续费及筹集生产经营资金发生的其他费用。

链接

在《小企业会计准则》下，汇兑损失计入财务费用，汇兑收益计入营业外收入。

【例 5-2-4】宏业公司 12 月份部分管理费用资料如下。应付管理部门人员工资 50 000 元，计提管理人员社会保险费 12 800 元，计提管理人员住房公积金 5 000 元，计提管理人员工会经费 1 000 元，计提职工教育经费 750 元，计提办公用固定资产折旧费 8 000 元，摊销无形资产 3 000 元，以银行存款支付本月业务招待费 5 500 元，总务部门购买办公用品 200 元（以现金支付）。

（1）计提管理人员工资、社会保险费、住房公积金、工会经费和职工教育经费，编制如下会计分录。

借：管理费用——工资　　50 000
　　　　　　——社会保险费　　12 800
　　　　　　——住房公积金　　5 000
　　　　　　——工会经费　　1 000
　　　　　　——职工教育经费　　750
　贷：应付职工薪酬——工资　　50 000
　　　　　　　　——社会保险费　　12 800
　　　　　　　　——住房公积金　　5 000
　　　　　　　　——工会经费　　1 000
　　　　　　　　——职工教育经费　　750

（2）计提固定资产折旧，编制如下会计分录。

借：管理费用——折旧费　　8 000
　贷：累计折旧　　8 000

（3）无形资产摊销，编制如下会计分录。

借：管理费用——无形资产摊销　　3 000
　贷：累计摊销　　3 000

（4）支付业务招待费，编制如下会计分录。

借：管理费用——业务招待费　　5 500
　贷：银行存款　　5 500

（5）购买办公用品，编制如下会计分录。

借：管理费用——办公用品费　200
　　贷：库存现金　200

【例 5-2-5】宏业公司 12 月份销售费用资料如下。应付专设销售部人员工资 40 000 元、社会保险费 10 240 元、住房公积金 4 000 元、工会经费 800 元、职工教育经费 1 000 元，计提办公用固定资产折旧费 2 000 元，以银行存款支付销售货物运输费 1 000 元增值税 110 元，取得交通运输业增值税专用发票。

（1）计提专设销售机构人员工资、社会保险费、住房公积金、工会经费和职工教育经费，编制如下会计分录。

借：销售费用——工资　40 000
　　——社会保险费　10 240
　　——住房公积金　4 000
　　——工会经费　800
　　——职工教育经费　1 000
　贷：应付职工薪酬——工资　40 000
　　——社会保险费　10 240
　　——住房公积金　4 000
　　——工会经费　800
　　——职工教育经费　1 000

（2）计提固定资产折旧，编制如下会计分录。

借：销售费用——折旧费　2 000
　贷：累计折旧　2 000

（3）支付运输费，编制如下会计分录。

借：销售费用——运输费　1 000
　应交税费——应交增值税（进项税额）　110
　贷：银行存款　1 110

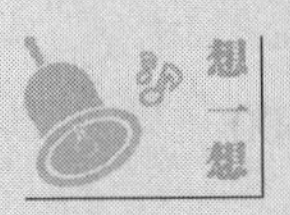

若是小规模纳税人支付运输费该作怎样的账务处理？

【例 5-2-6】12 月 31 日，宏业公司向滨海市建设银行取得期限 6 个月、月利率为 6‰的借款 30 万元。1 月 31 日计提 1 月份借款利息 180（30 000 × 6‰）元，编制如下会计分录。

借：财务费用——利息　180
　贷：应付利息　180

宏业公司以银行存款 50 元购买现金支票和转账支票各一本，该作怎样的账务处理？

5．费用结转本年利润核算

本部分见本项目任务四利润核算。

任务实施

任务资料和任务目标见本任务的【任务导入】，具体任务实施过程如下。

（1）结转已销材料成本，编制如下会计分录。

借：其他业务成本　　1 800
　　贷：原材料　　1 800

（2）计提消费税，编制如下会计分录。

借：营业税金及附加　　30 000
　　贷：应交税费——应交消费税　　30 000

（3）结转已销化妆品销售成本，编制如下会计分录。

借：主营业务成本　　68 000
　　贷：库存商品　　68 000

（4）支付广告费及运杂费，编制如下会计分录。

借：销售费用　　10 700
　　贷：银行存款　　10 700

（5）支付业务招待费，编制如下会计分录。

借：管理费用　　3 800
　　贷：银行存款　　3 800

（6）支付办理银行汇票手续费，编制如下会计分录。

借：财务费用　　3.5
　　贷：银行存款　　3.5

（7）计提折旧，编制如下会计分录。

借：管理费用　　2 000
　　制造费用　　6 600
　　贷：累计折旧　　8 600

（8）分配本月工资费用，编制如下会计分录。

借：生产成本　　80 000
　　制造费用　　5 000
　　管理费用　　25 000
　　销售费用　　10 000
　　贷：应付职工薪酬——工资薪金　　120 000

（9）计提职工社保费、住房公积金、工会经费和职工教育经费，编制如下会计分录。

借：生产成本　　30 800
　　制造费用　　1 925
　　管理费用　　9 625

销售费用　　3 850
　　贷：应付职工薪酬——社会保险　　30 000
　　　　——住房公积金　　12 000
　　　　——工会经费　　2 400
　　　　——职工教育经费　　1 800

（10）收到存款利息，编制如下会计分录。

借：银行存款　　560
　　贷：财务费用　　560

（11）计提房产税和城镇土地使用税，编制如下会计分录。

借：管理费用　　3 800
　　贷：应交税费——应交房产税　　2 000
　　　　——应交城镇土地使用税　　1 800

任务三　所得税费用核算

学习目标

知识目标：**掌握资产负债表债务法下企业所得税核算的基本原理。**

技能目标：**能准确计算企业应交所得税税额；能利用资产负债表债务法计算所得税费用并进行相关账务处理。**

任务导入

任务资料：宏翔公司2013年度利润总额为750万元，递延所得税资产和递延所得税负债均无期初余额。该公司当年与所得税核算有关的会计事项如下。①2月2日，以200万元购入某上市公司股票，作为交易性金融资产管理，年末该股票的公允价值为400万元，确认公允价值变动收益200万元；②年末存货账面余额2 200万元，经测试存货的可变现净值为2 000万元，计提存货跌价准备200万元；③因商品售后服务确认预计负债100万元；④确认国债利息收入30万元；⑤支付税收滞纳金、罚款20万元。该公司适用的所得税税率为25%。

任务目标：运用资产负债表债务法对宏翔公司所得税进行账务处理。

知识准备

政策依据：《企业会计准则第18号——所得税》及其应用指南。

一、所得税核算方法

各国的法律体制和会计体制不同，所得税会计处理方法也各不相同，但从应纳税额与所得税费用关系处理看有两种，一是以应纳税额作为所得税费用，二是以应纳税额为基础经调整后确定所得税费用。前者称之为应付税款法，后者称之为纳税影响会计法。纳税影响会计法又分为递延法和债务法。债务法又分为利润表债务法和资产负债表债务法。根据《企业会计准则第 18 号——所得税》规定，上市公司应采用资产负债表债务法进行所得税会计核算，《小企业会计准则》规定，小企业可以采用应付税款法进行所得税会计核算。在实际业务中非上市公司通常采用应付税款法。本任务主要讲述资产负债表债务法。

二、资产负债表债务法下所得税核算程序

资产负债表债务法下核算企业所得税基本程序如下。

（1）根据企业会计准则确定资产负债表中除递延所得税资产和递延所得税负债以外的其他资产与负债的账面价值。

（2）以税法为依据确定资产负债表中有关资产与负债的计税基础。

（3）比较资产、负债的账面价值与计税基础，对两者之间存在的暂时性差异，根据其性质确定应纳税暂时性差异与可抵扣暂时性差异。

（4）以应纳税暂时性差异确定当期递延所得税负债发生额，以可抵扣暂时性差异确定当期递延所得税资产发生额，同时确定当期递延所得税费用金额。

（5）按税法规定计算确定当期应交所得税金额，同时确定当期所得税费用金额。

（6）综合当期递延所得税费用和当期所得税费用，确定利润表中的所得税费用总额。

上述程序可归纳如图 5-3-1 所示。

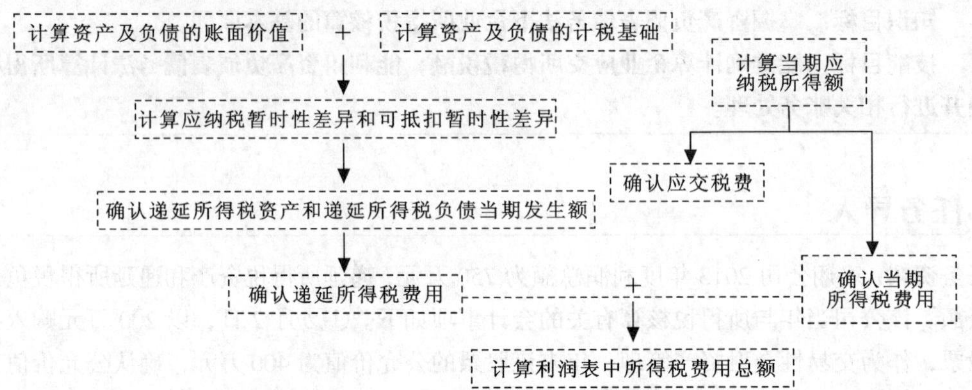

图 5-3-1　资产负债表债务法下所得税核算程序

三、资产和负债的计税基础

1．资产的计税基础

资产的计税基础是指该项资产在未来期间计税时按税法规定可以税前扣除的金额，即

资产的计税基础=未来可税前扣除的金额

资产初始确认时的计税基础通常与账面价值相等，均为取得成本。资产持续持有期间的计税基础为资产的取得成本减去以前期间按税法规定已在税前扣除金额后的余额。

常见资产计税基础确认计量举例如下。

（1）固定资产。

① 初始计量。以各种方式取得的固定资产初始计量时，按企业会计准则确定的入账价值基本

上税法都认可，因此，固定资产初始确认的账面价值一般等于其计税基础。

② 后续计量。固定资产后续计量时，会计上："账面价值=成本－累计折旧（会计）－固定资产减值准备"；税法上："计税基础=成本－累计折旧（税法）"。因此，固定资产后续计量期间，由于折旧方法、折旧年限、减值准备等因素均有可能导致其账面价值与计税基础之间产生差异。

【例 5-3-1】长宏日化厂于 2011 年 12 月 5 日购入一台环保用设备，原值 580 万元，预计使用年限 10 年，预计净残值为 0，会计上采用年限平均法计提折旧。2013 年 12 月 31 日，企业经测试该固定资产的可收回金额为 420 万元，当期计提固定资产减值准备 44 万元。由于该设备属环保用，符合税法规定加速折旧的条件，该企业在计税时采用双倍余额递减法计提折旧，其他条件税法与会计规定相同。该固定资产在 2013 年资产负债表日的账面价值与计税基础差异分析如下。

账面价值=580－58×2－44=420（万元）

计税基础=580－（580×20%－464×20%）=371.2（万元）

2013 年该固定资产的账面价值大于计税基础 48.8 万元。

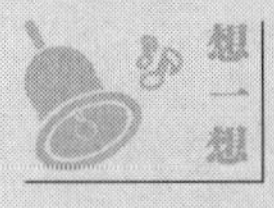

上述 48.8 万元的差异属于永久性差异还是暂时性差异？如果是暂时性差异，又属于应纳税暂时性差异还是可抵扣暂时性差异？

（2）无形资产。

① 初始计量。无形资产初始计量账面价值与计税基础的差异主要产生于内部研发。

企业会计准则规定，内部研发形成的无形资产，其成本为开发阶段符合资本化条件后至达到预定可使用状态前发生的支出，研发过程中发生的其他支出应予费用化计入当期损益。税法规定，自行研发的无形资产，以开发过程中该资产符合资本化条件后至达到预定使用状态前发生的支出为计税基础。同时税法还规定，企业为开发新技术、新产品、新工艺发生的研究开发费用，未形成无形资产计入当期损益的部分，可在据实扣除的基础上加计扣除 50%；形成无形资产的部分，按其成本的 150%摊销。

【例 5-3-2】久立公司于 2012 年 2 月 1 日起自行研究开发一项新产品专利技术，当年"开发支出"账户资料显示研发费用支出总额为 1 300 万元，其中，研究阶段费用支出 300 万元，开发阶段符合资本化条件前费用支出为 400 万元，符合资本化条件后至达到预定用途前费用支出为 600 万元。2013 年 2 月 2 日，该专利技术获得成功并取得专利权。该无形资产在 2012 年资产负债表日的账面价值与计税基础差异分析如下。

会计上，久立公司 2012 年发生的研发费用支出中，应予费用化的金额为 700 万元，资本化形成无形资产的金额为 600 万元，则账面价值=600 万元

税法上，久立公司发生的 1 300 万元研发费用支出，可在当期税前扣除的金额为 1 050 万元；形成无形资产可在未来期间税前扣除的金额为 900 万元，则计税基础=900 万元

2012 年该无形资产的账面价值小于计税基础 300 万元。

上述 300 万元的差异属于永久性差异还是暂时性差异？如果是暂时性差异，又属于应纳税暂时性差异还是可抵扣暂时性差异？另外，本例中费用化支出部分税法与会计有无差异?如果存在差异，属于何种类型？

② 后续计量。会计上根据使用寿命能否确定将无形资产分为使用寿命可确定无形资产和使用寿命不确定无形资产。对使用寿命可确定无形资产，应按规定的方法进行成本摊销；对使用寿命不确定无形资产，只在持有期间每年进行减值测试，不进行成本摊销。税法上无论无形资产使用寿命能否确定，所有无形资产均应按规定的期限分期摊销（无法确定使用寿命的按 10 年摊销）。因此，无形资产后续计量时，由于无形资产是否需要摊销及其减值准备的计提将产生暂时性差异。

【例 5-3-3】宏源公司 2012 年 10 月 5 日以 160 万元购入一项无形资产，根据有关资料该项无形资产的使用寿命无法合理估计，会计上视为使用寿命不确定无形资产管理。2012 年 12 月 31 日对该项无形资产进行减值测试表明未发生减值。该无形资产在 2012 年资产负债表日的账面价值与计税基础差异分析如下。

会计上将该项无形资产作为使用寿命不确定无形资产，且年末未发生减值，则账面价值=160 万元

税法上该项无形资产应按 10 年采用直线法摊销，则计税基础=160－160÷10×3÷12=156 万元

2012 年该无形资产账面价值大于计税基础 4 万元。

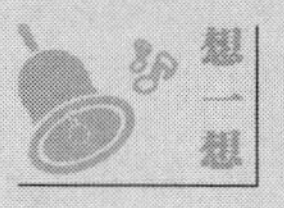

上述 4 万元的差异属于永久性差异还是暂时性差异？如果是暂时性差异，又属于应纳税暂时性差异还是可抵扣暂时性差异？

（3）以公允价值计量且其变动计入当期损益的金融资产。企业会计准则规定，以公允价值计量且其变动计入当期损益的金融资产在某一会计期末的账面价值为该时点的公允价值。税法规定，企业以公允价值计量的金融资产在持有期间市价变动损益不予计税，即该类资产在某一会计期末的计税基础仍为其取得成本。

【例 5-3-4】2012 年 11 月 20 日，甲公司以 100 万元从证券二级市场购入某公司股票，作为交易性金融资产核算。2012 年 12 月 31 日，此项权益性投资的市价为 190 万元。2012 年资产负债表日该交易性金融资产的账面价值与计税基础差异分析如下。

会计上，交易性金融资产在持有期间的每个会计期末应以公允价值计量，则账面价值为 190 万元。

税法上，交易性金融资产持有期间公允价值变动不计入应纳税所得额，计税基础应维持原取得成本不变，仍为 100 万元。

2012 年该交易性金融资产的账面价值大于计税基础 90 万元。

上述 90 万元的差异属于永久性差异还是暂时性差异？如果是暂时性差异，又属于应纳税暂时性差异还是可抵扣暂时性差异？

（4）其他资产。采用公允价值模式计量的投资性房地产、其他计提了资产减值准备的各项资产如存货等，由于会计准则与税法规定不同，企业持有资产期间，其账面价值与计税基础可能存在差异。

【例 5-3-5】2012 年 12 月 31 日，佳尤美商场有一批存货，账面成本为 1 000 万元，经测试可变现净值为 800 万元，计提存货跌价准备 200 万元。2012 年资产负债表日该存货的账面价值和计

税基础差异分析如下。

会计上，账面价值=1 000－200=800（万元）。

税法上，计提的存货跌价准备不得税前扣除，计税基础=1 000 万元。

2012 年该存货的账面价值小于计税基础 200 万元。

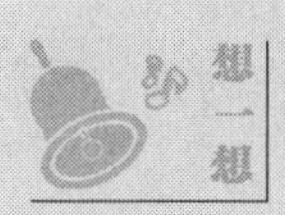

上述 200 万元的差异属于永久性差异还是暂时性差异？如果是暂时性差异，又属于应纳税暂时性差异还是可抵扣暂时性差异？

2．负债的计税基础

负债的计税基础是指负债的账面价值减去未来期间计算应纳税所得额时按税法规定可予税前扣除的金额，即

负债的计税基础=负债的账面价值－未来可税前扣除的金额

一般情况下，负债的确认与偿还不会影响企业的损益，也不会影响其应纳税所得额，未来期间计算应纳税所得额时按税法规定可予抵扣的金额为零，则计税基础等于账面价值，如短期借款、应付账款等。但在某些情况下，负债的确认可能会影响企业的损益，进而影响不同期间的应纳税所得额，使得账面价值与计税基础产生差异，如企业因销售商品提供售后服务而确认的预计负债、预收账款等。

常见负债的计税基础确认计量举例如下。

（1）预计负债。企业会计准则规定，企业应将预计提供售后服务发生的支出在销售当期确认为费用，同时确认预计负债。税法规定，销售商品提供售后服务发生的支出应在实际发生时扣除，则该预计负债的计税基础为零。

在某些情况下，或有事项确认的预计负债，如果税法规定其支出无论是否实际发生均不允许税前扣除，即未来期间按税法规定可抵扣的金额为零，则该预计负债的计税基础等于其账面价值。

【例 5-3-6】甲企业 2012 年 12 月 31 日“预计负债”账户资料显示，因产品质量保证确认预计负债 100 万元。2012 年预计负债的计税基础计算如下。

税法规定，因产品质量保证计提的费用只有在实际发生时才能在税前据实扣除，则该预计负债的计税基础=100－100=0

该项负债的账面价值大于计税基础 100 万元。

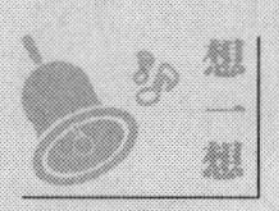

上述 100 万元的差异属于永久性差异还是暂时性差异？如果是暂时性差异，又属于应纳税暂时性差异还是可抵扣暂时性差异？

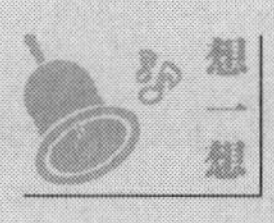

若【例 5-3-6】预计负债是违反环保规定诉讼产生，其计税基础是多少？ 并判断其差异性质。

（2）预收账款。企业收到客户的预收货款，因不符合收入确认条件，会计上将其确认为负债。

税法对于收入确认的原则一般与会计规定相同，即会计上未确认收入的，计税时一般也不计入应纳税所得额，该部分经济利益在未来期间计税时可予税前扣除的金额为零，则该预收账款的计税基础等于其账面价值。

但在某些情况下，如果不符合会计准则规定收入确认条件的预收账款，税法规定应计入当期应纳税所得额，则该预收账款的计税基础为零，则两者的账面价值与计税基础将产生差异。

【例 5-3-7】甲企业 2012 年 12 月 15 日收到客户的购货合同定金 80 万元，将其作为预收账款核算。2012 年 12 月 31 日该预收账款的账面价值与计税基础差异分析如下。

账面价值=80 万元。

假设税法规定，该项预收账款应计入收到款项当期的应纳税所得额，即其在未来期间计算应纳税所得额时可税前扣除的金额为 80 万元，计税基础=80－80=0。

该项负债的账面价值大于计税基础 80 万元。

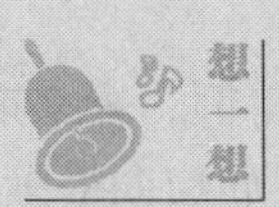

上述 80 万元的差异属于永久性差异还是暂时性差异？如果是暂时性差异，又属于应纳税暂时性差异还是可抵扣暂时性差异？

（3）应付职工薪酬。企业会计准则规定，企业为获得职工提供的服务所给予的各种形式的报酬以及其他相关支出均应作为企业的成本费用，在未支付之前确认为应付职工薪酬。在税法中除有税前扣除标准规定外合理的工资薪金支出允许税前扣除，即按照会计准则规定计入成本费用的金额超过规定标准部分不得扣除。但因该超过部分无论在发生当期或以后期间均不得扣除，因此该负债的账面价值等于计税基础。

【例 5-3-8】甲企业 2012 年 12 月计入成本费用的职工薪酬总额为 2 000 万元，至 2012 年末尚未支付，作为应付职工薪酬核算。假定按税法规定可予税前扣除的金额为 1 300 万元。2012 年资产负债表日该应付职工薪酬的账面价值与计税基础差异分析如下。

账面价值=2 000 万元。

税法规定，企业实际发生的工资薪金支出超过税法规定扣除标准部分的差额 700 万元在发生当期即应进行纳税调整，并且在以后期间也不能在税前扣除，则计税基础=2 000–0=2 000（万元）。

该项应付职工薪酬的账面价值与计税基础相等，不形成暂时性差异。

上例中的工资薪金支出虽不形成暂时性差异，你认为会产生永久性差异吗？

（4）其他负债。其他负债如企业应交的罚款和滞纳金等，在尚未支付之前应按会计规定确认为当期费用，同时作为负债反映。税法规定，罚款和滞纳金无论是当期还是未来均不得税前扣除，即未来期间计税时可予税前扣除的金额为零，则负债的账面价值等于计税基础。

【例 5-3-9】甲企业 2012 年 12 月 31 日"其他应付款"账户资料显示一项因违反有关环保规定而被环保部门处以的罚款 30 万元。2012 年资产负债表日该负债的计税基础计算如下。

税法规定，企业违反国家有关法律法规规定支付的罚款和滞纳金不允许税前扣除，即该负债在未来期间可税前扣除的金额为零，则计税基础=30－0=30（万元）

该负债的账面价值与其计税基础相等，不形成暂时性差异。

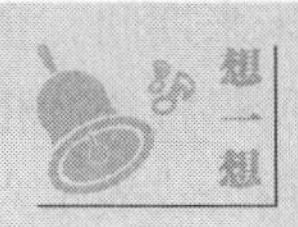

上例中的罚款支出虽不形成暂时性差异，你认为会产生永久性差异吗？

四、暂时性差异确认及分类

暂时性差异是指资产与负债的账面价值与计税基础不同产生的差额。根据暂时性差异对未来期间应纳税所得额影响性质不同，分为应纳税暂时性差异和可抵扣暂时性差异。

1．应纳税暂时性差异

应纳税暂时性差异是指在确认未来收回资产或清偿负债期间的应纳税所得额时，将导致产生应税金额的暂时性差异。该差异在未来期间转回时，会增加转回期间的应纳税所得额。应纳税暂时性差异通常产生于以下两种情况：资产的账面价值大于计税基础；负债的账面价值小于计税基础。

2．可抵扣暂时性差异

可抵扣暂时性差异是指在确定未来收回资产或清偿负债期间的应纳税所得额时，将导致产生可抵扣金额的暂时性差异。该差异在未来期间转回时，会减少转回期间的应纳税所得额。可抵扣暂时性差异通常产生于以下两种情况：资产的账面价值小于计税基础；负债的账面价值大于计税基础。

3．特殊项目产生的暂时性差异

（1）可抵扣亏损和税款抵减。对于按税法规定可结转以后年度弥补的亏损和税款抵减，虽然不是因资产与负债的账面价值与计税基础不同产生，但本质上可抵扣亏损和税款抵减与可抵扣暂时性差异具有相同的作用，均能减少未来期间的应纳税所得额，应视同可抵扣暂时性差异处理。

（2）某些交易或事项的发生，因不符合资产、负债的确认条件而未体现为资产负债表中的资产或负债项目，但按税法规定能够确定其计税基础的，其账面价值（视为零）与计税基础之间的差异应视为暂时性差异。

【例 5-3-10】甲公司 2012 年账户资料显示，“销售费用——广告费”3 500 万元，全年“营业收入”20 000 万元。根据上述资料对该公司广告费支出进行税务分析如下。

企业会计准则规定，广告费支出应在发生时计入当期损益，不体现为期末资产负债表中的资产，如果将其视为资产，则账面价值=0。

税法规定，广告费支出不超过当年销售收入 15%的部分允许当期税前扣除，超过部分允许在以后年度税前扣除。即当期可予税前扣除额为 3 000（20 000 × 15%）万元，当期未予扣除的 500 万元可以结转以后年度扣除，则计税基础=500 万元。

该资产的账面价值小于计税基础 500 万元，该差异应确认为可抵扣暂时性差异。

五、递延所得税资产与递延所得税负债的确认与计量

1．递延所得税资产的确认与计量

对于资产、负债的账面价值与计税基础不同产生的可抵扣暂时性差异，在估计未来期间能够

取得足够的应纳税所得额用以抵扣该可抵扣暂时性差异时，应以很可能取得用来抵扣暂时性差异的应纳税所得额为限，确认相关递延所得税资产。如果在可抵扣暂时性差异转回的未来期间，企业无法产生足够的应纳税所得额用以抵扣该可抵扣暂时性差异的影响，使得与递延所得税资产相关的经济利益无法实现，该部分递延所得税资产不应确认。递延所得税资产计量可用公式表示为

递延所得税资产=可抵扣暂时性差异×适用所得税税率

递延所得税资产确认和计量应注意以下问题。

（1）初始确认递延所得税资产时，应以资产负债表日计算的递延所得税资产金额为“递延所得税资产”账户的入账金额；后续确认时，应以资产负债表日计算的递延所得税资产金额减去其期初余额后的差额为“递延所得税资产”账户的入账金额。

（2）企业在确认递延所得税资产时，交易或事项的发生会影响利润总额或应纳税所得额的，相关递延所得税影响应计入所得税费用；企业合并产生的，相关递延所得税影响应计入商誉；与直接计入所有者权益的交易或事项相关的，相关递延所得税影响应计入资本公积。

【例 5-3-11】甲公司 2012 年 12 月 31 日“可供出售金额资产——成本”账户余额为 400 万元，市场信息表示该可供出售金融资产公允价值减少了 30 万元。2012 年 12 月 31 日该公司对可供出售金融资产税务分析如下。

会计准则规定，企业在会计期末，将可供出售金融资产的公允价值变动损益 30 万元计入资本公积，编制如下会计分录。

借：资本公积——其他资本公积　　300 000

　　贷：可供出售金融资产——公允价值变动　　300 000

2012 年 12 月 31 日，可供出售金融资产的计税基础为 400 万元，账面价值为 370 万元，即可抵扣暂时性差异为 30 万元。

递延所得税资产=30×25%=7.5（万元）

借：递延所得税资产　　75 000

　　贷：资本公积——其他资本公积　　75 000

（3）企业发生的某些交易或事项，如果不属于企业合并，并且在发生时既不影响利润总额也不影响应纳税所得额，即使该项交易产生的资产、负债的初始确认金额与其计税基础不同，产生了可抵扣暂时性差异，也不确认相应的递延所得税资产。

（4）确认递延所得税资产时，应估计相关可抵扣暂时性差异的转回时间，并采用转回期间适用的所得税税率。

（5）无论相关的可抵扣暂时性差异转回期间如何，递延所得税资产均不折现。

（6）在资产负债表日，企业应对递延所得税资产的账面价值进行复核，如果未来期间很可能无法取得足够的应纳税所得额用以利用递延所得税资产的利益，应减记递延所得税资产的账面价值。

2．递延所得税负债的确认与计量

除企业会计准则明确规定可不确认递延所得税负债的情形外，企业对于所有的应纳税暂时性差异均应确认相关的递延所得税负债。递延所得税负债计量可用公式表示为

递延所得税负债=应纳税暂时性差异×适用所得税税率

递延所得税负债确认和计量应注意以下问题。

（1）初始确认递延所得税负债时，应以资产负债表日计算的递延所得税负债金额为“递延所得税负债”账户的入账金额；后续确认时，应以资产负债表日计算的递延所得税负债金额减去期初余额后的差额为“递延所得税负债”账户的入账金额。

（2）企业在确认递延所得税负债时，交易或事项的发生会影响利润总额或应纳税所得额的，相关的递延所得税影响应计入所得税费用；企业合并产生的，相关递延所得税影响应计入商誉；与直接计入所有者权益的交易或事项相关的，相关递延所得税影响应计入资本公积。

（3）在某些情况下，虽然资产、负债的账面价值与计税基础不同，产生了应纳税暂时性差异，但出于各方面考虑，企业会计准则规定不确认相应的递延所得税负债，主要有下列情形。

① 商誉的初始确认。

② 与联营企业、合营企业投资等相关的应纳税暂时性差异，一般应确认相应的递延所得税负债，但同时满足以下两个条件的除外。第一，投资企业能够控制暂时性差异转回的时间；第二，该暂时性差异在可预见的未来很可能不会转回。

③ 除企业合并以外的其他交易或事项中，如果该项交易或事项发生时既不影响利润总额，也不影响应纳税所得额的，即使该资产、负债的初始确认金额与其计税基础不同而形成了应纳税暂时性差异，该应纳税暂时性差异也不确认相应的递延所得税负债。

（4）递延所得税负债应以相关应纳税暂时性差异转回期间适用的所得税税率计量。

（5）无论相关的应纳税暂时性差异转回期间如何，递延所得税负债均不折现。

六、所得税费用确认与计量

企业核算所得税的主要目的是确定应交所得税和所得税费用。在资产负债表债务法下，所得税费用由当期所得税费用和递延所得税费用两部分构成，即

所得税费用=当期所得税费用+递延所得税费用

1．当期所得税费用计算

当期所得税是指企业按照税法规定计算的，针对当期的交易或事项应缴纳的所得税金额，公式为

当期所得税费用=当期应交所得税=应纳税所得额×适用所得税税率

2．递延所得税费用计算

递延所得税是指按照企业会计准则规定应予确认的递延所得税资产和递延所得税负债的当期发生额，公式为

递延所得税费用=（期末递延所得税负债－期初递延所得税负债）
－（期末递延所得税资产－期初递延所得税资产）

提示

由直接计入所有者权益的交易或事项产生的递延所得税资产或递延所得税负债的变化应计入所有者权益，不构成递延所得税费用。由企业合并取得资产负债的账面价值与计税基础不同产生的递延所得税资产或递延所得税负债，其确认金额直接计入购买日确认的商誉，也不影响合并时的所得税费用。

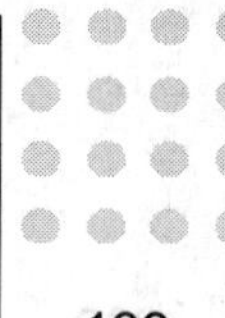

七、所得税核算账户设置

所得税核算账户设置与其所采用的核算方法密切相关。在应付税款法下，企业核算所得税应设置“应交税费——应交所得税”和“所得税费用”账户。在资产负债表债务法下，还需设置“递延所得税资产”和“递延所得税负债”账户。具体内容如下。

（1）“应交税费——应交所得税”账户。该账户核算企业按税法规定计算应缴纳的企业所得税税额，属负债类账户。该账户贷方登记企业按税法规定计算的当期应纳所得税金额；借方登记企业实际缴纳的所得税金额；期末贷方余额反映企业欠缴的所得税金额，借方余额反映企业多缴的所得税金额。

（2）“所得税费用”账户。该账户核算企业确认的应从当期利润总额中扣除的所得税费用总额，属损益类账户。该账户应设置“当期所得税费用”和“递延所得税费用”进行明细核算。其账户结构可用T字型表示，如图5-3-2所示。

借方　　　　所得税费用	贷方
① 资产负债表日企业按照税法规定计算确定的当期应交所得税 ② 资产负债表日递延所得税资产的应有余额小于“递延所得税资产”账户余额的差额 ③ 资产负债表日递延所得税负债的应有余额大于“递延所得税负债”账户余额的差额	① 资产负债表日递延所得税资产的应有余额大大于“递延所得税资产”账户余额的差额 ② 资产负债表日递延所得税负债的应有余额小于“递延所得税负债”账户余额的差额 ③ 期末将该账户的借方余额转入“本年利润”账户金额
④ 结转后无余额	

图5-3-2　所得税费用账户结构

（3）“递延所得税资产”账户。该账户核算企业确认的可抵扣暂时性差异产生的递延所得税资产，属资产类账户。根据税法规定可以用以后年度税前利润弥补的亏损及税款抵减产生的所得税资产也在本账户核算。其账户结构可用T字型表示，如图5-3-3所示。

借方　　　　递延所得税资产	贷方
① 资产负债表日企业（初始）确认的递延所得税 ② 资产负债表日递延所得税资产应有余额大于“递延所得税资产”账户余额的差额 ③ 企业合并中取得资产、负债的入账价值与其计税基础不同形成可抵扣暂时性差异，于购买日应确认的递延所得税资产 ④ 与直接计入所有者权益的交易或事项相关的递延所得税资产	① 资产负债表日递延所得税资产应有余额小于“递延所得税资产”账户余额的差额 ② 资产负债表日预计未来期间很可能无法获得足够的应纳税所得额用以抵扣可抵扣暂时性差异的，按原已确认的递延所得税资产中应减记的金额
⑤ 期末余额反映企业确认的递延所得税资产	

图5-3-3　递延所得税资产账户结构

（4）“递延所得税负债”账户。该账户核算企业确认的应纳税暂时性差异产生的递延所得税负债，属负债类账户。其账户结构可用T字型表示，如图5-3-4所示。

借方	递延所得税负债　　贷方
资产负债表日递延所得税负债应有余额小于"递延所得税负债"账户余额的差额	①资产负债表日企业（初始）确认的递延所得税负债 ②资产负债表日递延所得税负债应有余额大于"递延所得税负债"账户余额的差额 ③企业合并中取得资产、负债的入账价值与其计税基础不同形成应纳税暂时性差异，于购买日确认的递延所得税负债 ④与直接计入所有者权益的交易或事项相关的递延所得税负债 ⑤期末余额反映企业已确认的递延所得税负债

图 5-3-4　递延所得税负债账户结构

八、所得税典型业务核算

1，递延所得税资产的核算

（1）资产负债表日，企业初始确认递延所得税资产，编制如下会计分录。

借：递延所得税资产

　　贷：所得税费用——递延所得税费用

后续计量时，当递延所得税资产应有余额大于账面余额时，按其差额，编制如下会计分录。

借：递延所得税资产

　　贷：所得税费用——递延所得税费用

当递延所得税资产应有余额小于账面余额时，按其差额作与上相反会计分录。

（2）企业合并中取得资产或负债的入账价值与其计税基础不同形成可抵扣暂时性差异的，应于购买日编制如下会计分录。

借：递延所得税资产

　　贷：商誉

（3）与直接计入所有者权益的交易或事项相关的递延所得税资产，编制如下会计分录。

借：递延所得税资产

　　贷：资本公积——其他资本公积

（4）资产负债表日，预计未来期间很可能无法获得足够的应纳税所得额用以抵扣可抵扣暂时性差异的，按原已确认的递延所得税资产中应减记的金额，编制如下会计分录。

借：所得税费用——递延所得税费用

　　资本公积——其他资本公积

　　商誉

　　贷：递延所得税资产

2．递延所得税负债的核算

（1）资产负债表日，企业初始确认递延所得税负债，编制如下会计分录。

借：所得税费用——递延所得税费用

　　贷：递延所得税负债

后续计量时，当递延所得税负债应有余额大于账面余额的，按其差额，编制如下会计分录。

借：所得税费用——递延所得税费用

　　贷：递延所得税负债

当递延所得税负债应有余额小于账面余额的，按其差额作与上相反的会计分录。

（2）企业合并中取得资产、负债的入账价值与其计税基础不同形成应纳税暂时性差异的，应于购买日编制如下会计分录。

借：商誉

　　贷：递延所得税负债

（3）与直接计入所有者权益的交易或事项相关的递延所得税负债，编制如下会计分录。

借：资本公积——其他资本公积

　　贷：递延所得税负债

3．所得税费用的核算

（1）资产负债表日，企业按税法规定计算确定的当期应交所得税，编制如下会计分录。

借：所得税费用——当期所得税费用

　　贷：应交税费——应交所得税

（2）资产负债表日，递延所得税资产应有余额大于"递延所得税资产"账户余额的差额，编制如下会计分录。

借：递延所得税资产

　　贷：所得税费用——递延所得税费用

递延所得税资产应有余额小于"递延所得税资产"账户余额的，按其差额作与上相反会计分录。

企业应予确认的递延所得税负债，比照上述原则调整"所得税费用——递延所得税费用"和"递延所得税负债"账户。

《小企业会计准则》第七十一条规定，小企业应当按照企业所得税法规定计算的当期应纳税额，确认所得税费用。这说明在该准则下，小企业所得税核算采用应付税款法。即年度终了，小企业按照企业所得税法规定计算确定的当期应纳税额时：

借：所得税费用

　　贷：应交税费——应交企业所得税

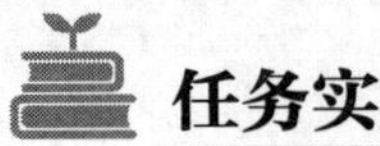

任务实施

任务资料和任务目标见本任务的【任务导入】，具体任务实施过程如下。

第一步，计算确定当期应交所得税。

应纳税所得额=750−200+200+100−30+20=840（万元）

应交所得税=840×25%=210（万元）

第二步，计算资产负债表相关项目账面价值与计税基础，并确定暂时性差异，如表5-3-1所示。

表 5-3-1　　暂时性差异计算表

项　目	账面价值	计税基础	暂时性差异	
			应纳税暂时性差异	可抵扣暂时性差异
交易性金融资产	400	200	200	
存货	2 000	2 200		200
预计负债	100	0		100
合计	—	—	200	300

第三步，计算当期递延所得税资产、递延所得税负债和递延所得税费用。

递延所得税资产=300×25%=75（万元）

递延所得税负债=200×25%=50（万元）

递延所得税费用=50－75=–25（万元）（负号表示收益）

第四步，确认所得税费用。

所得税费用=210–25=185（万元）

编制如下会计分录。

借：所得税费用　　1 850 000

　　递延所得税资产　　750 000

　贷：应交税费——应交所得税　　2 100 000

　　　递延所得税负债　　500 000

接任务导入案例资料，2014 年宏翔公司调整后的应纳税所得额为 1 900 万元，资产负债表相关项目账面价值与计税基础如表 5-3-2 所示，请您作出相关的账务处理。

表 5-3-2　　暂时性差异计算表

单位：万元

项　目	账面价值	计税基础	暂时性差异	
			应纳税暂时性差异	可抵扣暂时性差异
交易性金融资产	500	450	50	
固定资产原价	1 200	1 200		
减:累计折旧	432	240		
减:减值准备	0	0		
固定资产账面价值	768	960		192
预计负债	100	0		100
合计	—	—	50	292

（1）计算确定当期所得税。应交所得税=1 900×25%=475（万元）

（2）计算当期递延所得税资产、递延所得税负债和递延所得税费用。

① 期末递延所得税资产=292×25%=73（万元）

期初递延所得税资产为 75 万元。

当期递延所得税资产=73−75=−2（万元）

② 期末递延所得税负债=50×25%=12.5（万元）

期初递延所得税负债为50万元。

当期递延所得税负债=12.5−50=−37.5（万元）

③ 递延所得税费用=2−37.5=−35.5（万元）

（3）计算所得税费用。所得税费用=475−35.5=439.5（万元）

编制如下会计分录。

借：所得税费用　　4 395 000

　　递延所得税负债　　375 000

　　贷：应交税费——应交所得税　　4 750 000

　　　　递延所得税资产　　20 000

【业务链接】以本任务“任务导入”中的任务资料为例，采用应付税款法进行所得税会计核算分析如下。

当期应交所得税和所得税费用计算过程如下。

税前会计利润　　750

　减：交易性金融资产公允价值变动损益　　200（暂时性差异）

　加：存货跌价准备和计提的预计负债　　300（暂时性差异）

　减：国债利息收入　　30 （永久性差异）

　加：税收滞纳金罚款　　20 （永久性差异）

应纳税所得额　　840

所得税税率　　25%

本期应交所得税　　210

所得税费用　　210

编制如下会计分录。

借：所得税费用　　2 100 000

　　贷：应交税费——应交所得税　　2 100 000

任务四　利润及利润分配核算

学习目标

知识目标：理解利润的概念；熟悉利润的组成；掌握营业外收入和营业外支出的核算内容和方法；掌握利润和利润分配的计算原理和核算方法。

技能目标：能准确计算利润总额和和净利润；能审核或编制营业外收入、营业外支出、本年利润、利润分配业务的相关原始凭证和记账凭证；能根据相关资料登记有关总账和明细账。

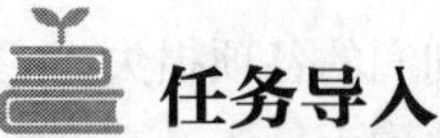

任务导入

任务资料：万盛果业有限公司2013年12月部分经济业务资料如下。

（1）转让一项专利技术，取得收入20万元，款项存入银行，应交营业税1万元。该项专利技术实际成本为40万元，累计摊销22万元，未计提减值准备。

（2）开出现金支票一张，向希望工程捐款10万元。

（3）结转固定资产清理净收益30万元。

（4）除上述经济业务外，当年实现营业收入11 500万元，发生营业成本5 200万元，营业税金及附加600万元，销售费用200万元，管理费用300万元，财务费用200万元。假定所得税税率为25%，并且不存在纳税调整事项。计算确认并结转全年所得税费用。

（5）计算“本年利润”账户余额，并结转至未分配利润。

（6）按净利润的10%提取法定盈余公积。

（7）结转利润分配各明细账户。

任务目标：编制万盛果业有限公司上述业务的会计分录。

知识准备

政策依据：《企业会计准则——基本准则》、《企业会计准则第16号——政府补助》及应用指南。

一、利润的构成

利润是指企业在一定会计期间的经营成果。利润由损益项目构成，按其形成过程分为营业利润、利润总额和净利润三个层次。各利润层次与损益类项目之间的关系可用公式表示为

营业利润=营业收入－营业成本－营业税金及附加－销售费用－管理费用－财务费用－资产减值损失+公允价值变动收益（－公允价值变动损失）+投资收益（－投资损失）

利润总额=营业利润＋营业外收入－营业外支出

净利润=利润总额－所得税费用

其中，　营业收入=主营业务收入+其他业务收入

营业成本=主营业务成本+其他业务成本

二、利润的核算

与利润有关的各损益项目中除营业外收支和所得税费用外，均已在之前做了讲述。本节主要讲述营业外收支及所得税费用。

1．营业外收支核算

营业外收支核算内容包括营业外收入与营业外支出两部分。

营业外收入是指企业发生的与其日常活动无直接关系的、直接计入当期利润的各项利得，主要包括非流动资产处置利得、罚没利得、盘盈利得、捐赠利得、无法支付的应付款项、非货币性资产交换利得、债务重组利得、政府补助等。

营业外支出是指企业发生的与其日常活动无直接关系的、直接计入当期利润的各项损失，主要包括非流动资产处置损失、罚款支出、盘亏损失、捐赠支出、非常损失、非货币性资产交换损失、债务重组损失等。

营业外收支核算账户设置。

● “营业外收入”账户。该账户核算企业发生的各项营业外收入的取得及结转情况。该账户属损益类账户。其贷方登记取得的各种营业外收入；借方登记期末结转“本年利润”的营业外收入金额；结转后本账户无余额。该账户可按营业外收入项目进行明细核算。

● “营业外支出”账户。该账户核算企业发生的各项营业外支出的取得及结转情况。该账户属损益类账户。其借方登记发生的各种营业外支出；贷方登记期末结转“本年利润”的营业外支出金额；结转后本账户无余额。该账户可按营业外支出项目进行明细核算。

营业外收支典型业务核算如下。

（1）政府补助的核算。政府补助是指企业从政府无偿取得货币性资产或非货币性资产，但不包括政府作为企业所有者投入的资本。政府补助的主要形式有财政拨款、财政贴息和税收返还。其中，财政拨款是指政府为了支持企业而无偿拨付的款项。财政贴息是政府为支持特定领域或区域发展，根据国家宏观经济形势和政策目标，对承贷企业的银行贷款利息给予的补贴。税收返还是政府向企业返还的税款，属于以税收优惠形式给予的一种政府补助，主要包括先征后返所得税和先征后退、即征即退的流转税。

税收优惠中的直接减征、免征、增加计税抵扣额、抵免税额等形式，政府并未直接向企业无偿提供资产，因此，不作为企业会计准则规范的政府补助。

① 与资产相关的政府补助。与资产相关的政府补助是指企业取得的、用于构建或以其他方式形成长期资产的政府补助。

企业取得与资产相关的政府补助，应当在取得时先确认为递延收益，再在相关资产使用寿命期内平均分配计入当期营业外收入。相关资产在使用寿命结束前被出售、转让、报废或发生毁损的，应当将尚未分配的递延收益余额一次性转入资产处置当期损益。按名义金额计量的政府补助，应直接计入当期损益。

【例 5-4-1】甲企业为国家重点扶持的高新技术企业，为购买大型科研设备，经申请于 2005 年 1 月 1 日取得政府拨付的 500 万元的财政拨款，款已收到。2005 年 2 月 1 日甲企业购入不需安装的指定设备一台，实际成本 480 万元。设备预计使用寿命 10 年，预计净残值为零，采用直线法计提折旧。2013 年 2 月 1 日该企业出售了该设备。则甲企业账务处理如下。

2005 年 1 月 1 日实际收到财政拨款时确认政府补助，编制如下会计分录。

借：银行存款	5 000 000	
贷：递延收益		5 000 000

在该固定资产使用期间各月计提折旧时分配递延收益，编制如下会计分录。

借：递延收益	41 667	
贷：营业外收入		41 667

2013 年 2 月 1 日出售设备时结转尚未分配的递延收益，编制如下会计分录。

借：递延收益　　　　　　　　　　　　　　　　　　1 000 000

　　贷：营业外收入　　　　　　　　　　　　　　　　　1 000 000

【例 5-4-2】2012 年 1 月 1 日，甲企业为建造一项环保工程向银行贷款 400 万元，期限 2 年，年利率 5%。当年 12 月 31 日，该企业向当地政府提出财政贴息申请。经审核批准政府将按实际贷款额 400 万元给予年利率 3%的财政贴息，共计 24 万元，分两次支付。2013 年 1 月 10 日，第一笔财政贴息资金 10 万元到账。2013 年 8 月 1 日工程完工，第二笔财政贴息资金到账。假设该工程预计使用寿命 10 年，甲企业账务处理如下。

2013 年 1 月 10 日实际收到第一笔财政贴息时确认政府补助，编制如下会计分录。

借：银行存款　　　　　　　　　　　　　　　　　　100 000

　　贷：递延收益　　　　　　　　　　　　　　　　　　100 000

2013 年 8 月 1 日实际收到第二笔财政贴息款时确认政府补助，编制如下会计分录。

借：银行存款　　　　　　　　　　　　　　　　　　140 000

　　贷：递延收益　　　　　　　　　　　　　　　　　　140 000

2013 年 8 月 1 日工程完工，每个月的资产负债表日分配递延收益，编制如下会计分录。

借：递延收益　　　　　　　　　　　　　　　　　　2 000

　　贷：营业外收入　　　　　　　　　　　　　　　　　2 000

② 与收益相关的政府补助。与收益相关的政府补助是指除与资产相关的政府补助之外的政府补助。

与收益相关的政府补助应当在其补偿的相关费用或损失发生期间计入当期损益。即用于补偿企业以后期间的相关费用或损失的，在取得时先确认为递延收益，其后在确认相关费用期间计入当期营业外收入；用于补偿企业已发生的相关费用或损失的，取得时直接计入当期营业外收入。

【例 5-4-3】甲企业生产的一种集成电子产品，按国家相关规定适用增值税先征后退政策，即先按规定征收增值税，然后按实际缴纳增值税返还 70%。2013 年 3 月甲企业该产品实际缴纳增值税 100 万元，2013 年 4 月实际收到增值税返还 70 万元。

甲企业在实际收到返还增值税时，编制如下会计分录。

借：银行存款　　　　　　　　　　　　　　　　　　700 000

　　贷：营业外收入　　　　　　　　　　　　　　　　　700 000

③ 与资产和收益均相关的政府补助。企业取得这类政府补助时，需要将其分解为与资产相关的部分和与收益相关的部分分别处理。难以区分的，可以将全部政府补助归类为与收益相关的政府补助。

【例 5-4-4】2012 年 9 月甲企业为自主创新某高新技术项目向政府申请财政贴息。该项目已于 2012 年 3 月启动，预计共需投入资金 2 000 万元，项目建设期 2 年，已投入资金 700 万元，尚需投入资金 1 300 万元，其中计划贷款 800 万元，已与银行签订贷款协议，约定贷款利率 6%，贷款期 2.5 年。经审核，2012 年 11 月政府批准拨付甲企业贴息资金 70 万元，分别在 2013 年 10 月和 2014 年 10 月支付 30 万元和 40 万元。甲企业相关账务处理如下。

2013 年 10 月实际收到贴息资金时，编制如下会计分录。

借：银行存款　　　　　　　　　　　　　　　　　　300 000

　　贷：递延收益　　　　　　　　　　　　　　　　　　300 000

2013 年 10 月起，在项目期内按月分配递延收益，编制如下会计分录。

借：递延收益　　25 000
　贷：营业外收入　　25 000

2014 年 10 月实际收到贴息资金时，编制如下会计分录。

借：银行存款　　400 000
　贷：营业外收入　　400 000

（2）其他营业外收支的核算。

【例 5-4-5】宏业公司 12 月发生如下业务。①处置一项无形资产，原值 800 000 元，累计摊销 300 000 元，取得处置收入 600 000 元，转让无形资产营业税税率为 5%；②接受某企业捐赠 60 000 元，收到转账支票一张存入银行；③没收甲公司缴纳的包装物押金 900 元。根据上述资料，编制会计分录。

① 处置无形资产时，编制如下会计分录。

借：银行存款　　600 000
　累计摊销　　300 000
　贷：无形资产　　800 000
　　应交税费——应交营业税　　30 000
　　营业外收入——非流动资产处置利得　　70 000

② 接受捐赠时，编制如下会计分录。

借：银行存款　　60 000
　贷：营业外收入——捐赠利得　　60 000

③ 没收包装物押金时，编制如下会计分录。

借：其他应付款——甲公司　　900
　贷：营业外收入——罚没利得　　900

【例 5-4-6】宏业公司 12 月发生如下业务。①以银行存款支付违反环保规定罚款 10 000 元；②开出转账支票通过本市慈善总会向灾区捐款 30 000 元。根据上述资料，编制如下会计分录。

借：营业外支出——罚款支出　　10 000
　　　　——捐赠支出　　30 000
　贷：银行存款　　40 000

2．利润总额形成核算

（1）利润总额的确认方法。企业利润的确认方法包括表结法和账结法。

① 表结法。采用此方法，各损益类账户每月月末只需结计出本月发生额和月末余额，无需结转到“本年利润”账户，待年终决算时，再将各损益类账户余额结转至“本年利润”账户。每月月末将损益类账户的本月发生额合计直接填入利润表的本期金额栏，通过利润表反映各期的利润（或亏损）。此方法简化了每月结转利润的手续，但平时不能在账户上直接反映本年度已实现的利润或已发生的亏损。

② 账结法。采用此方法，每月月末均需将账上结计出的各损益类账户的余额转入“本年利润”账户。结转后“本年利润”账户的本月合计数反映当月实现的利润或发生的亏损，“本年利润”账户的本年累计数反映本年累计实现的利润或发生的亏损。采用此方法各月均可通过“本年利润”

账户反映当月及本年已实现的利润或已发生的亏损，但增加了各月结转利润的工作量。

（2）利润总额核算的账户设置。为核算企业净利润情况应设置“本年利润”账户。该账户属所有者权益类账户。其借方登记期末转入的各项支出；贷方登记期末转入的各项收入；年内期末余额若在贷方，表示累计实现的净利润，若在借方，表示累计发生的净亏损。年末应将该账户的余额转入“利润分配——未分配利润”账户，结转后该账户无余额。其账户结构如图 5-4-1 所示。

借方　　　　本年利润	贷方
期末转入的各项支出： 主营业务成本 其他业务成本 营业税金及附加 管理费用 销售费用 财务费用 资产减值损失 营业外支出 所得税费用	期末转入的各项收入： 主营业务收入 其他业务收入 投资收益 公允价值变动损益 营业外收入
期末余额：累计净亏损	期末余额：累计净利润

图 5-4-1　本年利润账户结构

如果“投资收益”、“公允价值变动损益”账户为净损失，应借记“本年利润”账户，贷记“投资收益”、“公允价值变动损益”账户。

（3）利润总额典型业务核算。

【例 5-4-7】宏业公司采用账结法结转本年利润。12 月份该公司各项收入账户资料如下。主营业务收入 807 000 元，其他业务收入 93 000 元，营业外收入 60 700 元，投资净收益 91 560 元。根据上述资料，期末结转“本年利润”，编制如下会计分录。

借：主营业务收入	807 000	
其他业务收入	93 000	
营业外收入	60 700	
投资净收益	91 560	
贷：本年利润		1 052 260

【例 5-4-8】宏业公司采用账结法结转本年利润。12 月份该公司各项支出账户资料如下。主营业务成本 423 430 元，其他业务成本 67 800 元，营业税金及附加 165 290 元，销售费用 84 450 元，管理费用 72 110 元，财务费用 67 000 元，营业外支出 29 400 元。根据上述资料，期末结转“本年利润”，编制如下会计分录。

借：本年利润	909 480	
贷：主营业务成本		423 430
其他业务成本		67 800
营业税金及附加		165 290
销售费用		84 450

管理费用　　72 110
财务费用　　67 000
营业外支出　　29 400

【例 5-4-9】宏业公司 12 月份计算出的所得税费用为 35 600 元，编制如下会计分录。

借：本年利润　　35 600
　　贷：所得税费用　　35 600

提示　所得税费用的详细计算方法将在后续部分讲述，根据上述【例 5-4-7】至【例 5-4-9】的账务处理，可以确定宏业公司 12 月份的利润总额=1 052 260－909 480=142 780（元），净利润=142 780－35 600=107 180（元）

三、利润分配核算

1．利润分配的程序

企业生产经营活动过程中取得的各种收入，在补偿了各项耗费，并按国家规定缴纳所得税后即形成企业的净利润。根据我国公司法等有关法规的规定，企业当年实现的净利润应按图 5-4-2 所示的顺序进行分配，经过上述分配后的余额为企业未分配利润（或未弥补亏损）。

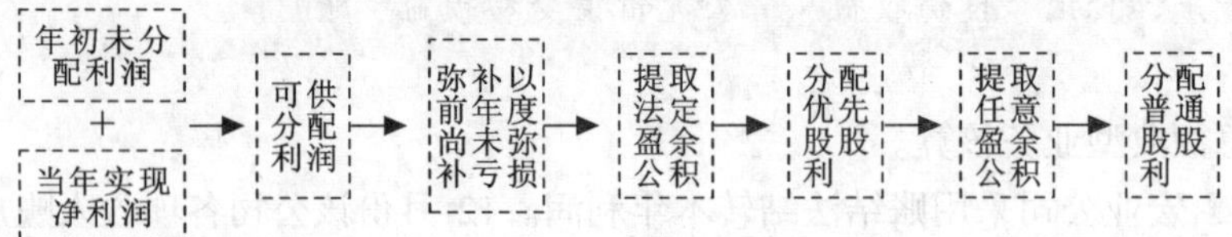

图 5-4-2　利润分配程序

2．利润分配核算账户设置

（1）“利润分配”账户。该账户核算企业利润分配或亏损的弥补以及历年分配（弥补）后的余额，属所有者权益类账户。该账户借方登记实际分配的利润额；贷方登记用盈余公积弥补的亏损等其他转入数及年末从“本年利润”账户转入的全年实现的净利润；年内各期期末借方余额，表示已分配的利润额及未弥补的亏损额，期末贷方余额，表示未分配的利润。

本账户应按“提取法定盈余公积”、“提取任意盈余公积”、“应付现金股利或利润”、“转作股本的股利”、“未分配利润”、“盈余公积补亏”进行明细核算。年末，应将“利润分配”账户下其他明细账户的余额转入“未分配利润”明细账户，结转后，除“未分配利润”明细账户有余额外，其他各个明细账户均无余额。

（2）“盈余公积”账户。该账户核算企业从净利润中提取的盈余公积，属所有者权益类账户。该账户贷方登记提取的盈余公积；借方登记实际使用的盈余公积；期末余额在贷方，表示结余的盈余公积。本账户应按“法定盈余公积”和“任意盈余公积”进行明细核算。

（3）“应付股利”账户。该账户核算企业按照董事会或股东大会决议分配给投资人现金股利或利润的增减变动及其余额，属负债类账户。该账户贷方登记应付给投资人的现金股利或利润的增加；借方登记实际支付给投资人的现金股利或利润；期末余额在贷方，表示尚未支付的现金股利或利润。本账户应按投资人进行明细核算。

提示

企业分配给投资人的股票股利不在本账户核算。

3．利润分配典型业务核算举例

【例 5-4-10】宏业公司结转本年实现的净利润 13 560 000 元。编制如下会计分录。

借：本年利润　　13 560 000

　　贷：利润分配——未分配利润　　13 560 000

【例 5-4-11】宏业公司以前年度累计未弥补亏损 110 800 元，已超过税前弥补期限，经董事会决议用盈余公积全额弥补。编制如下会计分录。

借：盈余公积——盈余公积补亏　　110 800

　　贷：利润分配——盈余公积补亏　　110 800

链接

弥补亏损渠道及账务处理如下。①用以后年度税前利润弥补。企业发生亏损时，可用以后五年的税前利润弥补。②用以后年度税后利润弥补。企业发生的亏损超过5年税前利润弥补期仍不足弥补的部分应用税后利润弥补。③以盈余公积弥补亏损。超过5年税前利润弥补期，且用税后利润仍不能补亏的，可用以前年度提取的盈余公积弥补。在以税前利润补亏损时，企业将本年实现的用于补亏的利润转到“利润分配——未分配利润”账户的贷方，其贷方发生额与“利润分配——未分配利润”账户的借方余额（以前年度亏损）自然抵减，不需进行专门的账务处理。以税后利润补亏时，企业当年实现的利润转入“利润分配——未分配利润”账户的贷方，其贷方发生额与“利润分配——未分配利润”账户的借方余额自然抵减，也不需要进行专门的账务处理。

【例 5-4-12】续【例 5-4-10】资料，宏业公司经董事会决议，决定按全年净利润的 10%提取法定盈余公积，按全年净利润的 5%提取任意盈余公积。编制如下会计分录。

借：利润分配——提取法定盈余公积　　1 356 000

　　　　　　——提取任意盈余公积　　678 000

　　贷：盈余公积——法定盈余公积　　1 356 000

　　　　　　　　——任意盈余公积　　678 000

提示

提取法定盈余公积与任意盈余公积均以当年实现的净利润为基数。

【例 5-4-13】宏业公司按照董事会及股东大会决议，决定分配给股东现金股利 2 454 000 元，股票股利 1 860 000 元。编制如下会计分录。

借：利润分配——应付现金股利　　2 454 000

　　贷：应付股利　　2 454 000

借：利润分配——转作股本的股利　　1 860 000
　　贷：股本　　1 860 000

【例 5-4-14】续【例 5-4-11】至【例 5-4-13】资料，宏业公司期末结转利润分配账户所属各明细账户。编制如下会计分录。

借：利润分配——未分配利润　　6 348 000
　　贷：利润分配——提取法定盈余公积　　1 356 000
　　　　　　　　——提取任意盈余公积　　678 000
　　　　　　　　——应付现金股利　　2 454 000
　　　　　　　　——转作股本的股利　　1 860 000
借：利润分配——盈余公积补亏　　110 800
　　贷：利润分配——未分配利润　　110 800

任务实施

任务资料和任务目标见本任务的“任务导入”，具体任务实施过程如下。

（1）转让专利技术，编制如下会计分录。

借：银行存款　　200 000
　　累计摊销　　220 000
　　贷：应交税费——应交营业税　　10 000
　　　　无形资产　　400 000
　　　　营业外收入　　10 000

（2）向希望工程捐款，编制如下会计分录。

借：营业外支出　　100 000
　　贷：银行存款　　100 000

（3）结转固定资产清理净收益，编制如下会计分录。

借：固定资产清理　　300 000
　　贷：营业外收入　　300 000

（4）利润总额=（11 500−5 200−600−200−300−200）+（31−10）=5 021（万元）

应交所得税=5 021 × 25%=1 255.25（万元）

编制如下会计分录。

借：所得税费用　　12 552 500
　　贷：应交税费——应交所得税　　12 552 500
借：本年利润　　12 552 500
　　贷：所得税费用　　12 552 500

（5）年末“本年利润”贷方余额=5 021−1 255.25=3 765.75（万元）

编制如下会计分录。

借：本年利润　　37 657 500
　　贷：利润分配——未分配利润　　37 657 500

（6）提取法定盈余公积=3 765.75 × 10%=376.575（万元）

编制如下会计分录。

借：利润分配——提取法定盈余公积　　　　3 765 750

　　贷：盈余公积　　　　3 765 750

（7）结转利润分配各明细账户，编制如下会计分录。

借：利润分配——未分配利润　　　　3 765 750

　　贷：利润分配——提取法定盈余公积　　　　3 765 750

项目六
财务报告岗位会计

项目导读

财务报告岗位会计认知

一、财务报告岗位会计职责

财务报告岗位会计是通过编制会计报表、财务分析报告定期向投资者、债权人以及企业的管理者等会计信息使用者介绍企业财务状况、经营成果及现金流量等信息的会计岗位。

财务报告岗位会计的主要职责是：在结账、对账、财产清查的基础上，利用日常会计核算形成的账簿等资料编制会计报表；利用会计报表等资料编写财务分析报告，为企业管理者改善经营管理、提高决策的科学性和准确性提供财务支持和建议。

二、财务报告岗位会计核算内容

财务报告岗位会计核算的主要内容是编制会计报表，并利用会计报表资料编写财务分析报告。有关财务分析报告将在后续财务管理课程中学习，本书只介绍财务报表的编制。

1．财务报告的概念

财务报告是指企业对外提供的反映企业在某一特定日期财务状况和某一会计期间经营成果、现金流量等会计信息的文件。其中财务报表通常由会计报表和附注两部分构成。一套完整的财务报告包括资产负债表、利润表、现金流量表、所有者权益变动表和附注等几部分。

2．财务报告的目标

《企业会计准则——基本准则》第四条明确规定，财务报告的目标是向财务报告使用者提供与企业财务状况、经营成果和现金流量等有关的会计信息，反映企业管理层的受托责任履行情况，有助于财务报告使用者作出经济决策。财务报告使用者通常包括投资者、债权人、政府及相关机构、企业管理人员、职工和社会公众等。不同的使用者对财务报告所提供信息资料的要求各有侧重。

投资者（股东）最关注的是投资的内在风险和投资报酬。企业编制的财务报告，应当着重为其提供有关企业盈利能力、资本结构和利润分配政策等信息资料。

债权人最关注的是其提供给企业的资金是否安全，债权是否能够按期如数收回。企业编制的财务报告，应当着重为其提供有关企业偿债能力的信息资料。

政府及相关机构最关注的是国家资源的分配和运用情况，需要了解与经济政策的制定、国民收入的统计等方面有关的信息资料。企业编制的财务报告，应当着重为其提供有关企业的资源及其运用、分配方面的情况，为国家的宏观决策提供必要的信息资料。

企业管理人员最关注的是企业财务状况的好坏、经营业绩的大小以及现金的流动情况。企业编制的财务报告，应当着重为其提供有关企业某一特定日期的资产、负债与所有者权益情况，以及某一特定期间经营业绩与现金流量方面的信息资料。

企业职工最关注的是企业为其所提供的就业机会及其稳定性、劳动报酬高低和职工福利好坏等信息资料，而上述情况又与企业的资本结构及盈利能力等密切相关。企业编制的财务报告除了需要提供以上信息资料外，还需提供与职工福利相关的信息资料。

社会公众最关注的是企业的兴衰及其发展情况。企业编制的财务报告，应当着重为其提供有关企业目前状况及其未来发展趋势等方面的信息资料，帮助他们了解企业，为其未来的投资决策提供依据。

3．财务报表的分类

（1）财务报表按其反映的经济内容不同分为静态报表和动态报表。静态报表是指综合反映企业某一特定日期资产、负债和所有者权益状况的财务报表，如资产负债表；动态报表是指综合反映企业一定期间经营成果、现金流量情况的财务报表，如利润表、现金流量表、所有者权益变动表。

（2）财务报表按其编报期间不同分为中期财务报表和年度财务报表。年度财务报表是以一个完整会计年度为基础编制的财务报表；中期财务报表是指以短于一个完整的会计年度为基础编制的财务报表，包括月报、季报或半年报。无论是中期财务报表还是年度财务报表均应包括资产负债表、利润表、现金流量表和附注，中期财务报表除附注披露可适当简略些外，其他内容应当与年度财务报表一致。

（3）财务报表按编报主体不同分为个别报表和合并报表。个别报表是指由各会计主体（如子公司、母公司等）在自身会计核算基础上，对账簿记录进行汇总加工而编制的财务报表，它主要用以反映各会计主体自身的财务状况、经营成果和现金流量情况。合并报表是以母公司和子公司组成的企业集团为会计主体，根据母公司和所属子公司的财务报表，由母公司编制的综合反映企业集团财务状况、经营成果及现金流量的财务报表。

4．财务报表的编制要求

为了使财务报表能够最大限度地满足有关各方的需要，实现编制财务报表的目标，充分发挥财务报表的作用，企业编制的财务报表应当做到真实可靠，相关可比，全面完整，编报及时，便于理解。

（1）真实可靠。财务报表各项目的数据必须建立在真实可靠的基础之上，使企业财务报表能够如实地反映企业的财务状况、经营成果和现金流量情况。因此，财务报表必须根据审核无误的账簿及相关资料编制，不得以任何方式弄虚作假。

（2）相关可比。企业财务报表所提供的会计信息资料必须与报表使用者的决策需要相关，并且财务报表项目的数据应当口径一致，便于报表使用者在不同企业之间及同一企业前后各期之间进行比较。只有提供相关且可比的信息资料，才能使报告使用者分析企业在整个社会特别是同行业中的地位，了解企业过去、现在的情况，预测企业未来的发展趋势，为报表使用者的决策提供服务。

（3）全面完整。企业财务报表应当全面地披露企业的财务状况、经营成果和现金流量情况，完整地反映企业财务活动的过程和结果，以满足各有关方面对会计信息资料的需要。为了保证财务报告的全面和完整，企业在编制财务报表时，应当按照《企业会计准则第 30 号——财务报表列报》、《企业会计准则第 31 号——现金流量表》及《企业会计准则第 32 号——中期财务报告》等相关规定的格式和内容填报。对某些重要事项，应当按照要求在财务会计报告附注中进行说明，不得漏编漏报。

（4）编报及时。企业财务报告所提供的信息资料，具有很强的时效性，只有及时编制和报送财务报表，才能为使用者提供决策所需的信息资料。随着市场经济和信息技术的迅速发展，财务会计报告的及时性要求将变得日益重要。

（5）便于理解。企业对外提供的财务报表是为广大财务报表使用者提供企业过去、现在和未来的有关资料，为企业目前或潜在的投资者和债权人提供决策所需的会计信息资料。因此，编制的财务报表应清晰明了，便于理解和利用。

任务一 资产负债表编制

学习目标

知识目标：理解资产负债表的定义、作用、内容和格式；掌握资产负债表的编制方法。

技能目标：能根据有关账户资料熟练编制资产负债表。

任务导入

任务资料：（1）滨海市宏达股份有限公司 2012 年年末资产负债表如表 6–1–1 所示。

表 6-1-1　　　　资产负债表

会企 01 表

编制单位：滨海市宏达股份有限公司　　2012 年 12 月 31 日　　单位：元

资　　产	期末余额	年初余额	负债和所有者权益	期末余额	年初余额
流动资产：			流动负债：		
货币资金	1 500 000	略	短期借款	300 000	略
交易性金融资产	20 000		交易性金融负债	0	
应收票据	250 000		应付票据	200 000	
应收账款	300 000		应付账款	1 000 000	
预付款项	100 000		预收款项	0	
应收利息	0		应付职工薪酬	110 000	
应收股利	0		应交税费	37 000	
其他应收款	5 000		应付利息	2 000	
存货	2 700 000		应付股利	0	
一年内到期的非流动资产	0		其他应付款	50 000	
其他流动资产	0		一年内到期的非流动负债	1 000 000	
流动资产合计	4 875 000		其他流动负债	0	
非流动资产：			流动负债合计	2 699 000	
可供出售金融资产	0		非流动负债：		
持有至到期投资	0		长期借款	610 000	
长期应收款	0		应付债券	0	
长期股权投资	253 000		长期应付款	0	
投资性房地产	0		专项应付款	0	
固定资产	1 200 000		预计负债	0	
在建工程	1 500 000		递延所得税负债	0	
工程物资	0		其他非流动负债	0	
固定资产清理	0		非流动负债合计	610 000	
生产性生物资产	0		负债合计	3 309 000	
油气资产	0		所有者权益（或股东权益）：		
无形资产	800 000		实收资本（或股本）	5 100 000	
开发支出	0		资本公积	30 000	
商誉	0		减：库存股	0	
长期待摊费用	0		盈余公积	132 900	
递延所得税资产	0		未分配利润	56 100	
其他非流动资产	0		所有者权益(或股东权益）合计	5 319 000	
非流动资产合计	3 753 000				
资产总计	8 628 000		负债和所有者权益（或股东权益）合计	8 628 000	

（2）宏达股份有限公司 2013 年 12 月 31 日科目余额表如表 6-1-2 所示。

表 6-1-2 科目余额表

2013 年 12 月 31 日 单位：元

科目名称	借方余额	科目名称	贷方余额
库存现金	5 000	短期借款	166 000
银行存款	800 000	应付票据	200 000
其他货币资金	10 000	应付账款	90 000
应收票据	70 000	其他应付款	40 000
应收账款	620 000	应付职工薪酬	270 000
坏账准备	– 20 000	应交税费	230 000
其他应收款	10 000	长期借款	933 000
在途物资	260 000	股本	5 100 000
原材料	50 000	资本公积	30 000
周转材料	40 000	盈余公积	162 900
库存商品	2 000 000	利润分配（未分配利润）	326 100
长期股权投资	253 000		
固定资产	2 700 000		
累计折旧	– 200 000		
在建工程	400 000		
无形资产	600 000		
累计摊销	– 50 000		
合计	7 548 000	合计	7 548 000

（3）科目余额表中有关账户明细情况如下。

① 坏账准备全部为应收账款而计提。

② 应付账款总账贷方余额 90 000 元由以下明细账构成，“应付账款——甲”贷方余额 200 000 元，“应付账款——乙”借方余额 110 000 元。

③ 长期借款总账贷方余额 933 000 元由以下明细账构成：2013 年 1 月 1 日借入的 3 年期借款 633 000 元，2011 年 1 月 1 日借入的 5 年期借款 200 000 元，2010 年 6 月 1 日借入的 4 年期借款 100 000 元。

任务目标：根据上述资料编制宏达股份有限公司 2013 年年末资产负债表。

知识准备

法规依据：《企业会计准则第 30 号——财务报表列报》及其应用指南。

一、资产负债表的概念及作用

资产负债表是反映企业某一特定日期财务状况的会计报表。通过编制资产负债表，可以反映企业资产的构成，分析企业在某一日期所拥有的经济资源及其分布情况；可以反映企业某一日期的负债总额及其结构，分析企业目前与未来需要支付的债务数额；可以反映企业某一日期所有者权益的总额及其构成，了解企业现有投资者在企业资产总额中所占的份额。通过对资产负债表项目金额及其相关比率的分析，如流动比率、速动比率、资产负债率等指标，可以帮助报表使用者全面了解企业的财务状况，分析企业的债务偿还能力，从而为未来的经济决策提供信息。

二、资产负债表的格式

资产负债表是根据“资产 = 负债 + 所有者权益”的会计等式，依照一定的分类标准和顺序，将企业在某一特定日期的全部资产、负债和所有者权益项目进行分类、汇总、排列后编制而成的。

目前，国际上通用的资产负债表格式有账户式和报告式两种。我国的资产负债表一般采用账户式，即分左、右两方，具体格式如表 6–1–1 所示。

左方为资产项目，按资产的流动性分“流动资产”和“非流动资产”两大类别列示。

右方为负债及所有者权益项目，按清偿时间的先后顺序分“负债”和“所有者权益”两大类列示。负债类项目按偿还期长短分“流动负债”和“非流动负债”两类列示；所有者权益项目依照永久性程度由高到低顺序，一般按实收资本、资本公积、盈余公积和未分配利润分项列示。

账户式资产负债表中资产各项目的合计应等于负债和所有者权益各项目的合计，即资产负债表左方和右方平衡。因此，通过资产负债表，可以反映资产、负债、所有者权益之间的内在关系，即“资产=负债+所有者权益”。

三、资产负债表的编制方法

资产负债表的编制是以日常会计核算记录的数据为基础进行归类、整理和汇总，加工成报表项目的过程。资产负债表属于一种比较报表，其主体部分的各项目均需填列“年初余额”和“期末余额”两栏。各栏目的具体填列方法说明如下。

1．“年初余额”的填列

“年初余额”栏，应根据上年末资产负债表“期末余额”栏内所列示数字填列。如果本年度资产负债表规定的各项目的名称和内容与上年度不一致，应对上年年末资产负债表各项目的名称和数字按本年度的规定进行调整，按调整后的数字填列。

2．“期末余额”的填列

“期末余额”栏各项目数据主要来源于各账户的期末余额，具体填制方法归纳如表 6–1–3 所示。

表 6–1–3　　资产负债表“期末余额”栏数据填制方法

填制方法	报表项目	数据来源
1. 根据总账账户期末余额直接填列	交易性金融资产	“交易性金融资产”总账借方余额
	应收票据	“应收票据”总账借方余额
	应收利息	“应收利息”总账借方余额
	应收股利	“应收股利”总账借方余额
	工程物资	“工程物资”总账借方余额
	固定资产清理	“固定资产清理”总账借方余额；若为贷方余额，以“–”填列
	递延所得税资产	“递延所得税资产”总账借方余额
	短期借款	“短期借款”总账贷方余额
	交易性金融负债	“交易性金融负债”总账贷方余额
	应付票据	“应付票据”总账贷方余额

续表

填制方法	报 表 项 目	数 据 来 源
1. 根据总账账户期末余额直接填列	应付职工薪酬	“应付职工薪酬”总账贷方余额；若为借方余额，以“－”填列
	应交税费	“应交税费”总账贷方余额；若为借方余额，以“－”填列
	应付利息	“应付利息”总账贷方余额
	应付股利	“应付股利”总账贷方余额
	专项应付款	“专项应付款”总账贷方余额
	预计负债	“预计负债”总账贷方余额
	递延所得税负债	“递延所得税负债”总账贷方余额
	实收资本（股本）	“实收资本（股本）”总账贷方余额
	资本公积	“资本公积”总账贷方余额
	库存股	“库存股”总账贷方余额
	盈余公积	“盈余公积”总账贷方余额
2. 根据总账账户期末余额计算填列	货币资金	“库存现金”、“银行存款”、“其他货币资金”总账期末余额合计（例 6–1–1）
	一年内到期的非流动资产	“持有至到期投资”、“长期待摊费用”、“长期应收款”总账反映的将在 1 年内到期的各项目金额合计（例 6–1–2）
	一年内到期的非流动负债	“长期借款”、“长期应付款”、“应付债券”总账反映的将在 1 年内到期的各项目金额合计（例 6–1–3）
	未分配利润	编制中期报表，根据“本年利润”账户和“利润分配”账户的余额计算的贷方余额填列；若为借方余额，以“－”号填列。编制年度报表，直接根据“利润分配”账户的贷方余额填列，若为借方余额，以“－”号填列
3. 根据明细账账户期末余额计算填列	应收账款	“应收账款”和“预收账款”所属明细账户借方余额合计，减去“坏账准备”账户中对应坏账准备贷方余额后的金额（例 6–1–4）
	预付款项	“应付账款”和“预付账款”所属明细账借方余额的合计（例 6–1–4）
	应付账款	“应付账款”和“预付账款”所属明细账贷方余额的合计（例 6–1–4）
	预收款项	“应收账款”和“预收账款”所属明细账贷方余额的合计（例 6–1–4）
	其他应付款	“其他应付款”和“其他应收款”所属明细账贷方余额的合计
	开发支出	“研发支出——资本化支出”明细账期末余额
	长期待摊费用	“长期待摊费用”总账借方余额扣除“长期待摊费用”所属明细账反映的将于 1 年内摊销的长期待摊费用后的金额（例 6–1–2）
	长期借款	“长期借款”总账贷方余额扣除“长期借款”所属明细账反映的将于 1 年内到期的长期借款后的金额（例 6–1–3）
	应付债券	“应付债券”总账贷方余额扣除“应付债券”所属明细账反映的将于 1 年内到期的应付债券后的金额
4. 根据总账账户期末余额减去其备抵账户余额后的金额填列	可供出售金融资产	“可供出售金融资产”账户借方余额减去“可供出售金融资产减值准备”账户贷方余额后的金额
	持有至到期投资	“持有至到期投资”账户借方余额减去“持有至到期投资减值准备”账户贷方余额后的金额
	长期股权投资	“长期股权投资”账户借方余额减去“长期股权投资减值准备”账户贷方余额后的金额

续表

填制方法	报表项目	数据来源
4. 根据总账账户期末余额减去其备抵账户余额后的金额填列	在建工程	“在建工程”账户借方余额减去“在建工程减值准备”账户贷方余额后的金额
	投资性房地产	“投资性房地产”账户借方余额减去“投资性房地产累计折旧”、“投资性房地产减值准备”账户贷方余额后的金额
	固定资产	“固定资产”账户借方余额减去“累计折旧”、“固定资产减值准备”账户贷方余额后的金额（例 6–1–5）
	生产性生物资产	“生产性生物资产”账户借方余额减去“生产性生物资产累计折旧”、“生产性生物资产减值准备”账户贷方余额后的金额
	油气资产	“油气资产”账户借方余额减去“累计折耗”、“油气资产减值准备”账户贷方余额后的金额
	无形资产	“无形资产”账户借方余额减去“累计摊销”、“无形资产减值准备”账户贷方余额后的金额
	商誉	“商誉”账户借方余额减去“商誉减值准备”账户贷方余额后的金额
	长期应收款	“长期应收款”总账借方余额减去“未实现融资收益”总账余额及所属明细账户中将于 1 年内到期的长期应收款后的金额
	长期应付款	“长期应付款”总账贷方余额减去“未确认融资费用”账户借方余额及“长期应付款”所属明细账户中反映的将于 1 年内到期的长期应付款后的金额
5. 综合运用上述方法分析填列	其他应收款	“其他应收款”和“其他应付款”所属明细账户借方余额的合计，减去“坏账准备”账户中有关其他应收款的坏账准备贷方余额后的金额
	存货	“在途物资”、“材料采购”、“原材料”、“周转材料”、“库存商品”、“委托加工物资”、“发出商品”、“生产成本”、“材料成本差异”等账户借方余额合计，减去“存货跌价准备”账户贷方余额后的金额（例 6–1–6）

3．资产负债表编制典型项目举例

【例 6-1-1】某企业 2013 年 12 月 31 日“库存现金”账户余额 9 000 元，“银行存款”账户余额 3 000 000 元，“其他货币资金”账户余额 800 000 元。则该企业期末资产负债表中“货币资金”项目的金额=9 000 + 3 000 000 + 800 000=3 809 000（元）

【例 6-1-2】某企业 2013 年 12 月 31 日“长期待摊费用”账户的期末余额为 365 000 元，其中将于一年内摊销的数额为 236 000 元。则该企业 2013 年末资产负债表“长期待摊费用”项目的金额=365 000 – 236 000=129 000（元）

其中，将于一年内摊销完毕的 236 000 元，应当在“一年内到期的非流动资产”项目填列。

【例 6-1-3】某企业 2013 年 12 月 31 日有关长期借款的资料如下。2010 年 6 月 1 日借入的期限为 4 年的借款 150 000 元；2011 年 1 月 1 日借入的期限为 5 年的借款 200 000 元；2013 年 1 月 1 日借入的期限为 3 年的借款 120 000 元。则该企业 2013 年 12 月 31 日资产负债表中“长期借款”项目的金额=200 000 + 120 000=320 000（元）。

其中，一年内到期的长期借款 150 000 元，应在“一年内到期的非流动负债”项目填列。

【例 6-1-4】某公司 2013 年 12 月 31 日部分账户资料如下。

“应收账款”明细账余额：甲厂 10 000 元（借方）；乙厂 20 000 元（贷方）

“预收账款”明细账余额：丙厂 30 000 元（借方）；丁厂 40 000 元（贷方）

“应付账款”明细账余额：A 厂 50 000 元（借方）；B 厂 60 000 元（贷方）

“预付账款”明细账余额：C 厂 70 000 元（借方）；D 厂 80 000 元（贷方）

同时该公司应收账款计提了坏账准备 5 000 元。

则该 2013 年 12 月 31 日资产负债表中相关项目的金额分别为

“应收账款”项目=10 000＋30 000－5 000=35 000（元）

“预收款项”项目=20 000＋40 000=60 000（元）

“应付账款”项目=60 000＋80 000=140 000（元）

“预付款项”项目=50 000＋70 000=120 000（元）

【例 6-1-5】某企业 2013 年 12 月 31 日“固定资产”账户余额 1 200 000 元，“累计折旧”账户余额 450 000 元，“固定资产减值准备”账户余额 200 000 元。则该企业期末资产负债表中“固定资产”项目的金额=1 200 000－450 000－200 000=550 000（元）

【例 6-1-6】某企业 2013 年 12 月 31 日“原材料”账户余额 900 000 元，“生产成本”账户余额 800 000 元，“材料成本差异”账户贷方余额 40 000 元，“库存商品”账户余额 1 000 000 元，“工程物资”账户余额 1 500 000 元，“存货跌价准备”账户余额 60 000 元。

则该企业期末资产负债表中“存货”项目的金额=900 000＋800 000－40 000＋1 000 000－60 000=2 600 000（元）

任务实施

任务资料和任务目标见本任务的“任务导入”，具体任务实施过程如表 6-1-4 所示。

表 6-1-4　　资产负债表

会企 01 表

编制单位：滨海市宏达股份有限公司　2013 年 12 月 31 日　　单位：元

资　　产	期末余额	年初余额	负债和所有者权益	期末余额	年初余额
流动资产：			流动负债：		
货币资金	815 000	1 500 000	短期借款	166 000	300 000
交易性金融资产	0	20 000	交易性金融负债		0
应收票据	70 000	250 000	应付票据	200 000	200 000
应收账款	600 000	300 000	应付账款	200 000	1 000 000
预付款项	110 000	100 000	预收款项	0	0
应收利息	0	0	应付职工薪酬	270 000	110 000
应收股利	0	0	应交税费	230 000	37 000
其他应收款	10 000	5 000	应付利息	0	2 000
存货	2 350 000	2 700 000	应付股利	0	0
一年内到期的非流动资产	0	0	其他应付款	40 000	50 000
其他流动资产	0	0	一年内到期的非流动负债	100 000	1 000 000
流动资产合计	3 955 000	4 875 000	其他流动负债	0	0

续表

资　　产	期末余额	年初余额	负债和所有者权益	期末余额	年初余额
非流动资产：			流动负债合计	1 206 000	2 699 000
可供出售金融资产	0	0	非流动负债：		
持有至到期投资	0	0	长期借款	833 000	610 000
长期应收款	0	0	应付债券	0	0
长期股权投资	253 000	253 000	长期应付款	0	0
投资性房地产	0	0	专项应付款	0	0
固定资产	2 500 000	1 200 000	预计负债	0	0
在建工程	400 000	1 500 000	递延所得税负债	0	0
工程物资	0	0	其他非流动负债	0	0
固定资产清理	0	0	非流动负债合计	833 000	610 000
生产性生物资产	0	0	负债合计	2 039 000	3 309 000
油气资产	0	0	所有者权益(或股东权益)：		
无形资产	550 000	800 000	实收资本（或股本）	5 100 000	5 100 000
开发支出	0	0	资本公积	30 000	30 000
商誉	0	0	减：库存股		
长期待摊费用	0	0	盈余公积	162 900	132 900
递延所得税资产	0	0	未分配利润	326 100	56 100
其他非流动资产	0	0	所有者权益（或股东权益）合计	5 619 000	5 319 000
非流动资产合计	3 703 000	3 753 000			
资产总计	7 658 000	8 628 000	负债和所有者权益(或股东权益）合计	7 658 000	8 628 000

任务二　利润表编制

学习目标

知识目标：**理解利润表的定义、作用、内容和格式；掌握利润表的编制方法。**

技能目标：**能根据有关账户资料熟练编制利润表。**

任务导入

任务资料：滨海市宏达股份有限公司 2013 年度有关损益类账户本年累计净发生额如表 6-2-1 所示。

表 6-2-1　　　　　　　　　　　　损益类账户本年累计净发生额汇总表

2013 年　　　　　　　　　　　　　　　　　　　　　　　　　　　单位：元

科 目 名 称	借方发生额	贷方发生额
主营业务收入		1 130 000
主营业务成本	650 000	
其他业务收入		70 000
其他业务成本	60 000	
营业税金及附加	4 000	
销售费用	16 000	
管理费用	170 000	
财务费用	20 000	
资产减值损失	20 000	
投资收益		20 000
营业外收入		80 000
营业外支出	10 000	
所得税费用	50 000	

任务目标：根据资料编制宏达股份有限公司 2013 年度利润表。

知识准备

法规依据：《企业会计准则第 30 号——财务报表列报》及其应用指南。

一、利润表的概念及作用

利润表是反映企业一定期间经营成果的会计报表。该表把一定期间的营业收入与其相关的营业费用进行配比，以计算企业一定期间的净利润（或净亏损）。

通过利润表提供的收入、费用等数据，能够反映企业生产经营的收益和成本的耗费情况，表明企业生产经营成果；通过利润表提供的不同时期的比较数字，可以分析企业利润的发展趋势及获利能力，了解投资者投入资本的保值增值情况。

二、利润表的格式与内容

利润表是根据“收入-费用=利润”的会计等式，将企业在一定期间的全部收入、费用和利润项目（包括计入当期损益的利得和损失）进行适当分类、排列后编制而成的。

目前，国际上常用的利润表格式有多步式和单步式两种。我国企业会计准则规定采用多步式，它主要反映以下几方面的内容。

（1）营业收入。营业收入的构成要素包括主营业务收入和其他业务收入，公式为

营业收入=主营业务收入+其他业务收入

（2）营业利润。营业利润是指企业从事各种经营业务活动所获得的利润，是企业财务成果的

主要组成部分。营业利润的构成要素包括营业收入、营业成本、营业税金及附加、销售费用、管理费用、财务费用、资产减值损失、公允价值变动收益和投资收益。其计算公式为

营业利润=营业收入–营业成本–营业税金及附加–销售费用–管理费用–财务费用–资产减值损失+公允价值变动损益+投资收益

（3）利润总额。利润总额反映企业某一特定期间的总体经营成果。利润总额的构成要素包括营业利润、营业外收入、营业外支出，公式为

利润总额=营业利润+营业外收入–营业外支出

（4）净利润。净利润体现企业最终经营成果。净利润的构成要素包括利润总额、所得税费用，公式为

净利润=利润总额–所得税费用

（5）每股收益。普通股或潜在普通股已公开交易的企业以及正处于公开发行普通股或潜在普通股过程中的企业，应提供本项目资料。每股收益包括基本每股收益和稀释每股收益。每股收益的计算本教材从略。

三、利润表的编制方法

利润表是一个比较报表，反映金额的栏目有“上期金额”和“本期金额”两栏。

1．“上期金额”栏填列

“上期金额”栏内各项数字，应根据上年该期利润表的“本期金额”栏内所列数字填列。如果上年该期利润表规定的各项目的名称和内容同本期不一致，应对上年该期利润表各项目的名称和数字按本期的规定进行调整后填列。

2．“本期金额”栏填列

“本期金额”栏内各期数字，除“基本每股收益”和“稀释每股收益”项目外，一般应根据损益类账户当期发生额填列。具体各项目填列方法归纳如表 6–2–2 所示。

表 6–2–2　利润表中“本期金额”栏数据填制方法

填制方法	报表项目	数据来源
1. 按账户发生额直接填列	营业税金及附加	“营业税金及附加”账户的本期借方发生额
	销售费用	“销售费用”账户的本期借方发生额
	管理费用	“管理费用”账户的本期借方发生额
	财务费用	“财务费用”账户的本期借方发生额
	资产减值损失	“资产减值损失”账户的本期借方发生额
	公允价值变动损益	“公允价值变动损益”账户的本期贷方发生额；若为借方发生额表示公允价值变动损失，用“–”号填列
	投资收益	“投资收益” 账户的本期贷方发生额；若为借方发生额表示投资损失，用“–”号填列
	营业外收入	“营业外收入” 账户的本期贷方发生额
	营业外支出	“营业外支出” 账户的本期借方发生额
	所得税费用	“所得税费用” 账户的本期借方发生额

续表

填制方法	报表项目	数据来源
2. 按两个损益类账户相加后的发生额填列	营业收入	“主营业务收入”和“其他业务收入”账户的本期贷方发生额之和
	营业成本	“主营业务成本”和“其他业务成本”账户的本期借方发生额之和
3. 按表内有关项目计算后填列	营业利润	营业收入－营业成本－营业税金及附加－销售费用－管理费用－财务费用－资产减值损失+公允价值变动损益+投资收益
	利润总额	营业利润+营业外收入－营业外支出
	净利润	利润总额－所得税费用

3．利润表编制典型项目举例

【例 6-2-1】某企业 2013 年发生营业收入 1 200 万元，营业成本 670 万元，销售费用 23 万元，管理费用 51 万元，财务费用 10 万元，投资收益 43 万元，资产减值损失 12 万元（损失），公允价值变动损益 80 万元（收益），营业外收入 20 万元，营业外支出 10 万元。

该企业 2013 年的营业利润=1 200－670－23－51－10＋43－12＋80＋20－10=567（万元）

任务实施

任务资料和任务目标见本任务的“任务导入”，具体任务实施过程如表 6-2-3 所示。

表 6-2-3　　　　利润表

会企 02 表

编制单位：宏达股份有限公司　　　　2013 年　　　　单位：元

项　目	本期金额	上期金额
一、营业收入	1 200 000	（略）
减：营业成本	710 000	
营业税金及附加	4 000	
销售费用	16 000	
管理费用	170 000	
财务费用	20 000	
资产减值损失	20 000	
加：公允价值变动损益（损失以“－”填列）	0	
投资收益（损失以“－”填列）	20 000	
其中：对联营企业和合营企业的投资收益	0	
汇兑收益（损失以“－”填列）	0	
二、营业利润（亏损以“－”填列）	280 000	
加：营业外收入	80 000	
减：营业外支出	10 000	
其中：非流动资产处置损失	0	
三、利润总额（亏损以“－”填列）	350 000	
减：所得税费用	50 000	

续表

项　　目	本期金额	上期金额
四、净利润（净亏损以“－”填列）	300 000	
五、每股收益		
（一）基本每股收益		
（二）稀释每股收益		

任务三　现金流量表编制

学习目标

知识目标：理解现金流量表的定义、作用、内容和格式；区分经营活动现金流量、投资活动现金流量和筹资活动现金流量；掌握现金流量表的编制方法。

技能目标：能根据有关账户资料编制现金流量表。

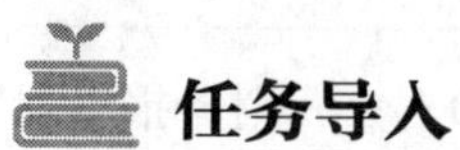

任务导入

任务资料：2013 年宏达股份有限公司有关资料如下。

（1）“利润表”见表 6-2-3，利润表有关项目明细资料如下。

① “管理费用”170 000 元的构成为，职工薪酬 80 000 元，固定资产折旧 40 000 元，无形资产摊销 30 000 元，支付其他费用 20 000 元。

② “财务费用”20 000 元的构成为，计提借款利息 12 000 元，支付应收票据（银行承兑汇票）贴现利息 8 000 元。

③ “资产减值损失”20 000 元全部为当年计提的坏账准备，2012 年未计提任何资产减值准备。

④ “所得税费用”50 000 元全部为当期所得税费用，未确认递延所得税。

⑤ “投资收益”20 000 元的构成为，收到股息收入 19 000 元，与本金一起收回的交易性金融资产（股票）投资收益 1 000 元。

⑥ “营业外收入”80 000 元为处置固定资产净收益。该固定资产原价为 400 000 元，累计折旧 200 000 元，收到处置收入 280 000 元，假定不考虑与固定资产处置有关的税费。

⑦ “营业外支出”10 000 元为处置报废固定资产净损失。该固定资产原价为 200 000 元，累计折旧 100 000 元，支付清理费用 50 000 元，收到残值收入 140 000 元。

（2）2013 年年末资产负债表见表 6-1-4，资产负债表中有关项目明细资料如下。

① 本期收回交易性股票投资本金 20 000 元，同时实现投资收益 1 000 元。

② “其他应收款”项目的本期净增加数额为出差人员所借差旅费。

③ “存货”项目金额中生产成本、制造费用的构成为，职工薪酬 400 000 元，折旧费用 60 000 元。

④ 本期用现金购买固定资产 500000 元。

⑤ 本期因业务经营需要处置全新无形资产价值为 220000 元。

⑥ “应交税费”项目金额中，2013 年度的增值税进项税额 28300 元，增值税销项税额 192100 元，已交增值税 20800 元；应交所得税期末余额 50000 元，应交所得税年初余额为 0。

⑦ 应付在建工程人员薪酬的期初数为 20000 元，本期支付在建工程人员薪酬 20000 元。应付职工薪酬的期末数中应付在建工程人员的部分为 100000 元。

⑧ 本期用现金偿还短期借款 134000 元，偿还一年内到期的长期借款 900000 元；借入长期借款 223000 元。

⑨ “其他应付款”项目的本期变化数额为退还乙公司的出租包装物押金。

⑩ 应付利息为短期借款利息，其中本期计提利息 12000 元，支付利息为 14000 元。

任务目标：

(1)采用分析填列法，计算宏达股份有限公司 2013 年度现金流量表有关项目，并编制现金流量表正表。

(2)采用间接法分析计算有关经营活动现金流量，并编制现金流量表补充资料。

知识准备

法规依据：《企业会计准则第 31 号——现金流量表》、《企业会计准则第 30 号——财务报表列报》及其应用指南。

一、现金流量表的概念及作用

现金流量表是指反映企业一定会计期间现金和现金等价物（以下统称现金）流入和流出信息的会计报表。所谓“现金”是指企业库存现金以及可以随时用于支付的存款，包括库存现金、银行存款和其他货币资金等。“现金等价物”是指企业持有的期限短、流动性强、易于转换为已知金额现金、价值变动风险很小的投资。企业应当根据具体情况，确定现金等价物的范围，一经确定不得随意变更。

提示

现金等价物通常包括三个月内到期的短期债券投资。由于权益性投资变现的金额通常不确定，因此不属于现金等价物。

现金流量是指一定会计期间内企业现金和现金等价物的流入和流出的总称。

提示

企业从银行提取现金、用现金购买短期国库券等现金等价物业务，整体不会产生现金流入流出。

现金流量表从现金的流入和流出两个方面，反映企业在一定会计期间经营活动、投资活动和筹资活动所产生的现金流量。通过现金流量表，可以了解和评价企业获取现金和现金等价物的能力，说明企业一定期间现金流入和流出的原因，分析企业投资和理财活动对经营成果和财务状况的影响。

二、现金流量表的格式与内容

我国现金流量表采用报告式结构，具体由主表和补充资料两部分构成。

主表部分分经营活动产生的现金流量、投资活动产生的现金流量和筹资活动产生的现金流量三大类分别列示。其中，经营活动是指企业投资活动和筹资活动以外的所有交易和事项。对于工商企业来说，经营活动产生的现金流量主要包括销售商品或提供劳务、购买商品、接受劳务、支付工资和交纳税款等流入和流出的现金和现金等价物。投资活动是指企业长期资产的购建和不包括在现金等价物范围内的投资及其处置活动。投资活动产生的现金流量主要包括购建固定资产、处置子公司及其他营业单位等流入和流出的现金和现金等价物。筹资活动是指导致企业资本及债务规模和构成发生变化的活动。筹资活动产生的现金流量主要包括吸收投资、发行股票、分配利润、发行债券、偿还债务等流入和流出的现金和现金等价物。

补充资料部分分将净利润调整为经营活动的现金流量、不涉及当期现金收支的重大投资和筹资活动、现金及现金等价物净变动情况等项目列示。

现金流量表的格式如表 6-3-1 所示。

三、现金流量表的编制方法

1．现金流量表编制的基本原理及方法选择

现金流量表是按收付实现制反映企业报告期经营活动、投资活动、筹资活动的现金流动信息的财务报表。由于企业编制现金流量表之前的会计信息都是按权责发生制基础产生的，因此，编制现金流量表的核心内容就是将权责发生制下的会计资料重新整理转换为按收付实现制表示的现金流量。

现金流量表填列方法有直接法与间接法两种。“直接法”是通过现金收入和现金支出的主要类别直接反映来自企业经营活动的现金流量的一种方法。“间接法”是以本期净利润为起算点，调整不涉及现金收入、费用、营业外收支以及经营性应收应付等项目的增减变动，据此计算并列示经营活动现金流量的一种方法。我国企业会计准则规定，经营活动产生的现金流量可以采用直接法和间接法两种方法反映，其中，现金流量表正表应采用直接法填列，现金流量表附注应采用间接法填列。

2．现金流量表主要项目填列说明

根据现金流量表具体编制流程，实际工作中常用的现金流量表编制方法有工作底稿法、T 字型账户法和分析填列法，限于篇幅本书只介绍分析填列法。

分析填列法是直接根据资产负债表、利润表及有关明细账户资料，分析计算现金流量表各项目的具体金额，并据以编制现金流量表的一种方法。该方法操作直观简单，适用于经济业务量较少的企业。

分析填列法下现金流量表各项目填列说明如下。

（1）“经营活动产生的现金流量”各项目。

① “销售商品、提供劳务收到的现金”。本项目反映企业销售商品、提供劳务实际收到的现金（含收取的增值税销项税额），包括本期销售商品、提供劳务收到的现金，以及前期销售商品、

提供劳务本期收到的现金和本期预收的款项，减去本期销售本期退回的商品和前期销售本期退回商品支付的现金。企业销售材料和代购代销业务收到的现金，也在本项目反映。本项目可以根据"库存现金"、"银行存款"、"应收票据"、"应收账款"、"预收账款"、"主营业务收入"、"其他业务收入"等账户资料分析填列。其计算公式为

销售商品、提供劳务收到的现金=营业收入+应交税费（增值税销项税额）（不包括视同销售销项税额）+（应收账款期初余额－应收账款期末余额）+（应收票据期初余额－应收票据期末余额）+（预收款项期末余额－预收款项期初余额）+当期收回前期已确认的坏账–当期发生的坏账损失–当期非收回货币资金减少的应收账款和应收票据

【例 6-3-1】根据本任务的【任务导入】资料，计算"销售商品、提供劳务收到的现金"项目金额。

销售商品、提供劳务收到的现金=1200000+192100+（300000–600000）+（250000–70000）–20000–8000=1244100（元）

② "收到的税费返还"。本项目反映企业收到返还的各种税费，如收到的增值税、消费税、营业税、关税、所得税及教育费附加的返还款等。本项目可根据"库存现金"、"银行存款"、"营业外收入"、"其他应收款"等账户资料分析填列。

③ "收到的其他与经营活动有关的现金"。本项目反映企业除了上述各项目以外所收到的其他与经营活动有关的现金，如罚款、流动资产损失中由个人赔偿的现金、经营租赁租金等。若某项其他与经营活动有关的现金流入金额较大，应单列项目反映。本项目可根据"库存现金"、"银行存款"、"营业外收入"等账户资料分析填列。

④ "购买商品、接受劳务支付的现金"。本项目反映企业购买商品、接受劳务实际支付的现金（含支付的增值税进项税额），包括本期购入商品、接受劳务支付的现金，以及本期支付前期购入商品、接受劳务的未付款项以及本期预付款项，减去本期发生的购货退回收到的现金。企业代购代销业务支付的现金，也在本项目反映。本项目可根据"库存现金"、"银行存款"、"应付账款"、"应付票据"、"预付账款"、"主营业务成本"、"其他业务成本"等账户资料分析填列。其计算公式为

购买商品、接受劳务支付的现金=营业成本+应交税费（增值税进项税额）－（存货年初余额－存货年末余额）+（应付账款年初余额－应付账款年末余额）+（应付票据年初余额－应付票据年末余额）－（预付款项年初余额－预付款项年末余额）－当期列入生产成本、制造费用的职工薪酬－当期列入生产成本、制造费用的折旧费和固定资产修理费

【例 6-3-2】根据本任务的"任务导入"资料，计算"购买商品、接受劳务支付的现金"项目金额。

购买商品、接受劳务支付的现金=710000+28300－（2700000－2350000）+（1000000－200000）+（200000－200000）－（100000－110000）－400000－60000=738300（元）

⑤ "支付给职工以及为职工支付的现金"。本项目反映企业实际支付给职工以及为职工支付的现金，包括本期实际支付给职工的工资、奖金、各种津贴和补贴等，以及为职工支付的其他费用和由企业代扣代缴的职工个人所得税。

本项目不包括支付给离退休人员和在建工程人员的工资及其他费用。企业支付给离退休人员的各种费用在"支付其他与经营活动有关的现金"项目反映；支付给在建工程人员的工资及其他

费用，在“购建固定资产、无形资产及其他长期资产支付的现金”项目反映。企业为职工支付的医疗、养老、失业、工伤、生育等社会保险、补充养老保险、住房公积金，为职工缴纳的商业保险，因解除与职工劳动关系给予的补偿，现金结算股份支付，以及支付给职工或为职工支付的其他福利费用等，应根据职工的工作性质和服务对象，分别在本项目和“购建固定资产、无形资产和其他长期资产所支付的现金”项目反映。本项目可根据“库存现金”、“银行存款”、“应付职工薪酬”等账户资料分析填列。其计算公式为

支付给职工以及为职工支付的现金=生产成本、制造费用、管理费用中职工薪酬+（应付职工薪酬年初余额－应付职工薪酬年末余额）－[应付职工薪酬（在建工程）年初余额－应付职工薪酬（在建工程）年末余额]

【例 6-3-3】根据本任务的“任务导入”资料，计算“支付给职工以及为职工支付的现金”项目金额。

支付给职工以及为职工支付的现金=400 000+80 000+（110 000－270 000）－（20 000－100 000）=400 000（元）

⑥“支付的各项税费”。本项目反映企业按规定支付的各种税费，包括本期发生并支付的税费，以及本期支付以前各期发生的税费和预缴的税金，不包括本期退回的各项税费（该收入应在“收到的税费返还”项目反映）。本项目可根据“库存现金”、“银行存款”、“应交税费”等账户记录分析填列。

【例 6-3-4】根据本任务的“任务导入”资料，计算“支付的各项税费”项目金额。

支付的各项税费=当期所得税费用+营业税金及附加+应交增值税已交税金－（应交所得税期末余额－应交所得税期初余额）=50 000+4 000+20 800－（50 000－0）=24 800（元）

⑦“支付其他与经营活动有关的现金”。本项目反映企业除上述各项目外，支付的其他与经营活动有关的现金，如支付的罚款、差旅费、业务招待费、保险费、经营租赁租金的现金等。若某项其他与经营活动有关的现金流出金额较大，应单列项目反映。本项目可根据“库存现金”、“银行存款”、“管理费用”、“营业外支出”等账户资料分析填列。

【例 6-3-5】根据本任务的“任务导入”资料，计算“支付其他与经营活动有关的现金”项目金额。

支付其他与经营活动有关的现金=其他管理费用+销售费用=20 000+10 000+5 000+16 000=51 000（元）

其中，20 000 元为管理费用中的其他费用，5 000 元为借支差旅费，10 000 元为退还的包装物押金。

（2）“投资活动产生的现金流量”各项目。

①“收回投资收到的现金”。本项目反映企业出售、转让或到期收回除现金等价物以外的交易性金融资产、持有至到期投资、可供出售金融资产、长期股权投资、投资性房地产而收到的现金，不包括债权性投资收回的利息、收回的非现金资产，以及处置子公司及其他营业单位收到的现金净额。本项目可根据“库存现金”、“银行存款”、“交易性金融资产”、“可供出售金融资产”、“持有至到期投资”、“长期股权投资”、“投资性房地产”等账户资料分析填列。

【例 6-3-6】根据本任务的“任务导入”资料，计算“收回投资收到的现金”项目金额。

收回投资收到的现金=交易性金融资产贷方发生额+与交易性金融资产一起收回的投资收

益=20 000+1 000=21 000（元）

②“取得投资收益收到的现金”。本项目反映企业因股权性投资而分得的现金股利，从子公司、联营企业或合营企业分回利润而收到的现金，因债权性投资而取得的现金利息收入。股票股利不在本项目反映。本项目可根据“库存现金”、“银行存款”、“应收利息”、“投资收益”等账户资料分析填列。

【例 6-3-7】根据本任务的“任务导入”资料，计算“取得投资收益收到的现金”项目金额。

“取得投资收益收到的现金”=收到的股息收入=19 000（元）

③“处置固定资产、无形资产和其他长期资产收回的现金净额”。本项目反映企业出售固定资产、无形资产和其他长期资产所取得的现金，减去为处置这些资产而支付的有关费用后的净额。由于自然灾害等原因所造成的固定资产等长期资产报废、毁损而收到的保险赔偿，也在本项目反映。如果处置固定资产、无形资产和其他长期资产所收回的现金净额为负数，应在“支付的其他与投资活动有关的现金”项目反映。本项目可根据“库存现金”、“银行存款”、“固定资产清理”等账户资料分析填列。

【例 6-3-8】根据本任务的“任务导入”资料，计算“处置固定资产、无形资产和其他长期资产收回的现金净额”项目金额。

处置固定资产、无形资产和其他长期资产收回的现金净额=280 000+（140 000 – 50 000）+220 000=590 000（元）

④“处置子公司及其他营业单位收到的现金净额”。本项目反映企业处置子公司及其他营业单位所取得的现金减去子公司或其他营业单位持有的现金和现金等价物以及相关的处置费用后的净额。本项目可根据“库存现金”、“银行存款”、“长期股权投资”等账户资料分析填列。如果处置子公司及其他营业单位收到的现金净额为负数，应在“支付其他与投资活动有关的现金”项目反映。

⑤“收到其他与投资活动有关的现金”。本项目反映企业除上述各项目外收到的其他与投资活动有关的现金，如收回企业在购买股票、债券时确认的应收股利和应收利息。若其他与投资活动有关的现金流入金额较大，应单列项目反映。本项目可根据“库存现金”、“银行存款”、“应收利息”、“应收股利”等账户资料分析填列。

⑥“购建固定资产、无形资产和其他长期资产支付的现金”。本项目反映企业购买、建造固定资产，取得无形资产和其他长期资产支付的现金，以及用现金支付应由在建工程和无形资产负担的职工薪酬，不包括为购建固定资产而发生的借款利息资本化部分以及融资租入固定资产支付的租赁费。本项目可根据“库存现金”、“银行存款”、“固定资产”、“在建工程”、“无形资产”等账户资料分析填列。

【例 6-3-9】根据本任务的“任务导入”资料，计算“购建固定资产支付的现金”项目金额。

购建固定资产支付的现金=用现金购买的固定资产、工程物资+支付给在建工程人员的薪酬=500 000+20 000=520 000（元）

⑦“投资支付的现金”。本项目反映企业进行权益性投资和债权性投资支付的现金，包括企业取得的除现金等价物以外的交易性金融资产、可供出售金融资产、持有至到期投资而支付的现金，以及支付的佣金、手续费等交易费用。企业在购买债券的价款中包含已到期未领取的债券利息的，以及溢价或折价购入的，均按实际支付的现金反映。

本项目根据“库存现金”、“银行存款”、“交易性金融资产”、“可供出售金融资产”、“投资性房地产”、“长期股权投资”等账户资料分析填列。

⑧“取得子公司及其他营业单位支付的现金净额”。本项目反映企业取得子公司及其他营业单位购买出价中以现金支付的部分，减去子公司或其他营业单位持有的现金和现金等价物后的净额。取得子公司及其他营业单位支付的现金净额如为负数，应在“收到其他与投资活动有关的现金”项目反映。本项目可根据“库存现金”、“银行存款”、“长期股权投资”等账户资料分析填列。

⑨ “支付其他与投资活动有关的现金”。本项目反映企业除上述各项目外，支付的其他与投资活动有关的现金。其他与投资活动有关的现金，如果价值较大，应单列项目反映。本项目可根据“库存现金”、“银行存款”、“应收股利”、“应收利息”等账户资料分析填列。

（3）“筹资活动产生的现金流量”各项目。

① “吸收投资收到的现金”。本项目反映企业以发行股票、债券等方式筹集资金实际收到的款项净额。以发行股票等方式筹集资金而由企业直接支付的审计、咨询等费用，不在本项目反映（此支出应在“支付其他与筹资活动有关的现金”项目反映）。本项目可根据“库存现金”、“银行存款”、“实收资本（或股本）”、“资本公积”等账户资料分析填列。

② “取得借款收到的现金”。本项目反映企业举借各种短期、长期借款而收到的现金。本项目可根据“库存现金”、“银行存款”、“短期借款”、“长期借款”、“交易性金融负债”、“应付债券”等账户资料分析填列。

【例 6-3-10】根据本任务的“任务导入”资料，计算“取得借款收到的现金”项目金额。

取得借款收到的现金=223 000（元）

③ “收到其他与筹资活动有关的现金”。本项目反映企业除上述各项目外，收到的其他与筹资活动有关的现金。如果价值较大，应单列项目反映。本项目可根据“库存现金”、“银行存款”、“营业外收入”等账户资料分析填列。

④ “偿还债务支付的现金”。本项目反映企业以现金偿还债务的本金，包括归还金融企业的借款本金、偿付企业到期的债券本金等。企业偿还的借款利息、债券利息，在“分配股利、利润或偿付利息支付的现金”项目反映。本项目可根据“库存现金”、“银行存款”、“交易性金融负债”、“应付债券”等账户资料分析填列。

【例 6-3-11】根据本任务的“任务导入”资料，计算“偿还债务支付的现金”项目金额。

偿还债务支付的现金=134 000+900 000=1 034 000（元）

⑤ “分配股利、利润或偿付利息支付的现金”。本项目反映企业实际支付的现金股利、支付给其他投资单位的利润或用现金支付的借款利息、债券利息。不同用途的借款，利息开支渠道不一样，如在建工程、财务费用等，均在本项目反映。本项目可根据“库存现金”、“银行存款”、“应付利息”、“应付股利”、“利润分配”、“财务费用”、“制造费用”、“在建工程”、“研发支出”等账户资料分析填列。

【例 6-3-12】根据本任务的“任务导入”资料，计算“分配股利、利润或偿付利息支付的现金”项目金额。

“分配股利、利润或偿付利息支付的现金”=14 000（元）

⑥ “支付的其他与筹资活动有关的现金”。本项目反映企业除上述各项目外，支付的其他与筹资活动有关的现金，如以发行股票、债券等方式筹集资金而由企业直接支付的审计、咨询等费

用，融资租赁支付的现金等。其他与筹资活动有关的现金，如果价值较大，应单列项目反映。本项目可根据“库存现金”、“银行存款”、“营业外支出”、“长期应付款”等账户资料分析填列。

（4）“汇率变动对现金及现金等价物的影响”项目。该项目反映企业外币现金流量以及境外子公司的现金流量折算为人民币时，所采用的现金流量发生日的即期汇率或按照系统合理的方法确定的、与现金流量发生日即期汇率近似汇率折算的人民币金额与“现金及现金等价物净增加额”中的外币现金净增加额按期末汇率折算的人民币金额之间的差额。

编制现金流量表时，可逐笔计算外币业务发生的汇率变动对现金的影响，也可不必逐笔计算而采用简化的计算方法，即通过现金流量表补充资料中“现金及现金等价物净增加额”数额与现金流量表中“经营活动产生的现金流量净额”、“投资活动产生的现金流量净额”、“筹资活动产生的现金流量净额”三项之和比较，其差额即为“汇率变动对现金及现金等价物的影响”项目金额。

任务实施

任务资料和任务目标见本任务的“任务导入”，具体任务实施过程如下。

（1）采用分析填列法计算宏达股份有限公司2013年度现金流量表有关项目，并编制现金现金流量表主表。

第一步，计算宏达股份有限公司 2013 年度现金流量表有关项目，详见【例 6-3-1】至【例 6-3-12】。

第二步，根据上述计算结果编制现金流量表主表，见表 6-3-1。

（2）采用间接法分析计算有关经营活动现金流量，并编制现金流量表补充资料，如表 6-3-1 所示。

第一步，计算现金流量表补充资料的有关项目。

①“资产减值准备”=20 000（元）

②“固定资产折旧、油气资产折耗、生产性生物资产折旧”=40 000+60 000=100 000（元）

③“无形资产摊销”=30 000（元）

④“处置固定资产、无形资产和其他长期资产的损失（减：收益）”=–80 000（元）

⑤“固定资产报废损失”=10 000（元）

⑥“财务费用”=20 000（元）

⑦“投资损失（减：收益）”=–20 000（元）

⑧“存货的减少”=2 700 000–2 350 000=350 000（元）

⑨“经营性应收项目的减少”=（250 000–70 000–8 000）+（300 000–600 000–20 000）+（100 000–110 000）+（5 000–10 000）=–163 000（元）

⑩“经营性应付项目的增加”=（200 000–200 000）+（200 000–1 000 000）+（40 000–50 000）+（230 000–37 000）+[（270 000–100 000）–（110 000–20 000）]=–537 000（元）

第二步，根据上述计算结果，编制现金流量表的补充资料，见表 6-3-1。

表 6-3-1　　　　现金流量表

会企 03 表

编制单位：宏达股份有限公司　　　　2013 年　　　　单位：元

项　　目	本期金额	上期金额
一、经营活动产生的现金流量：		
销售商品、提供劳务收到的现金	1 244 100	
收到的税费返还		
收到其他与经营活动有关的现金		
经营活动现金流入小计	1 244 100	
购买商品、接受劳务支付的现金	738 300	
支付给职工以及为职工支付的现金	400 000	
支付的各项税费	24 800	
支付其他与经营活动有关的现金	51 000	
经营活动现金流出小计	1 214 100	
经营活动产生的现金流量净额	30 000	
二、投资活动产生的现金流量：		
收回投资收到的现金	21 000	
取得投资收益收到的现金	19 000	
处置固定资产、无形资产和其他长期资产收回的现金净额	590 000	
处置子公司及其他营业单位收到的现金净额		
收到其他与投资活动有关的现金		
投资活动现金流入小计	630 000	
购建固定资产、无形资产和其他长期资产支付的现金	520 000	
投资支付的现金		
取得子公司及其他营业单位支付的现金净额		
支付其他与投资活动有关的现金		
投资活动现金流出小计	520 000	
投资活动产生的现金流量净额	110 000	
三、筹资活动产生的现金流量：		
吸收投资收到的现金		
取得借款收到的现金	223 000	
收到其他与筹资活动有关的现金		
筹资活动现金流入小计	223 000	
偿还债务支付的现金	1 034 000	
分配股利、利润或偿付利息支付的现金	14 000	
支付其他与筹资活动有关的现金		
筹资活动现金流出小计	1 048 000	
筹资活动产生的现金流量净额	－825 000	
四、汇率变动对现金及现金等价物的影响		

续表

项　目	本期金额	上期金额
五、现金及现金等价物净增加额	– 685 000	
加：期初现金及现金等价物余额	1 500 000	
六、期末现金及现金等价物余额	815 000	
补充资料		
1. 将净利润调节为经营活动现金流量：		
净利润	300 000	
加：资产减值准备	20 000	
固定资产折旧、油气资产折耗、生产性生物资产折旧	100 000	
无形资产摊销	30 000	
长期待摊费用摊销		
处置固定资产、无形资产和其他长期资产的损失（收益以“–”号填列）	– 80 000	
固定资产报废损失（收益以“–”号填列）	10 000	
公允价值变动损失（收益以“–”号填列）		
财务费用（收益以“–”号填列）	20 000	
投资损失（收益以“–”号填列）	– 20 000	
递延所得税资产减少（增加以“–”号填列）		
递延所得税负债增加（减少以“–”号填列）		
存货的减少（增加以“–”号填列）	350 000	
经营性应收项目的减少（增加以“–”号填列）	– 163 000	
经营性应付项目的增加（减少以“–”号填列）	– 537 000	
其他		
经营活动产生的现金流量净额	30 000	
2. 不涉及现金收支的重大投资和筹资活动：		
债务转为资本		
一年内到期的可转换公司债券		
融资租入固定资产		
3. 现金及现金等价物净变动情况：		
现金的期末余额	815 000	
减：现金的期初余额	1 500 000	
加：现金等价物的期末余额		
减：现金等价物的期初余额		
现金及现金等价物净增加额	– 685 000	

任务四 所有者权益变动表编制

知识目标：**理解所有者权益变动表的定义、作用、内容和格式；掌握所有者权益变动表的填制方法。**

技能目标：**能根据有关账户资料填制所有者权益变动表。**

任务导入

任务资料：宏达股份有限公司 “资产负债表”（表 6–1–4）和 “利润表”（表 6–2–3）

任务目标：根据上述资料编制宏达股份有限公司 2013 年所有者权益变动表。

知识准备

一、所有者权益变动表的概念及作用

所有者权益变动表是反映构成所有者权益的各组成部分当期的增减变动情况的报表。

所有者权益变动表既可以为报表使用者提供所有者权益总量增减变动的信息，也能为其提供所有者权益增减变动的结构性信息，特别是能够让报表使用者理解所有者权益增减变动的根源。

二、所有者权益变动表的结构与内容

所有者权益变动表以矩阵的形式列示。一方面，列示导致所有者权益变动的交易或事项，即所有者权益的来源，对一定时期所有者权益的变动情况进行全面反映；另一方面，按照所有者权益各组成部分列示交易或事项对所有者权益各部分的影响。其具体格式及内容如表 6–4–1 所示。

三、所有者权益变动表的编制方法

所有者权益变动表主要依据资产负债表、利润表、现金流量表及相关明细账记录填列。具体项目的填列方法说明如下。

（1）上年金额栏的填列方法。所有者权益变动表“上年金额”栏各项目数字，应根据上年度所有者权益变动表“本年金额”栏内所列数字填列。如果上年度所有者权益变动表规定的各项目的名称和内容同本年度不相一致，应对上年度所有者权益变动表各项目的名称和数字按本年度的规定进行调整，填入所有者权益变动表“上年金额”栏内。

（2）本年金额栏的填列方法。所有者权益变动表“本年金额”栏内各项数字一般应根据“实收资本（或股本）”、“资本公积”、“盈余公积”、“利润分配”、“库存股”、“以前年度损益调整”科目的发生额分析填列。

表 6-4-1

所有者权益变动表

会企 04 表

编制单位：宏达股份有限公司 2013 年度 单位：万元

项　　目	本年金额						上年金额					
	实收资本（或股本）	资本公积	减：库存股	盈余公积	未分配利润	所有者权益合计	实收资本（或股本）	资本公积	减：库存股	盈余公积	未分配利润	所有者权益合计
一、上年年末余额	510	3		13.29	5.61	531.9						
加：会计政策变更												
前期差错更正												
二、本年年初余额	510	3		13.29	5.61	531.9						
三、本年增减变动金额（减少以“－”填列）												
（一）净利润					30	30						
（二）直接计入所有者权益的利得和损失												
1. 可供出售金融资产公允价值变动净额												
2. 权益法下被投资单位其他所有者权益变动的影响												
3. 与计入所有者权益项目相关的所得税影响												
4. 其他												
上述（一）和（二）小计												
（三）所有者投入和减少资本												
1. 所有者投入资本												
2. 股份支付计入所有者权益的金额												

续表

项目	本年金额						上年金额					
	实收资本（或股本）	资本公积	减：库存股	盈余公积	未分配利润	所有者权益合计	实收资本（或股本）	资本公积	减：库存股	盈余公积	未分配利润	所有者权益合计
3. 其他												
（四）利润分配												
1. 提取盈余公积				3	–3	0						
2. 对所有者（或股东）的分配												
3. 其他												
（五）所有者权益内部结转												
1. 资本公积转增资本（或股本）												
2. 盈余公积转增资本（或股本）												
3. 盈余公积弥补亏损												
4. 其他												
四、本年年末余额	510	3		16.29	32.61	561.9						

① “上年年末余额”项目，反映企业上年资产负债表中实收资本（或股本）、资本公积、库存股、盈余公积、未分配利润的年末余额。

② “会计政策变更”、“前期差错更正”项目，分别反映企业采用追溯调整法处理的会计政策变更的累积影响金额和采用追溯重述法处理的会计差错更正的累积影响金额。

③ “本年增减变动金额”项目。

● “净利润”项目，反映企业当年实现的净利润（或净亏损）金额。

● “直接计入所有者权益的利得和损失”项目，反映企业当年直接计入所有者权益的利得和损失金额。其中：

“可供出售金融资产公允价值变动净额”项目，反映企业持有的可供出售金融资产当年公允价值变动的金额；

“权益法下被投资单位其他所有者权益变动的影响”项目，反映企业对按照权益法核算的长期股权投资，在被投资单位除当年实现的净损益以外其他所有者权益当年变动中应享有的份额；

“与计入所有者权益项目相关的所得税影响”项目，反映企业根据《企业会计准则第 18 号——所得税》规定应计入所有者权益项目的当年所得税影响金额。

● “所有者投入和减少资本”项目，反映企业当年所有者投入的资本和减少的资本。其中：

“所有者投入资本”项目，反映企业接受投资者投入形成的实收资本（或股本）和资本溢价（或股本溢价）；

“股份支付计入所有者权益的金额”项目，反映企业处于等待期中的权益结算的股份支付当年计入资本公积的金额。

● “利润分配”项目，反映企业当年利润分配金额。其中：

“提取盈余公积”项目，反映企业按照规定提取的盈余公积；

“对所有者（或股东）的分配”项目，反映对所有者（或股东）分配的利润（或股利）金额。

● “所有者权益内部结转”项目，反映企业构成所有者权益的组成部分之间的增减变动情况。其中：

“资本公积转增资本（或股本）”项目，反映企业以资本公积转增资本或股本的金额；

“盈余公积转增资本（或股本）”项目，反映企业以盈余公积转增资本或股本的金额；

“盈余公积弥补亏损”项目，反映企业以盈余公积弥补亏损的金额。

任务实施

根据上述资料编制宏达股份有限公司 2013 年所有者权益变动表，见表 6-4-1。

参考文献

1. 中华人民共和国财政部. 企业会计准则. 北京：经济科学出版社，2006.

2. 中华人民共和国财政部. 企业会计准则——应用指南. 北京：中国财政经济出版社，2006.

3. 财政部会计资格评价中心. 初级会计实务. 北京：中国财政经济出版社2012.

4. 财政部会计资格评价中心. 中级会计实务. 北京：经济科学出版社2012.

5. 陈德萍. 财务会计. 5版. 大连：东北财经大学出版社.

6. 贾永海. 财务会计. 北京：人民邮电出版社.

7. 程坚. 财务会计. 北京：中国财政经济出版社2007.

8. 张流柱，张凤明. 财务会计项目化教程. 北京：电子工业出版社2012.

9. 张志凤，闫华红. 初级会计实务. 北京：北京大学出版社2012.

10. 中华会计网校. 中级会计实务应试指南. 北京：人民出版社2012.